源泉所得税と個人住民税の徴収納付

―しくみと制度―

吉川　宏延 著

税務経理協会

は　し　が　き

　租税の徴収方法のうち，納税義務者以外の第三者に税金を徴収させ，これを国または地方団体に納付させる方法を徴収納付という。国税においては，一定の支払者がその受給者に対する支払の際に税金を徴収させ，徴収した税金を納付させる源泉徴収がこれにあたる。源泉徴収は，所得税において用いられている。一方，地方税では，徴収納付のことを特別徴収と呼び，個人住民税において用いられている。

　源泉徴収による所得税（源泉所得税）をみると，ここ3年度間における税額は，平成21年度10兆4,995億円，平成22年度10兆6,770億円，平成23年度11兆108億円であり，各年度の国税収入額のうち，27.1％，25.7％，25.7％をそれぞれ占めている。同期間において，消費税額の国税収入額に占める割合が25.3％，24.2％，23.8％であることと比較しても，源泉所得税は国税収入における非常に重要な柱であることがわかる。

　また，所得税額のうち，源泉徴収によるものの割合は，同期間において，81.3％，82.2％，81.7％に及んでおり，所得税の執行上も非常に重要な制度であることを理解することができる。源泉徴収は，①利子等，②配当等，③給与等，④退職手当等，⑤公的年金等，⑥報酬・料金等，⑦保険契約等に基づく年金，⑧定期積金の給付補てん金等，⑨匿名組合契約等に基づく利益の分配，⑩特定口座内保管上場株式等の譲渡による所得等，⑪懸賞金付預貯金等の懸賞金等，⑫割引債の償還差益，などの所得を対象としている。

　これに対して，個人住民税の特別徴収は，給与所得，公的年金等所得および退職所得を対象としている。給与所得・公的年金等所得に係る特別徴収制度は，所得税の源泉徴収制度と類似しているものの，基本的に還付されることはない。もっとも，退職所得のほか，利子所得，配当所得および上場株式等譲渡所得等については，源泉徴収方式による特別徴収が行われている。いずれにせよ，住民税の執行上，非常に重要な制度であることに変わりはない。

このように，源泉徴収・特別徴収制度は，長い歴史を有し，多用されてきたが，現在の社会の変化にさらされ，少なくとも2つの問題点が指摘される。1つは，現行制度が，いわば受給者の納税義務の代替として作られた結果，源泉徴収義務者に非常に精緻で複雑な計算その他の事務負担を負わせている点である。もう1つは，源泉徴収・納付義務が支払者の固有義務として制度設計されている結果，源泉徴収に受給者が不満をもった場合には，源泉徴収義務者が自分には利益のない争訟に巻き込まれる点である。

　だからといって，現行の非常に精緻な源泉徴収制度を離れて，納税者による確定申告を前提とした「所得税の前払い」という，本来的な姿へ移行することができるかといえば，実際には難しいであろう。なぜなら，租税法は，法律のなかでも最も難しいものの1つで，弁護士もほとんど知らない。その難しい法律の内容を正確に理解して，さまざまな項目の計算をしたうえで初めて税額が求められる。その税額を法律の素人である市民が計算して申告しなければならないからである。

　もちろん，源泉徴収・特別徴収制度が今後も成り立っていくためには，それが「効率的な徴収制度であること」と「源泉徴収義務者が負う義務が徴収と納付の便宜とのバランスのとれた内容であること」とが確保される必要がある。そこで，本書では，従属的労務提供の対価—給与所得，退職所得および公的年金等所得—と，金融所得—利子所得，配当所得および上場株式等譲渡所得等—に係る源泉徴収・特別徴収制度の現状と課題について，体系的に整理・検討を試みた。本書が，実務に携わる税務職員や法人等の経理担当者はもとより，源泉所得税・個人住民税に関心のある方々の参考になれば幸いである。

　なお，本書を株式会社税務経理協会から出版するに際しては，第一編集部部長の小林規明氏にお世話になった。ご好意に対して，厚くお礼を申し上げる。

平成25年8月

吉　川　宏　延

目　次

はしがき

凡　例

第1章　序　　説 …………………………………………………… 1

第1節　所得の区分 ……………………………………………… 2
　　1　所得分類　　2
　　2　給与所得と事業所得の区分　　6
　　3　発明報償金等　　9

第2節　徴収納付 ………………………………………………… 12
　　1　源泉徴収制度の4類型　　13
　　2　所得税の源泉徴収　　14
　　3　個人住民税の特別徴収　　16

第3節　年末調整 ………………………………………………… 18
　　1　年末調整の現状　　18
　　2　年末調整の手順　　20
　　3　確定申告と年末調整の再調整　　24
　　4　過大特別徴収税額の是正方法　　26
　　5　質疑応答事例　　27

第2章　給与所得 …………………………………………………… 33

第1節　給与所得に係る源泉徴収の基本的なしくみ ………… 33
　　1　給与所得の範囲　　33
　　2　経済的利益　　39
　　3　給与所得の収入すべき時期　　42

4　給与所得に対する源泉徴収税額　44

第2節　給与所得に係る特別徴収制度 …………………………… 48

　　1　特別徴収制度の沿革　49
　　2　給与所得に係る特別徴収の方法　51
　　3　給与所得に係る特別徴収税額　54
　　4　退職手当等からの一括徴収　58
　　5　特別徴収税額の納入方法　60

第3節　現 物 給 与 ……………………………………………………… 61

　　1　インセンティブ報酬　62
　　2　税制適格と税制非適格　64
　　3　質疑応答事例　66

第3章　退 職 所 得 ……………………………………………… 71

第1節　退職所得に係る源泉徴収の基本的なしくみ ………… 71

　　1　退職所得の範囲　71
　　2　退職所得の収入すべき時期　74
　　3　退職所得の性格と沿革　76
　　4　退職所得控除　79
　　5　退職所得に対する源泉徴収税額　83

第2節　退職所得の課税の特例 ………………………………………… 85

　　1　分離課税の所得割の沿革　85
　　2　退職所得に係る所得割の課税要件　87
　　3　退職所得と他の所得との損益通算　90
　　4　退職所得の徴収方法　92

第3節　特殊な退職金 …………………………………………………… 96

　　1　退職一時金の課税関係　96
　　2　海外出国者の退職金　100

3　質疑応答事例　103

第4章　公的年金等所得 …………………………………………… 109

第1節　公的年金等所得に係る源泉徴収の基本的なしくみ … 109
　　　1　公的年金の意義　110
　　　2　公的年金等に係る所得　114
　　　3　公的年金等に対する源泉徴収税額　118
　　　4　非居住者に支払う公的年金等　125

第2節　公的年金等からの特別徴収制度 ………………………… 128
　　　1　公的年金等からの天引き　128
　　　2　特別徴収の対象　130
　　　3　公的年金等所得の徴収方法　132
　　　4　公的年金等所得に係る通知　136

第3節　公的年金等の所得区分 …………………………………… 138
　　　1　公的年金等に係る雑所得　138
　　　2　その他の雑所得　140
　　　3　質疑応答事例　142

第5章　利 子 所 得 ………………………………………………… 145

第1節　利子所得に係る源泉徴収の基本的なしくみ …………… 145
　　　1　利子所得の源泉分離課税　146
　　　2　利子所得の範囲　148
　　　3　利子所得の課税方法　150
　　　4　所得税額控除　154

第2節　道府県民税利子割の基本的なしくみ …………………… 156
　　　1　利子割の創設　156

    2　利子割の課税要件　158
    3　利子割の徴収方法　160
    4　利子割交付金　163

  第3節　道府県民税利子割と法人税割との調整 …………… 165
    1　利子割額の控除　165
    2　控除対象利子割額の計算方法　166
    3　利子割額の還付・充当　169
    4　都道府県間の精算　170

  第4節　金融類似商品 ……………………………………………… 171
    1　懸賞金付預貯金等　171
    2　割引債　172
    3　定期積金　173
    4　抵当証券　174
    5　質疑応答事例　175

第6章　配 当 所 得 …………………………………………………… 181

  第1節　配当所得に係る源泉徴収の基本的なしくみ ……… 181
    1　配当所得の範囲　182
    2　配当課税の動向　183
    3　配当所得の課税方法　185
    4　配当所得の収入すべき時期　187
    5　配当控除　189

  第2節　道府県民税配当割の基本的なしくみ ……………… 193
    1　配当割の創設　193
    2　配当割の課税要件　195
    3　配当割の徴収方法　197
    4　配当割の徴収と税額控除　199

5　配当割交付金　201
第3節　みなし配当 …………………………………………………… 202
　　　1　配当等とみなす金額　202
　　　2　配当所得の収入すべき時期　204
　　　3　自己株式譲渡の課税関係　205
　　　4　質疑応答事例　208

第7章　上場株式等譲渡所得等 ………………………………… 213

　第1節　上場株式等譲渡所得等に係る源泉徴収の基本的な
　　　　しくみ ……………………………………………………… 213
　　　1　株式等譲渡益課税の沿革　214
　　　2　特定口座に関する課税の特例　217
　　　3　特定口座内保管上場株式等に係る源泉所得税　220
　　　4　総合課税の対象となる株式等譲渡益　223
　第2節　道府県民税株式等譲渡所得割の基本的なしくみ …… 225
　　　1　株式等譲渡所得割の創設　225
　　　2　株式等譲渡所得割の課税要件　227
　　　3　株式等譲渡所得割の徴収方法　228
　　　4　株式等譲渡所得割交付金　232
　第3節　上場株式等譲渡損失の取扱い …………………………… 234
　　　1　総合課税から分離課税へ　234
　　　2　上場株式等譲渡損失の損益通算　237
　　　3　上場株式等譲渡損失の繰越控除　239
　　　4　質疑応答事例　242

参考文献 ……………………………………………………………… 245
索　　引 ……………………………………………………………… 251

凡　例

　本書中に引用する法令等については，つぎの略称を使用している。たとえば，所税192②二は，所得税法第192条第2項第2号のことである。

所税＝所得税法
所税令＝所得税法施行令
所税則＝所得税法施行規則
所基通＝所得税基本通達
地税＝地方税法
地税令＝地方税法施行令
地税則＝地方税法施行規則
取扱通知(県)＝地方税法の施行に関する取扱について（道府県税関係）
取扱通知(市)＝地方税法の施行に関する取扱について（市町村税関係）

会社＝会社法
金商＝金融商品取引法
厚年＝厚生年金保険法
国年＝国民年金法
商＝商法
税通＝国税通則法
税特措＝租税特別措置法
税特措令＝租税特別措置法施行令
措通＝租税特別措置法通達
租税条約特例＝租税条約等の実施に伴う所得税法，法人税法及び地方税法の特例
　　　　　　　等に関する法律
租税条約特例令＝租税条約等の実施に伴う所得税法，法人税法及び地方税法の特
　　　　　　　　例等に関する法律の施行に関する省令
特許＝特許法
法税＝法人税法
法税令＝法人税法施行令
民＝民法
労基＝労働基準法

行集＝行政事件裁判例集
刑集＝最高裁判所刑事判例集
民集＝最高裁判所民事判例集
判時＝判例時報
判タ＝判例タイムズ

第1章　序　　説
chapter 1

　納税義務者の支払うべき税額の納付について，所得の支払者である第三者により一定の税額を納付させるものが，源泉徴収制度である。源泉徴収制度は，徴税の便宜として，能率的かつ確実に税金を徴収する意味をもつ。もっとも，個々の納税者に，直接，納付させることが困難である場合もある。また，地方税にも，源泉徴収制度に類似した特別徴収制度がある。特別徴収制度とは，地方税の徴収について便宜を有する者を特別徴収義務者として指定し，その者に納税義務者が負担すべき税金を徴収させ，その徴収すべき税金を納入させるものである[1]（地税1①九・十）。

　そこで，本書では，特別徴収の個人住民税，利子割，配当割および株式等譲渡所得割と，これらに対応する源泉徴収の所得税の現状と課題について，つぎの構成により，所得の種類別に考察することにしたい。まず本章では，給与所得を中心に制度の概要について整理・検討を加える。そして，次章以下では，第2章は給与所得を，第3章は退職所得を，第4章は公的年金等所得を，第5章は利子所得を，第6章は配当所得を，第7章は上場株式等譲渡所得等を，それぞれテーマとして取り上げる。

1）　なお，特別徴収義務者がその徴収すべき税金を徴収し，その額を自主的に決定して納税することを申告納入という。また，地方税法は，地方税の徴収の方法として，普通徴収，申告納付，特別徴収および証紙徴収の4つを定めている。

第1節　所得の区分

　所得税とは，個人の所得に対して課される租税をいい，個人の所得そのものを担税力の指標として取り上げているところにその特色がある。そのために，原則として，個人のあらゆる所得を総合して課税する。所得税法では，所得の種類ごとに所得金額の計算方法が規定されている。一方，個人住民税とは，地方団体が行政サービスを提供するために必要とする経費について，広く住民にその負担を分任させることを旨とする租税であり，均等割と所得割から構成される。所得割の計算方法は，所得税の場合と同じであるが，前年中の所得金額を基準として1年遅れで計算される点で異なる。

1　所得分類

　ではまず，所得分類についてみると，所得税法は，所得をその源泉ないし性質によって，つぎの10種類に分類している。これは，所得は，その性質や発生の態様によって担税力が異なるという建前にたって，公平負担の観点から，各種の所得について，それぞれの担税力の相違に応じた計算方法を定め，また，それぞれの態様に応じた課税方法を定めるためである。

（1）利子所得

　利子所得とは，公社債および預貯金の利子ならびに合同運用信託，公社債投資信託および公募公社債等運用投資信託の収益の分配に係る所得をいい，所得金額は，その年中の利子等の収入金額である（所税23）。利子に経費は不要という想定から，必要経費控除はない。利子所得は，原則として総合課税の対象となるが，租税特別措置法3条（利子所得の分離課税等）により国内で支払われる場合は，一律分離課税で課税関係が完了する。

《算　式》
　　利子所得金額＝利子等の収入金額

（2）配当所得

　配当所得とは，法人から受ける剰余金の配当，利益の配当，剰余金の分配，基金利息ならびに投資信託および特定受益証券発行信託の収益の分配に係る所

得をいい，この所得金額は，その年中の配当等の収入金額から，株式その他配当所得を生ずべき元本を取得するために要した負債利子の額のうち，その年においてその元本を有していた期間に対応する部分の合計額を控除した金額である（所税24）。配当所得は，源泉徴収で課税されるが，原則として総合課税の対象となり申告納税もしなければならない。

《算　式》

　　配当所得金額＝配当等の収入金額－負債利子の額

　（3）　不動産所得

　不動産所得とは，不動産，不動産の上に存する権利，船舶または航空機の貸付けによる所得をいい，この所得金額は，その年中の不動産所得に係る総収入金額から必要経費を控除した金額である（所税26）。

《算　式》

　　不動産所得金額＝総収入金額－必要経費

　（4）　事　業　所　得

　事業所得とは，農業，漁業，製造業，卸売業，小売業，サービス業その他の事業から生ずる所得をいい，この所得金額は，その年中の事業所得に係る総収入金額から必要経費を控除した金額である（所税27）。

《算　式》

　　事業所得金額＝総収入金額－必要経費

　（5）　給　与　所　得

　給与所得とは，俸給，給料，賃金，歳費および賞与ならびにこれらの性質を有する給与に係る所得をいい，この所得金額は，その年中の給与等の収入金額から給与所得控除額を差し引いた残額である（所税28①・②）。給与所得は，給与等の支払の都度精密に源泉徴収を行い，その年の12月に年末調整を行えば，通常はこれ以上税金を納めたり還付を受けたりすることがないはずであるので，あらためて確定申告をする必要はない。

《算　式》
　　給与所得金額＝給与等の収入金額－給与所得控除額
（6）退職所得
　退職所得とは，退職手当，一時恩給その他の退職により一時に受ける給与およびこれらの性質を有する給与に係る所得をいい，この所得金額は，その年中の退職手当等の収入金額から退職所得控除額を差し引いた残額の2分の1に相当する金額である（所税30①・②）。退職所得は，分離課税の対象とされることから，各人の申告を待つまでもなく，支払者は容易に税額を算定することができる。それを源泉徴収の対象とし，源泉徴収のみですべての課税関係が完了する。

《算　式》
　　退職所得金額＝（退職手当等の収入金額－退職所得控除額）×$\frac{1}{2}$
（7）山林所得
　山林所得とは，山林の伐採または譲渡による所得をいい，この所得金額は，その年中の山林所得に係る総収入金額から必要経費を控除し，その残額から山林所得の特別控除額50万円を差し引いた残額である（所税32①・③・④）。

《算　式》
　　山林所得金額＝総収入金額－必要経費－特別控除額
（8）譲渡所得
　譲渡所得とは，資産の譲渡による所得をいい，この所得金額は，その年中の譲渡所得に係る総収入金額から当該所得の基因となった資産の取得費およびその資産の譲渡に要した費用の合計額を控除し，その金額から譲渡所得の特別控除額50万円を差し引いた残額である（所税33①・③・④）。譲渡所得については，課税除外，課税繰延，特別控除および分離課税という，4つの特別措置が定められている。たとえば，株式等譲渡益は，原則として申告分離課税の対象とされ，特定口座で証券会社が源泉徴収することにより，申告不要とされる。

《算　式》
　　譲渡所得金額＝総収入金額－（取得費＋譲渡費用）－特別控除額

(9) 一時所得

一時所得とは，上記(1)から(8)までの所得以外の所得のうち，営利を目的とする継続的行為から生じた所得以外の一時の所得で，労務その他の役務または資産の譲渡の対価としての性質を有しないものをいい，この所得金額は，その年中の一時所得に係る総収入金額からその収入を得るために支出した金額の合計額を控除し，その残額から一時所得の特別控除額50万円を差し引いた残額である（所税34）。

《算　式》

　　一時所得金額＝総収入金額－支出金額－特別控除額

(10) 雑所得

雑所得とは，上記(1)から(9)までの所得のいずれにも該当しない所得をいい，この所得金額は，①その年中の公的年金等の収入金額から公的年金等控除額を差し引いた残額と，②その年中の公的年金等以外の雑所得に係る総収入金額から必要経費を控除した金額との合計額である（所税35①・②）。公的年金等所得は，源泉徴収で課税されるが，給与所得のような年末調整は行われないので，原則として確定申告で税額を精算する。

《算　式》

　　雑所得金額＝（公的年金等の収入金額－公的年金等控除額）

　　　　　　　　　　　　　　　　　　＋（総収入金額－必要経費）

こうした所得分類の理由付けとされてきたのは，担税力の違いである。具体的には，勤労所得は担税力が弱く，資産所得は強いとされ，前者に対する軽課，後者に対する重課が主張されてきた[2]。しかしながら，実際の所得税制は，勤労所得軽課・資産所得重課というよりも，むしろ，資産所得を軽課してい

---

[2] 勤労所得の担税力の弱さの理由としては，勤労のための余暇の犠牲や，勤労主体たる人間の脆弱性・不可処分性などである。さらに，保育料や被服費，外食費など，通常は，家事費ないし消費とされる支出が，勤労のために発生し増加することも，もし，そのような支出を経費と考えないのであれば，担税力を弱める要素としてあげられる。

る[3]）。また，給与所得は，源泉徴収制度を通じて課税庁に完全に捕捉されているのに対して，事業所得などは，納税者が必ずしも正しい申告をするとは限らないこともあって，課税庁にその所得が完全に捕捉されていない。捕捉率の違いがあることから，結局，給与所得者は，課税上不利益受けることになる。

2　給与所得と事業所得の区分

　一定の労務提供の対価が，雇用契約等に基づく給与所得か，あるいは請負契約に基づく事業所得のいずれにあたるのかについて，疑念が生じることがある。事業所得に該当すれば，必要経費を実額で控除できる。これに対して，給与所得は，原則として給与所得控除しか控除することができない。また，給与所得は，一般的に源泉徴収の対象になるのに対して，事業所得は，必ずしもそうとは限らない。したがって，この2つを区別する実益は，かなり大きいものがある。

　民法は，請負を「仕事を完成すること」と定義している（民632）。これは，本人の労務を提供する契約としての雇用と区別するための概念整理であって，他人の労務を提供するという商行為は「仕事を完成すること」でなくとも，商法上の請負である（商502五）。この労務請負と作業請負は，実際には連続的であり，きれいに峻別できるわけではない。労務請負の場合，供給労働者1人ひとりが，その事業場の指揮命令下に置かれる。これに対して，作業請負の場合，事業を請け負った以上，集団内部に指揮命令は及ばない。しかしながら，その中間には，ある事業場の一部であって，ある程度組織的にまとまった単位を請け負わせるという形態がある[4]）。

　個別的労働関係については，民法に代わる特別法としての労働契約法6条の

---

[3]）　水野忠恒『租税法』159頁（有斐閣，第5版，2011年）。さらに近年，経済のグローバル化を背景に，金融を中心とする資産所得は，「足のはやい所得」と呼ばれ，税率を引き上げることにより，所得は海外に逃避してしまうという危惧も示されており，むしろ，源泉分離により軽課すべきであるという意見もみられる。

[4]）　濱口桂一郎『新しい労働社会─雇用システムの再構築へ─』61頁（岩波新書，2009年）。

規定からすると，労働契約とは，「当事者の一方が相手方に使用されて労働し，相手方がこれに対して賃金を支払うことを合意する契約」とみることができよう。また，労働基準法9条の規定からすると，労働契約とは，「当事者の一方が相手方の事業に使用されて労働し，相手方がこれに対して賃金を支払うことを合意する契約」とみることもできよう。このように，両法の労働契約は，基本的には同一の概念であるが，労働基準法の労働契約においては，事業に使用されていることが加重的要件とされている点が異なる[5]。

労務提供の対価が事業所得と給与所得のいずれに該当するかについては，判例上，「租税負担の公平を図るため，所得を事業所得，給与所得等に分類し，その種類に応じた課税を定めている所得税法の趣旨，目的に照らし，当該業務ないし労務及び所得の態様等を考察しなければならない。……，事業所得とは，自己の計算と危険において独立して営まれ，営利性，有償性を有し，かつ反覆継続して遂行する意思と社会的地位とが客観的に認められる業務から生ずる所得をいい，これに対し，給与所得とは雇傭契約又はこれに類する原因に基づき使用者の指揮命令に服して提供した労務の対価として使用者から受ける給付をいう」ものと解されている[6]。

このように，両者の区分は，給与所得の特質が非独立的・従属的労働の対価であるのに対して，事業所得は，自己の計算と危険において行われる経済活動としての事業から生ずる所得である。各種の人的役務の提供の対価が事業所得か給与所得か，そのいずれに該当するかについては，これを判断基準として，具体的に役務提供契約の種々の内容を考慮して総合的に判断することになる。

民法上，雇用契約とは，労働者が使用者の指揮命令ないし具体的指示のもとで労務を供給し，使用者がこれに対して報酬を支払う契約と定義される（民623）。これに対して，請負契約は，当事者の一方が一定の仕事を完成し，他方

---

[5] 菅野和夫『労働法』67～68頁（弘文堂，第8版，2008年）。なお，民法は，労働契約の民法上の概念としての雇用契約について，労働契約法を補う一般法理を提供している。

[6] 最判昭和56年4月24日民集35巻3号672頁。

がその結果に対して報酬を支払うものであり，工務店と注文者との住宅建築契約などが，その典型例である（民632）。雇用契約は，契約の目的が仕事の完成ではなく，労務の供給自体である点で請負契約と異なる[7]。

　たとえば，大工，左官およびとび職などが，建設，据付け，組立てその他これらに類する作業において，業務を遂行し，または役務を提供したことの対価として支払を受けた報酬に係る所得区分は，当該報酬が，請負契約もしくはこれに準ずる契約に基づく対価は事業所得に該当し，雇用契約もしくはこれに準ずる契約に基づく対価は給与所得に該当する。その区分が明らかでないときは，つぎの事項を総合勘案して判定するものとされている（平成21年12月17日課個5—5）。

　　イ　他人が代替して業務を遂行すること，または役務を提供することが認められるかどうか。
　　ロ　報酬の支払者から作業時間を指定される報酬が時間を単位として計算されるなど，時間的な拘束（業務の性質上，当然に存在する拘束を除く）を受けるかどうか。
　　ハ　作業の具体的な内容や方法について，報酬の支払者から指揮監督（業務の性質上，当然に存在する指揮監督を除く）を受けるかどうか。
　　ニ　まだ引渡しを了しない完成品が不可抗力のため滅失するなどした場合において，自らの権利として，すでに遂行した業務または提供した役務に係る報酬の支払を請求できるかどうか。
　　ホ　材料または用具等（くぎ材等の軽微な材料や電動の手持ち工具程度の用具などを除く）を報酬の支払者から供与されているかどうか。

---

[7]　山川隆一『雇用関係法』9～10頁（新世社，第4版，2008年）。さらに，近年では，働き方が多様化し，指揮命令が抽象化した雇用契約が登場する一方，雇用契約でなくとも，それと同様に一方当事者の交渉力が弱いものが増えてきている。そのため，雇用契約とその他の契約との限界があいまいな事例が登場し，雇用とはいえない就業形態においても，解雇権濫用法理と同様の発想により解約権を制約するなど，雇用契約に準じた保護を与えることは考えられないかが，解釈論・立法論上の課題となってきている。

3　発明報償金等

　ところで，居住者に支払う，特許権，実用新案権および意匠権などの知的財産権の使用料は，源泉徴収の対象とされている（所税204①一）。特許法によれば，従業員が使用者に特許を受ける権利もしくは特許権を承継したり，専用実施権を設定したときは，「相当の対価」を受ける権利を有する（特許35③）。その金額は，その発明により使用者が受けるべき利益の額，その発明に関連して使用者が行う負担，貢献および従業員の処遇その他の事情を考慮して定めなければならない（特許35⑤）。しかし，公的な算定基準は存在せず，判決や実務の積み重ねを待つしかない[8]。

　このような従業員の行った発明を職務発明といい，使用者の業務範囲に属し，かつ，その発明をするに至った行為が，その使用者における従業員の現在または過去の職務に属する発明である（特許35①）。特許法上，発明に関する経費の全額を負担しようとも，使用者が発明者となることはなく，したがって，特許を受ける権利を原始的に取得することはありえない。もっとも，発明を完成させた従業員を特定できない場合には，法人が発明したものとみなし，あるいはその成果を法人に帰属させ，法人に特許を受ける権利の原始的帰属を認める政策的判断もありえよう。

　しかしながら，特許法では，出願人は法人であってもかまわないが，発明者は自然人に限るかのような規定になっている。発明という行為は事実行為であるので，自然人である従業員が行うことはいうまでもない。とはいえ，完成された発明の多くは，会社の資金設備等の援助のもとに誘導・実現されているという事情から，発明を行った従業員に発明成果から得られるすべての利益を帰属させるのは衡平でないと考えられる。このような観点から，特許法35条は，

8）　たとえば，象印マホービン事件（大阪地判平成6年4月28日判時1542号115頁），オリンパス光学工業事件（最判平成15年4月22日民集57巻4号477頁），日亜化学工業事件（東京地判平成16年1月30日判時1852号36頁），キヤノン事件（知財高判平成21年2月26日裁判所HP），ブラザー工業事件（知財高判平成21年6月25日裁判所HP）などがある。

職務発明の制度を規定している。同様の制度は，図表1に表示したように，実用新案法および意匠法にも認められる[9]。

図表1　職務上の創作

権利	発意	法人等	従業員	職務上	業務範囲	公表	帰属
特許権	—	○	○	○	○	—	従業員
実用新案権	—	○	○	○	○	—	従業員
意匠権	—	○	○	○	○	—	従業員
著作権	○	○	○	○	—	○	法人等

(注)1　○は，職務上の創作になる要件である。
(出所)　特許法35条・実用新案法11条3項・意匠法15条3項・著作権法15条に基づき，筆者が作成。

　また，著作権法にも，類似の職務著作の制度はある。だが，職務発明とは結果を異にする。著作権法15条1項では，「法人等の発意に基づきその法人等の業務に従事する者が職務上作成する著作物で，その法人等が自己の著作の名義の下に公表するものの著作者は，その作成時における契約，勤務規則その他に別段の定めがない限り，その法人等とする」と規定されている。

　この趣旨は，今日における著作物創作の実際においては，法人の団体内部における創作の場合など，複数の協同作業により創作される事例が多く，これらの場合における複数人の関与の度合と態様もさまざまであって，具体的に創作者を自然人のなかに求めることが実状に反することから，法人に原始的に著作者の権利を付与することを意図したものである。したがって，著作権法15条の規定は，法人の著作行為を容認したものと解されやすい。だが，この規定は，著作行為をなしうるのはあくまでも自然人であるとの前提にたちながら，一定の要件を具備した著作物についてだけ著作権取引の便宜上，法人を著作者と擬

---

9)　土肥一史『知的財産法入門』143〜144頁（中央経済社，第12版，2010年）。もちろん，企業を中心にして，多数の者の寄与によって完成する発明の生成過程を考えた場合，法人に特許を受ける権利の原始的帰属を認めることは，立法論的に検討に値する問題であろう。

制したにすぎないと解すべきであろう[10]。

　現在，所得税基本通達によると，業務上有益な発明等を行ったことによって，使用者から支払を受ける報償金，表彰金および賞金などの金銭は，その形態により雑所得，一時所得または譲渡所得とされている。一方，何らかの権利等にまでは至らない工夫や考案などを行った場合で，その工夫・考案等を通常の職務としている者に支払ったときは，給与所得として取り扱われる（所基通23〜35共―1）。

　イ　業務上有益な発明，考案または創作をした者に対して，その発明，考案または創作に関する特許や実用新案登録，意匠登録を受ける権利または特許権，実用新案権，意匠権を使用者が承継することにより支給するもの

　　これらの権利の承継に際し一時に支給するものは譲渡所得，これらの権利を承継した後において支給するものは雑所得として，それぞれ取り扱われる。

　ロ　役員または従業員が取得した特許権，実用新案権や意匠権について，通常実施権または専用実施権を設定したことにより支給するもの

　　この場合は，雑所得として取り扱われる。

　ハ　事務や作業の合理化，製品の品質の改善や経費の節約などに寄与する工夫・考案等をした者に対して支給するもの

　　その工夫・考案等がその者の通常の職務の範囲内の行為である場合には給与所得，その他の場合には一時所得，さらに，その工夫・考案等の実施

---

[10]　半田正夫『著作権法概説』63〜64頁（法学書院，第13版，2007年）。なぜなら，①法文上は「法人等が自己の著作の名義の下に公表するもの」にかぎり法人を著作者とし，それ以外の著作物は，たとえそれが法人の機関ないし手足として創作活動に従事した者の作成したものであっても，法人を著作者としていないこと，②法文上は，著作物作成の際の契約，勤務規則その他による例外を容認していること，③映画著作物の著作者に関して，著作権法16条が映画の全体的形成に創作的に寄与した者を著作者として映画製作会社それ自体を著作者から除外し，著作者を自然人に限定しているのと対比させるとき，首尾一貫しないことが指摘される。もっとも，著作者と擬制するのはゆきすぎで，むしろ映画の場合と同様，法人を著作権者とすることで十分でなかったと考えられる。

後の成績などに応じて継続的に支給する場合には雑所得として，それぞれ取り扱われる。
　ニ　災害等の防止または発生した災害等による損害の防止などに功績のあった者に対して，一時に支給するもの
　　その防止などがその者の通常の職務の範囲内の行為である場合には給与所得，その他の場合には一時所得として，それぞれ取り扱われる。
　ホ　篤行者として社会的に顕彰され，使用者に栄誉を与えた者に対して，一時に支給するもの
　　この場合は，一時所得として取り扱われる。

　このように，現在の課税実務の態度は，使用者が従業員に月給等の明らかに給与所得に該当するもの以外の金銭を支払った場合には，その理由を追求し，それが支払われる私法的関係を尊重して課税関係を決定しようとするものである。特許権などの知的財産権を使用者に引き継がせた場合に支払われる金銭は，資産の対価と観念して譲渡所得とし，知的財産権に該当しない場合には一時所得としているなどは，きわめて忠実に知的財産権の法制度の権利関係に従って課税関係を形成しているといえよう[11]。

第2節　徴 収 納 付

　こうした所得の区分のうち，利子所得，配当所得，給与所得および退職所得などに係る税金の徴収方法は，納税義務者以外の第三者に税金を徴収させ，これを国または地方団体に納付させるという徴収納付による。この方法は，納税義務者から直接に税金を徴収することが困難であるとか，能率的かつ確実に税金を徴収する必要がある場合等に，税金の徴収の確保のために採用される。なお，徴収納付では，国・地方団体と徴収納付義務者，徴収納付義務者と本来の納税義務者という，2つの法律関係が独立に存在する。

---

[11]　金子宏編『租税法の基本問題』414〜415頁〔佐藤英明〕（有斐閣，2007年）。

1 源泉徴収制度の4類型

　所得税の源泉徴収，個人住民税の特別徴収は，いずれも徴収納付の例である。源泉徴収制度は，所得税の確実な徴収のために必要な制度であり，申告納税方式とのかかわりという観点から，つぎの4類型に分けられる[12]。

（1）　本来の納税義務者の確定申告不要の源泉徴収

　これは，いわば「取りきり」であり，後の確定申告が予定されず，受給者の他の所得との関係も想定されていない。利子所得・配当所得や定期積金の給付補てん金等に係る源泉徴収が，この類型に属する。たとえば，利子所得に係る源泉分離課税は，金融機関が利子所得を支払う際に源泉徴収し，そして源泉徴収によって完了するというものであって，執行面での便宜を追求している反面，個々の納税者の経済状態を反映できない。

（2）　給与所得に係る源泉徴収

　これは，後に受給者が確定申告を行うことがありうるが，年末調整による税額精算が原則とされる。年末調整は，税務行政の負担を軽減しうるという意味で，不合理な制度であるといい切ることはできない。もっとも，年末調整をする使用者の事務負担の是非のほか，年末調整によって多くの給与所得者が申告不要で済むため，納税者の税負担を通じた政治に対する興味を失う結果となってしまっているのではないかという，民主主義の観点からも，立法論上賛否がある。民主的租税制度の観点からみて，給与所得者に自己のイニシアティブで税金を納付し，またはその還付を求める機会を否定することは，健全なこととはいえないであろう。

（3）　退職所得に係る源泉徴収

　これは，支払者と受給者が特に密接な関係にあって，徴税上特別の便宜を有し能率をあげうる場合に，年末調整の対象とされないが，申告不要とされる。そもそも，戦前の源泉徴収は，明治32年に公社債利子に対して導入されて以来，すべて取りきりの源泉課税であった。これは，(1)類型にほぼ対応する。これに

---

12)　佐藤英明「日本における源泉徴収制度」税研26巻2号24～25頁（2010年）。

対して，勤労所得については，退職所得に対しては昭和13年，給与所得に対しては昭和15年と，源泉課税の導入が比較的遅い。なお，年末調整の導入は，昭和22年の改正によって，申告納税方式の採用により給与所得に係る源泉徴収が取りきりから受給者の所得税の前取りとしての性格を与えられたことに対応するものであった。

(4) 確定申告による調整が予定される源泉徴収

昭和19年に，丙種事業所得に対して源泉課税が導入され，これが(4)類型の源泉徴収へと発展したのである。公的年金等，報酬・料金等，生命保険契約等に基づく年金，匿名組合契約等の利益の分配に係る源泉徴収が，この類型に属する。これらの収入は，受給者の事業所得または雑所得の総収入金額となり，原則的には，後に受給者により確定申告がなされ，源泉徴収された税額と申告納付された税額との何らかの調整が行われることが予定される。

一般的に，税額の納付という観点からみると，源泉徴収は後に確定する受給者の税額の事前の納付という性格を有すると考えうるところ，(4)類型の源泉徴収は，そのような性格を最も強く有しているということができる。一方，(2)類型の源泉徴収では，給与所得者と税務行政との直接の関係が切断され，決して好ましいことではない。近い将来に制度を切り換えることは困難であろうが，長期的課題としては，源泉徴収制度を維持したうえで申告納税制度の適用を給与所得者にも拡大すべきではなかろうか。将来，税務行政の機械化が進み，納税者が申告書をコンピュータセンターに発信する方法が一般的に採用されれば，その可能性は大きくなろう[13]。

2 所得税の源泉徴収

所得税法は，居住者に対する所得税の課税において，利子所得，配当所得，給与所得または退職所得については，その利子，配当，給与または退職手当の

---

[13] 金子宏『租税法理論の形成と解明（下巻）』585〜586頁（有斐閣，2010年）。もちろん，今すぐ年末調整制度を廃止して，給与所得者に対しても確定申告の機会を認めれば，税務行政の負担は一挙に増大し，種々の混乱が生ずる。

支払をする者は，その支払の際，その利子，配当，給与または退職手当について所得税を徴収し，その徴収の日の属する月の翌月10日までに，これを国に納めなければならないと，源泉徴収制度を定めている[14]（所税181・183・199）。しかしながら，申告納税制度を中心とする日本の租税制度からみれば，源泉徴収制度を徹底させることは，納税者の自発性を失わせるおそれがある。さらに，源泉徴収義務者にとっては，その徴収にかかる時間とコストは大きな問題である。

この点につき，最高裁は，株式会社月ヶ瀬事件において，「給与所得者に対する所得税の源泉徴収制度は，これによって国は税収を確保し，徴税手続を簡

図表2　源泉徴収と特別徴収の対象となる所得の異同

源泉徴収の対象となる所得の種類	支払を受ける者	個人住民税
利子等	個人・法人	利子割
配当等	個人	配当割
給与等	個人	特別徴収
退職手当等	個人	特別徴収
公的年金等	個人	特別徴収
報酬・料金等	個人	普通徴収
生命保険契約・損害保険契約等に基づく年金	個人	普通徴収
定期積金の給付補てん金等	個人・法人	利子割
匿名組合契約等に基づく利益の分配	個人・法人	普通徴収・申告納付
特定口座内保管上場株式等の譲渡による所得等	個人	株式等譲渡所得割
馬主が受ける競馬の賞金	法人	申告納付
懸賞金付預貯金等の懸賞金等	個人・法人	利子割
割引債の償還差益	個人・法人	普通徴収・申告納付

（出所）　国税庁『平成25年版源泉徴収のあらまし』5～6頁（2012年）などに基づき，筆者が作成。

---

[14]　居住者とは，国内に住所を有し，または現在まで引き続いて1年以上居所を有する個人をいう（所税2①三）。したがって，日本国内に住所を有しているか，または1年以上の居所を有していれば，外国人であっても居住者になる。

便にしてその費用と労力とを節約し得るのみならず，担税者の側においても申告，納付等に関する煩雑な事務から免かれることができる。また徴収義務者にしても，給与の支払をなす際所得税を天引きしその翌月10日までにこれを国に納付すればよいのであるから，利するところ全くなしとはいえない。されば源泉徴収制度は，給与所得者に対する所得税の徴収方法として能率的であり，合理的であって，公共の福祉の要請にこたえる」と判示している[15]。

　源泉徴収制度においては，所得税を源泉徴収して国に納付する義務のある者を源泉徴収義務者といい，源泉徴収の対象とされている所得の支払者は，それが会社や協同組合である場合はもちろん，学校や官公庁であっても，また，個人や人格のない社団等であっても，すべて源泉徴収義務者となる（所税6）。ただし，常時2人以下の家事使用人のみに対して給与の支払をする個人が支払う給与や退職手当，弁護士報酬などの報酬・料金等については，所得税の源泉徴収を要しないこととされている（所税184・200・204②二）。

　源泉徴収の対象となる所得の範囲は，その所得の支払を受ける者の区分に応じて，図表2に表示したとおりとなっている。なお，これらの所得であっても，国際通貨基金，国際復興銀行および国際開発協会など，源泉徴収義務を負わない者から支払われたものについては，源泉徴収の対象とならない。また，国内に居住する外国の大使，公使および外交官である大公使館員ならびにこれらの配偶者に対しては，職務上の所得であるか，それ以外の所得であるかを問わず，所得税は課されない（所基通9―11）。

3　個人住民税の特別徴収

　源泉徴収の対象となる所得が，すべて個人住民税の特別徴収，利子割，配当割または株式等譲渡所得割の対象となるわけではなく，普通徴収の対象となるものがある。ここで，普通徴収とは，徴税吏員が納税通知書を納税者に交付することによって地方税を徴収することをいう（地税1①七）。これは，課税権者

---

[15]　最判昭和37年2月28日刑集16巻2号212頁。

が一方的に租税債権の内容を具体的に確定させる行政処分を行うことによって徴収する方法である。

　一方，特別徴収とは，地方税の徴収について便宜を有する者，すなわち，特別徴収義務者にこれを徴収させ，かつ，その徴収すべき税金を納入させることをいう（地税1①九・十）。個人住民税の特別徴収の場合には，①単に徴収のみが分離されていること，②納税義務者本人の課税標準・税額に着目して徴収されること，③納税義務者本人が申告・届出等の手続をなす資格を与えられていること，④支払金額から税額を差し引く控除型の第三者徴収であること，などの特色を有している。

　また，所得割は，原則として，前年の所得金額を対象として課税すること（前年所得課税方式）とされている。ただし，退職所得は分離課税の対象とされており，所得税の源泉徴収と同時に特別徴収の方法で徴収するのが便宜なため，その発生した年度において課税すること（現年分離課税方式）とされている。さらにまた，利子割，配当割および株式等譲渡所得割も，その支払の際に課税されている。

　個人住民税の課税計算において，前年所得課税主義を採用しなければならない理由は，必ずしも明確ではない。納税者による所得の取得の時期と納税義務の確定，納付の時期との時間的なズレによって，捕捉や徴収が困難になったり，退職後において個人住民税を支払う際の負担感が生じたりすることもありうる。徴収・納付の体制整備にかかわるが，住民の理解を得やすいという点からみて，個人住民税を所得税とあわせて，現年分離課税方式によって徴収することが考慮されてよいであろう[16]。

　もっとも，個人住民税の特別徴収は，支払額から税額を差し引く控除型の第三者徴収としての源泉徴収にきわめて似ている。しかし，等しく控除型であるといっても，所得税の源泉徴収の場合には，支払金額に応じて支払の都度，源泉徴収税額を算出しなければならない。これに対して，個人住民税にあっては，

---

[16]　田中治「住民税の法的課題」日税研論集46号114頁（2001年）。

あらかじめ確定された税額を月割にして，支払金額の多寡いかんにかかわらず，所定額を徴収すればよい。また，給与所得の源泉徴収の場合には，年末調整という複雑な事務処理が要求されるが，個人住民税の場合は，月割額のみの徴収をもって完結する。

第3節　年末調整

　このように，給与所得は源泉徴収の対象とされており，給与等の支払者は，その支払の際，その給与等について所得税を徴収し，これを国に納付する（所税183①）。そして，その年最後に給与等の支払をする際に，その年分の所得税として支払うべき金額とそれまでに源泉徴収された所得税額との過不足を精算する年末調整を行い，あらためて確定申告をする必要がないとされる（所税121①・190）。その結果，大部分の給与所得者にとっては，源泉徴収ですべての課税関係が完了することになる。給与所得の源泉徴収については，次章でみることにするが，先に年末調整について整理・検討することにしたい。

1　年末調整の現状

　年末調整制度が導入された昭和22年当時，給与所得者よりも，自営業者や農業者などのほうがずっと多かった。所得税法においては，源泉徴収方式による納税は，特例として構成されている。原則は，あくまでも，申告納税方式という位置付けである。しかし今日では，特例が全体の8割で，原則どおりなのは2割のみである。源泉徴収・年末調整システムが登場した戦中・戦後当時の立場を，そのまま引きずっているようである。年末調整は，源泉徴収された金額と本来納付すべき正当な税額とを，源泉徴収義務者が暦年の最後の給与等の支払を行う際に対比し，精算調整する行為である。

　会社に年末調整をしてもらうためには，配偶者の有無やその年齢，扶養者との関係，家族構成など，自分の個人情報の多くを会社に知らせなければならない。会社や他の従業員に知られたくないこともあるし，そうしたことが会社での評価に使われては困る。もし，個人のプライバシーを守ろうとすれば，各種

控除を諦めて,独身者として書類を提出した後に,確定申告できればよい。だが,年末調整は,それ自体正しく徴収されていなければならない。そのため,建前上,個人の申告で調整することはできず,税務署が年末調整の誤りに気付けば,年末調整を是正せよと,会社にいってくることになる。

この点につき,現在の年末調整を給与等の支払者に任せるのではなく,給与所得者がその確定申告において,これを行うことを認めようという意見もある。しかしながら,確定申告による年末調整を選択した場合は,その年の最後の給与等の支払の際に源泉徴収が行われないことになり,その分,納期が確定申告のときまで遅れることになる。もっとも,申告納税制度を選択した結果,給与所得者に単に新たな負担が生じたというだけであるときは,申告納税制度を選択する者はごく限られるであろう[17]。

いずれにせよ,現在,年末調整は,給与所得以外に他に所得のない大部分の給与所得者にとって,確定申告に代わる役目を果たす重要な手続である。給与等が2,000万円以下の給与所得者については,その年の最後の給与等の支払の際に年末調整を行い,その年の給与の総額に対する正式の所得税額とそれまでの源泉徴収税額の合計額を比較し,過不足を精算することとされている（所税190～193）。この場合,他の所得が一定額以下であるときは,確定申告をする必要がないため,大部分の給与所得者にとっては,源泉徴収で,すべての課税関係が完了することになる（所税121①）。

一方,個人住民税においては,所得税の確定申告が不要な場合でも,年末調整された給与以外の所得,たとえ副業による所得が1円でもあれば,地方団体に申告しなければならない（地税45の2①・317の2①）。その際,地方団体が給与所得者の所得を合計して,会社に特別徴収させるので,副業が会社に知られてしまうことになる。所得税の確定申告をした場合でも,会社に合計額が通知され,特別徴収されることになる。もっとも,それを避けるためには,給与以

---

[17] 金子・前掲注11）307～308頁〔清永敬次〕。この場合の確定申告の時期は,源泉徴収を選択した者とのバランスからしても,たとえば,翌年1月に早められることも考えられる。

外の副業については所得税の確定申告をし，給与以外の個人住民税については普通徴収を選択して，会社に給与以外の資料がいかないようにする方法もある。

2　年末調整の手順

このように，年末調整というのは，納税者である給与所得者に代わって，給与等の支払者が行うところに特徴がある。年末調整は，原則として給与等の支払者に給与所得者の扶養控除等申告書を提出している者の全員について，つぎのように行われる。

（1）　年末調整の対象者

毎月給与を支払う際に税額表によって所定の税額を徴収していても，①その年の中途で扶養親族等の数に異動があること，②月額表などの税額表の作り方が簡略化されていること，③生命保険料控除・地震保険料控除などの保険料控除や配偶者特別控除などは，年末調整の際に控除することになっていること，④賞与の源泉徴収税率は，1年間に賞与が5か月分支払われるものとして算出されていること，⑤年末調整の際に税額控除を行うこと，などの理由によって給与を支払う都度，源泉徴収をした税額の合計額と，その年中の給与の支給総額に対して計算した年税額とは一致しないのが通常である。

このため，源泉徴収税額の過不足額を精算する必要がある。年末調整は，原則として，その年最後に給与の支払をする際に行うことになっている。しかし，つぎに掲げるような者に支払う給与は，年末調整の対象とならない。

　イ　給与所得者の扶養控除等申告書を提出していない者

　　その年最後に給与を支払うときまでに，給与所得者の扶養控除等申告書を提出していない者については，年末調整を行わない。なお，給与所得者の扶養控除等申告書を提出していない者は，通常，つぎのような者である。

　　(イ)　2か所以上から給与の支払を受けている者で，他の給与の支払者に給与所得者の扶養控除等申告書を提出している者

　　(ロ)　労働した日または時間によって算定され，しかも，労働した日ごとに

支払われる給与の支払を受けている者
  (ハ) 国内に，住所も，1年以上の居所も有していない者
 ロ　その年中に支払を受ける給与の収入金額が，2,000万円を超える者
 ハ　年の中途で退職した者
 ニ　災害被害者に対する租税の減免，徴収猶予等に関する法律の規定により，その年中の給与に対する源泉所得税につき，徴収猶予や還付を受けた者

　なお，非居住者に対して支払う給与は，年末調整の対象とならない[18]。しかし，年の中途で国内勤務となって帰国した場合のように，年の中途に非居住者から居住者となったときは，その居住者となった日以後に支給期の到来する給与について年末調整を行う。また逆に，年の中途で海外勤務として出国した場合のように，居住者であった者が非居住者になったときは，その居住者であった期間中に支給期の到来した給与について，出国時に年末調整を行うことになる（所税102）。

（2）年末調整を行う時期

　年末調整は，原則として，その年最後に給与を支払う際に行う（所税190）。しかしこれには，つぎのような特例がある。

　イ　年末の賞与を12月分の通常の給与より先に支払う場合

　　　12月に通常の給与と賞与とを支払う場合で，賞与を先に支払うときには，賞与に対する税額計算の手数を省略する意味から，その賞与をその年最後に支払う給与とみなして，その賞与を支払う際に年末調整を行うことができる（所基通190－6）。この場合には，後で支払う12月分の通常の給与の見積額と，それに対する源泉徴収税額の見積額とを含めて，年末調整を行

---

18) 非居住者とは，居住者以外の個人をいう（所税2①五）。すなわち，国内に住所も居所も有していないか，あるいは，国内に住所がなく，国内に引き続いて居所を有している期間が1年に満たない個人が，非居住者である。なお，国家公務員または地方公務員（日本の国籍を有しない者を除く）は，国内に住所を有しない期間についても，国内に住所を有するものとみなされるので，海外勤務の期間中も居住者として源泉徴収の対象となる（所税3①）。これに対して，地方税法には，このようなみなし規定がないので，海外勤務の期間中は，特別徴収の対象とならない。

うことになる。なお、12月分の通常の給与の実際の支払額とそれに対する源泉徴収税額が、その見積額と異なることとなったときは、その12月分の通常の給与を支払う際に年末調整の再計算をする。
ロ　年の中途で退職等をした者の場合
　つぎに掲げる場合には、それぞれの場合に該当することとなったときに、その者について年末調整を行う（所基通190－1）。
　(イ)　給与等の支払を受ける者が死亡により、退職した場合
　(ロ)　給与等の支払を受ける者が海外支店等に転勤したことにより、非居住者となった場合
　(ハ)　給与等の支払を受ける者が著しい心身の障害のため退職した場合で、その退職の時期からみて、その年中において再就職することが明らかに不可能と認められ、かつ、退職後その年中に給与等の支払を受けることとなっていないとき
　(ニ)　給与等の支払を受ける者が12月に支給期の到来する給与等の支払を受けた後に退職した場合
　(ホ)　パートタイマーとして働いている者などが年の中途で退職した場合で、その者がその年中に支払を受ける給与の総額が103万円以下であるとき
（3）　年末調整の対象となる給与
　年末調整の対象となる給与は、本年1月1日から12月31日までの間にその給与の支払を受ける者にとって収入することが確定した給与である（所税190）。したがって、実際に本年中に支払が行われたかどうかには関係なく、未払となっているものであっても、本年中に支給期日の到来した給与は年末調整の対象となる。逆に、実際に本年中に支払った給与であっても、昨年中に支給期日の到来した未払給与を本年に繰り越して支払ったものは、本年の年末調整の対象にはならない。
（4）　過不足額の精算
　給与等の支払者は、年税額の計算が終わった場合には、その年税額とすでに源泉徴収をした各月の税額との合計額とを比べて過不足を求める。その年分の

給与からの徴収税額の合計額のほうが年税額よりも多い場合には，その差額は過納額，逆に，年税額よりも少ない場合には，その差額は不足額となる。

イ　過納額の精算

　　年末調整において，超過額をその年最後に給与等の支払をする際，徴収すべき所得税に充当し，なお充当しきれない超過額があるときは，給与等の支払者は，その過納額を還付する（所税191）。なお，過納額が生じるのは，主に，つぎの理由による。

　(イ)　年の中途で，控除対象配偶者，扶養親族または障害者に該当する親族等の数が増加した場合

　(ロ)　年の中途で，本人が障害者，寡婦，寡夫または勤労学生に該当することとなった場合

　(ハ)　配偶者特別控除の適用が受けられる場合

　(ニ)　住宅借入金等特別控除の適用が受けられる場合

　(ホ)　賞与の年間合計額が通常の給与の金額の5か月分より少なかった場合

　(ヘ)　賞与支給月の前月の普通給与の金額が通常の月に比べて，特に高額であった場合

　(ト)　年の中途で就職し，就職前に他から受けた給与がない場合

　(チ)　年の中途から給与の金額が特に低額となった場合

ロ　不足額の精算

　　年末調整において，不足額をその年最後に給与等の支払をする際，徴収し，なお徴収しきれない不足額があるときは，給与等の支払者は，その翌年において給与等の支払をする際，順次これを徴収し，その徴収の日の属する月の翌月10日までに，これを国に納付しなければならない（所税192①）。なお，不足額が生じるのは，主に，つぎの理由による。

　(イ)　年の中途で，控除対象配偶者，扶養親族または障害者に該当する親族等の数が減少した場合

　(ロ)　年の中途で，本人が障害者，寡婦，寡夫または勤労学生に該当しなくなった場合

(ハ) 賞与の年間合計額が通常の給与の金額の５か月分を超えて支給された場合

(ニ) 賞与支給月の前月の普通給与の金額が通常の月に比べて，特に低額であった場合

(ホ) 年の中途から給与の金額が特に高額となった場合

３　確定申告と年末調整の再調整

所得税は，１年間に得た所得について，自らその金額および税額を計算して国に納付するという，申告納税制度を建前としている（所税120・122）。給与所得者については，通常は，大部分の者が確定申告に代わる年末調整によって，その課税関係は完了することになる。源泉徴収制度は，申告納税制度のもとにおける所得税の前払的な性質を有するものということができる。

給与等の支払者が，その支払の際，所得税の源泉徴収をしたときは，源泉徴収をされた者に対する所得税の還付または充当については，その所得税を徴収して納付すべき者がその所得税を国に納付すべき日―徴収の日がその納付すべき日後である場合には，その徴収の日―において，その納付があったものとみなされる（所税223）。したがって，給与等の支払者が源泉徴収をした税金を納付していないときであっても，源泉徴収をされていれば，給与等の支払者が納付すべき日に納付があったものとみなされるので，確定申告による所得税の還付を受けることができる。

逆に，たとえ源泉徴収の対象とされる給与等が未払であっても，その給与等の支払を受けることが確定しているときは，その未払の給与等は，確定申告の際，給与所得の収入金額に含めて計算しなければならない（所税36）。この場合，未払の給与等に係る源泉所得税は，その給与等が支払われて源泉徴収されるまでは，源泉所得税の還付を求める申告があっても，その還付はされないこととされている（所税138②）。なお，確定申告後，給与等の支払がなされ，源泉徴収税額の納付があったときは，源泉徴収税額の納付届出書を提出して還付を受けることとなる（所税令267④）。

第1章　序　　説

　もっとも，源泉徴収の誤りを確定申告や更正の請求によって是正することはできない。判例上も，「源泉所得税の納税に関しては，国と法律関係を有するのは支払者のみで，受給者との間には直接の法律関係を生じないものとされていることからすれば，……，源泉所得税の徴収・納付における過不足の清算を行うことは，所得税法の予定するところではない。のみならず，給与等の支払を受けるにあたり誤って源泉徴収をされた受給者は，その不足分を即時かつ直接に支払者に請求して追加支払を受ければ足りるのであるから，右のように解しても，その者の権利救済上支障は生じない」ものと解されている[19]。

　この場合，源泉徴収義務者が，年末調整の誤りを原因とするつぎの方法による還付請求を行い，還付金によって給与所得者に還付することとなる（税通56，所基通181〜223共一6）。

　　イ　在職中の場合
　　　源泉徴収義務者が源泉所得税の誤納額充当届出書を提出し，その届出書提出以後に納付すべき給与等に係る源泉徴収税額から控除する方法によって，事実上還付する。

　　ロ　退職後の場合
　　　源泉徴収義務者が源泉所得税の誤納額還付請求書を提出して還付を受け，これを給与所得者に対して還付する。

　いずれの場合においても，結局，税額の適否の問題を私人間のみでしか争えないとすると，源泉徴収義務者が板ばさみとなり，その負担はいっそう大きくなり，この制度の合理性を失わせるおそれがある。そもそも，源泉徴収制度では，納付税額は容易に定まり，自動的に確定するということが前提とされているのであるが，その前提自体がフィクションであり，再検討の余地がある[20]。現行の非常に精密な源泉徴収制度を離れて，本章第2節1における(4)類型の源泉徴収のように，納税者による確定申告を前提とした「所得税の前払い」という，本来的な姿へ移行していくことが考えられる。

---

19)　最判平成4年2月18日民集46巻2号77頁。
20)　水野・前掲注3）106頁。

4　過大特別徴収税額の是正方法

　給与所得に係る源泉徴収と特別徴収の制度は，給与等の支払者による所得税または個人住民税の徴収・納付または納入という点では共通するものの，つぎに掲げるような重要な違いがある。

（1）　課税標準・税額の計算

　所得税の納税義務は，暦年の終了のときに成立し，当該納税義務者の１暦年の給与所得金額を基礎に，各種所得控除や税額控除を行い，納付すべき税額が算出される（税通15②一）。源泉徴収の場合，暦年末までの総源泉徴収納付税額と本来納付すべき税額との間には誤差が生ずると見込まれる。この誤差は，年末調整の手続により精算される（所税191～193）。

　これに対して，個人住民税の納税義務は，１月１日に前年分の所得について成立する（地税318）。特別徴収義務者は，給与所得に係る特別徴収税額の12分の１を，原則として６月から翌年５月まで，それぞれ給与を支払う際，毎月徴収し，その徴収した月の翌月10日までに，これを市町村に納入しなければならない（地税321の５①）。したがって，個人住民税については，年末調整のような納付税額の誤差の精算手続は必要がない。

（2）　納税義務の確定

　源泉所得税は，納税義務の成立と同時に特別の手続を要しないで納付すべき税額が確定する（税通15③二）。これに対して，個人住民税の場合，市町村長は，特別徴収義務者およびこれを経由して納税義務者に対して，５月31日までに特別徴収税額を通知しなければならない（地税321の４①～③）。特別徴収税額の通知は，一種の確定行為たる性質を併有しており，この通知により納付すべき税額が確定すると解されている[21]。

（3）　税額の過誤の是正

　源泉所得税の場合には，確定行為が介在しないから，その徴収の時点から時効が完成するまで，源泉徴収義務者は，国に対して，過誤納金の還付を請求す

---

21)　碓井光明『地方税の法理論と実際』147頁（弘文堂，1986年）。なお，所得税の源泉徴収の納税告知は，確定行為ではないとされている。

ることができる。これに対して，特別徴収の個人住民税の場合には，特別徴収税額の通知という確定行為が存在する以上，当該賦課決定通知が無効であるときを除いて，まず，その取消を求めなければ，地方団体に対して，過誤納金の還付を請求することはできない。

かくして，特別徴収税額の通知という確定行為が存在することから，直ちに還付請求の問題となるのではなく，まず確定行為の取消に係る不服申立または訴訟を提起することになる。なお，特別徴収に係る賦課決定通知の名宛人は，特別徴収義務者と納税義務者であることからすると，この取消を求める不服申立または訴訟の当事者適格は，両者に認められる（地税321の4①）。とはいえ，両者による争訟が競合することは，争訟経済の観点からも，また異なる裁断が示されることを避ける必要からも，これを認めるべきではない。両争訟は，審査機関において認識しうるかぎり，併合審理されるべきであろう[22]。

もっとも，地方団体と租税関係をもつのは，特別徴収義務者であって，本来の納税義務者ではない。地方団体の減額更正も，特別徴収義務者を相手として行われる行政処分である。したがって，当該減額更正により生じた過誤納金もまた，特別徴収義務者に還付するものである。この場合には，特別徴収義務者に還付された過誤納金が納税者に返還される保証がないので，地方団体としては，本来の納税義務者に確実に返還されるよう指導すべきであろう[23]。

5 質疑応答事例

国税庁の「質疑応答事例」では，つぎのとおり，(1)建築士の資格を有する社員に給与を支払った場合の給与所得の源泉徴収票の提出基準，(2)年末調整後に他の支店に転勤することになった従業員の場合，(3)年の中途で出国し非居住者

---

[22] 岩﨑政明『ハイポセティカル・スタディ租税法』284～285頁（弘文堂，第3版，2010年）。
[23] 地方税法総則研究会編『逐条問答地方税法総則入門』339～340頁（ぎょうせい，新訂，1994年）。なお，退職手当等に係る還付金については，本来の納税義務者に還付すべきことが立法化されている（地税附則2④）。

となった者が後発的事由により帰国し居住者となった場合の年末調整という，3つの事例において，年末調整に関する見解が示されている[24]。

（1） 建築士の資格を有する社員に給与を支払った場合の給与所得の源泉徴収票の提出基準

《照　会》

> A社では，建築士の資格を有する者を社員として雇用し，専ら設計等の業務に従事させている。年末調整を行った場合，給与所得の源泉徴収票を税務署に提出しなければならない基準はどうなっているのか。

《回　答》

年末調整を行った場合，給与所得の源泉徴収票の税務署への提出基準は，つぎに掲げる受給者の区分に応じて，それぞれに定めるその年中の給与等の金額（年間給与，未払給与を含む）とされている（所税則93）。

　イ　法人（人格のない社団等を含む）の役員および現に役員をしていなくてもその年中にこれらの役員であった者

　　　年間給与が150万円超の場合には，提出が必要となる。

　ロ　所得税法204条1項2号（報酬，料金等に係る源泉徴収義務）に規定する者

　　　年間給与が250万円超の場合には，提出が必要となる。なお，これらの者に報酬として支払う場合には，報酬，料金，契約金及び賞金の支払調書の提出が必要となる。

　ハ　上記イおよびロ以外の者

　　　年間給与が500万円超の場合には，提出が必要となる。

建築士の資格を有した者を社員として雇用した場合，その者が建築士としての業務を常に行える状況にあれば，ロに該当する者に対して支払う給与となるので，支払金額が250万円を超えた場合に提出が必要となる。もっとも，源泉徴収票は，上記の提出範囲にかかわらず，すべての受給者に交付する必要があ

---

[24]　国税庁ＨＰ「質疑応答事例」（http://www.nta.go.jp/shiraberu/zeiho-kaishaku/shitsugi/01.htm，2013年7月31日最終閲覧）。

る（所税226①）。

（2） 年末調整後に他の支店に転勤することになった従業員の場合

《照　会》

> B社では，各支店において，その年最後の給与を支払う際に年末調整を行っている。当支店の従業員Xが本年の年末調整をした後，12月25日に他支店に転勤することになった。従業員Xの給与所得の源泉徴収票は，当支店所在地を所轄する税務署に提出すべきなのか。

《回　答》

原則として，給与所得の源泉徴収票は，源泉徴収に係る所得税の納税地の所轄税務署に提出するように規定されていることから，給与等の支払事務を取り扱った転勤前の支店所在地を所轄する税務署に提出することになる（所税則93①）。ただし，支店間の移動であり，給与所得・退職所得に対する所得税源泉徴収簿等の源泉徴収票の作成にあたって，必要な書類が転勤後の支店に移管されている場合など，転勤後の支店において源泉徴収票を作成することが現実的な場合もあるので，転勤後の支店所在地を所轄する税務署に提出しても差し支えない（所税226①）。

（3） 年の中途で海外支店等に転勤した場合

《照　会》

> C社の従業員Yは，本年7月から3年間の予定でアメリカ支店の勤務となった。各月の25日を支払日とする給与については，毎月日本の本社から直接支払っている。また，計算期間が1月から6月の賞与を8月に支払っている。この場合，給与所得の源泉徴収票等の作成および提出範囲はどうなるのか。

《回　答》

従業員が海外支店等に転勤した場合には，出国前と出国後に支給期の到来する給与等について，つぎのとおり取り扱われている。

イ 出国前に支給期の到来する給与等

給与等の支払を受ける者が海外支店等に転勤したことにより非居住者となった場合には，その時点で年末調整を行う必要がある（所税190，所基通190－1）。したがって，1月から6月までの給与に係る給与所得の源泉徴収票を作成し，従業員Yに交付するとともに，給与の支払金額が500万円を超える場合には，税務署に提出することになる（所税226①）。

ロ 出国後に支給期の到来する給与等

その給与等の計算の基礎となった期間が国内における勤務に対応するものについては，国内源泉所得に該当し，支払金額が50万円を超える場合には，非居住者等に支払われる給与，報酬，年金及び賞金の支払調書を税務署に提出する必要がある（所税161八イ・225①八）。海外赴任後に支給を受ける給与または賞与で，国内および国外の双方にわたって行った勤務に基づくものは，つぎの算式により計算した金額が国内源泉所得になる（所基通161－28）。

《算　式》

$$\text{国内源泉所得金額} = \text{給与等の総額} \times \frac{\text{日本国内において勤務した期間}}{\text{給与等の総額の計算の基礎となった期間}}$$

ただし，海外赴任後に支給期が到来する給与等で，その計算期間が1月以下であるものについては，その給与等の全額が国内勤務に対応するものである場合を除き，その総額を国内源泉所得に該当しないものとして差し支えない（所基通212－3，日米租税条約14）。したがって，8月の賞与はすべてが国内源泉所得となり，海外赴任後に支払を受ける給与についてはすべて国内源泉所得には該当しないこととなる。

その給与等の計算の基礎となった期間が国外における勤務に対応するものについては，原則として法定調書を作成する必要はない。しかし仮に，Yが従業員としてではなく，役員としてアメリカ支店の勤務となった場合，日本の本社が支払う役員報酬は，原則として国内源泉所得になる（所税令285①一，日米租税条約15）。したがって，その年中の支払金額が50万円を超える場合には，非

居住者等に支払われる給与，報酬，年金及び賞金の支払調書を税務署に提出する必要がある（所税則89②・④）。

第2章　給与所得

chapter 2

　本章からは，従属的労務提供の対価—給与所得，退職所得および公的年金等所得—についてみることにする。このうち，給与所得とは，俸給，給料，賃金，歳費および賞与ならびにこれらの性質を有する給与に係る所得をいう（所税28①）。給与所得は，雇用関係に基づくものにかぎらず，委任または準委任の関係にある会社役員の報酬・賞与も含む。すなわち，給与所得は，雇用またはこれに類する原因に基づいて，非独立的に提供する勤務の対価として他人から受ける報酬で，退職一時金を除いたものということができる。

第1節　給与所得に係る源泉徴収の基本的なしくみ

　給与所得に係る所得税については，源泉徴収制度を採用し，給料や賃金等の支払者が給与を支払う際に，所定の所得税を徴収し，これを所定の期限までに国に納付する（所税183）。そして，その年の最後の給与等の支払の際に年末調整を行い，その年の給与の総額に対する正式の所得税額とそれまでの源泉徴収税額の合計額を比較し，過不足を精算する（所税190〜193）。年末調整の制度をスムーズに機能させるためには，精密な源泉徴収が必要である。

1　給与所得の範囲

　給与所得の範囲については，判例上，「勤労者が勤労者たる地位にもとづいて使用者から受ける給付は，すべて右（所得税法）9条5号にいう給与所得を

構成する収入」と解され，非常に広く理解されている[1]。しかし，課税実務上，給与所得か否かは，①給付の基礎となる法律関係，②給付の基礎となる労務の提供などが従業員の通常の職務の範囲か，③給付の基礎となる具体的な理由という，3点が判断基準とされる。具体的には，つぎのように取り扱われる。

(1) 通勤手当

給与所得を有する者で通勤するもの（通勤者）が，その通勤に必要な交通機関の利用または交通用具の使用のために支出する費用に充てるものとして，通常の給与に加算して受ける通勤手当のうち，一般の通勤者につき通常必要であると認められる部分は，一定の限度額まで非課税となる（所税9①五，所税令20の2）。逆にいえば，給与と通勤手当が区分されていない場合には，通勤手当に相当する部分が通常の給与に含まれているとしても，その全額が給与として課税されることになる。

　イ　通勤のため交通機関または有料の道路を利用し，かつ，その運賃等を負担することを常例とする者（ニに該当する者を除く）が受ける通勤手当

　　　その者の通勤に係る運賃，時間および距離などの事情に照らし，最も経済的かつ合理的と認められる通常の通勤の経路および方法による運賃等の額[2]

　ロ　通勤のため自転車その他の交通用具を使用することを常例とする者（通勤距離が片道2km未満である者およびニに該当する者を除く）が受ける通勤手当

　　(イ)　通勤距離が片道10km未満である場合，月額4,100円

　　(ロ)　通勤距離が片道10km以上15km未満である場合，月額6,500円

　　(ハ)　通勤距離が片道15km以上25km未満である場合，月額1万1,300円

　　(ニ)　通勤距離が片道25km以上35km未満である場合，月額1万6,100円

　　(ホ)　通勤距離が片道35km以上45km未満である場合，月額2万900円

　　(ヘ)　通勤距離が片道45km以上である場合，月額2万4,500円

　ハ　通勤のため交通機関を利用することを常例とする者（イおよびニに該当す

---

1) 最判昭和37年8月10日民集16巻8号1749頁。
2) ただし，月額が10万円を超えるときは，10万円が上限となる。

る者を除く）が受ける通勤用定期乗車券

　　その者の通勤に係る運賃，時間および距離などの事情に照らし，最も経済的かつ合理的と認められる通常の通勤の経路および方法による定期乗車券の価額[3]

ニ　通勤のため交通機関または有料道路を利用するほか，自転車その他の交通用具を使用することを常例とする者（交通用具を使用する距離が片道2km未満である者を除く）が受ける通勤手当または通勤用定期乗車券

　　その者の通勤に係る運賃，時間および距離などの事情に照らし，最も経済的かつ合理的と認められる通常の通勤の経路および方法による運賃等の額または定期乗車券の価額と交通用具を使用する距離につき，上記ロの(イ)から(ヘ)までに準じて計算した金額との合計額[4]

(2) 旅　　費

　給与所得者が勤務する場所を離れて，その職務を遂行するための旅行をした場合，給与所得者の転任に伴う転居のための旅行をした場合，就職もしくは退職した者または死亡退職者の遺族が，その就職または退職に伴う転居のための旅行をした場合，これらの旅行に必要な支出に充てるため使用者から支給される金品で，その旅行について通常必要であると認められるものは，実費弁償にすぎないものであるところから，旅費として非課税とされる（所税9①四）。

　この非課税とされる金品は，旅行をした者に対して使用者からその旅行に必要な運賃，宿泊料および移転料などの支出に充てるものとして支給される金品のうち，その旅行に通常必要とされる費用の支出に充てられると認められる範囲内の金品をいう。したがって，職務を遂行するために行う旅行の費用に充てるものとして支給される金品であっても，年額または月額により支給されるものは，給与等とされる。ただし，その支給を受けた者の職務を遂行するために

---

3) ただし，前掲注2）と同じ。
4) ただし，前掲注2）と同じ。なお，業務用の使用のついでに，法人所有の社用車を使って通勤することを許可するという場合には，社用車を通勤で使用する場合の経済的利益に関しては，これを非課税とする規定がないので，原則として課税対象になる。

行う旅行の実情に照らし，明らかに，その旅行に通常必要とされる費用に充てられると認められる範囲内のものについては，非課税として取り扱われる（所基通28－3）。

給与所得者が支給を受ける旅費が非課税とされる要件—その旅行について通常必要であると認められるもの—とは，その旅行の目的，目的地，行路もしくは期間の長短，宿泊の要否，旅行者の職務内容および地位などからみて，その旅行に通常必要とされる費用の支出に充てられると認められる範囲内の金品をいい，この範囲内の金品に該当するかどうかは，つぎに掲げる事項を勘案して判定することになる（所基通9－3）。

　イ　その支給額が，その支給をする使用者の役員および従業員のすべてを通じて，適正なバランスが保たれている基準によって計算されたものであるかどうか。

　ロ　その支給額が，その支給をする使用者と同業種・同規模の他の使用者が一般的に支給している金額に照らし，相当と認められるものであるかどうか。

たとえば，単身赴任者—配偶者または扶養親族を有する給与所得者で，転居を伴う異動をした者のうち，単身で赴任した者—が，職務の遂行上必要な旅行に付随して，帰宅のための旅行を行った場合に支給される旅費については，これらの旅行の目的・行路等からみて，これらの旅行が主として職務遂行上必要な旅行と認められ，かつ，その旅費の額が非課税とされる旅費の範囲を著しく逸脱しないかぎり，非課税として取り扱われる（昭和60年11月8日直法6－7・直所3－9）。

（3）　海外渡航費

事業を営む者が自己の海外渡航に際して支出する費用は，その海外渡航が当該事業の遂行上直接必要であると認められる場合にかぎり，その海外渡航のための交通機関の利用，宿泊などの費用に充てられたと認められる部分の金額が必要経費に算入される（所基通37－16）。

この場合，その海外渡航が旅行期間のおおむね全期間を通じ明らかに当該事

第2章 給与所得

業の遂行上直接必要であると認められるものであるときは、その海外渡航のためにその事業を営む者が支出した費用または支給した旅費については、社会通念上、合理的な基準によって計算されているなど不当に多額でないと認められるかぎり、その全額を旅費として必要経費に算入することができる（所基通37―18）。

一方、その海外渡航の旅行期間にわたり、当該事業の遂行上直接必要と認められる旅行と認められない旅行とをあわせて行ったものであるときは、その海外渡航に際して支出した費用または支給した旅費を、当該事業の遂行上直接必要と認められる旅行期間と認められない旅行期間との割合によってあん分し、当該事業の遂行上直接必要と認められる旅行に係る部分の金額は、旅費として必要経費に算入される（所基通37―21）。

ただし、海外渡航の直接の動機が特定の取引先との商談や、契約の締結など、当該事業の遂行のためであり、その海外渡航を機会に観光をあわせて行ったものである場合には、その往復の旅費は、当該事業の遂行上直接必要と認められる旅費として必要経費に算入し、その渡航費用のうち、その往復の旅費以外の部分の額は、旅行期間によるあん分を行って、事業の遂行上直接必要と認められる部分の金額を必要経費に算入することになる（所基通37―21但書）。

なお、その海外渡航が、その事業の遂行上直接必要なものであるかどうかは、その旅行の目的、旅行先、旅行経路および旅行期間などを総合勘案して実質的に判定する。たとえば、つぎに掲げる旅行は、原則として、当該事業の遂行上直接必要な海外渡航に該当しないものとして取り扱われる[5]（所基通37―19）。

　イ　観光渡航の許可を得て行う旅行
　ロ　旅行あっせんを行う者等が行う団体旅行に応募してする旅行

5）　もちろん、イからハまでに該当する旅行であっても、その海外渡航の旅行期間内における旅行先、その仕事の内容などからみて、当該事業にとって直接関連があるものがあると認められるときは、その海外渡航に際し支出した費用または支給した旅費のうち、当該事業に直接関連のある部分の旅行について直接要した部分の金額は、旅費として必要経費とされることになる（所基通37―2）。

ハ　同業者団体その他これに準ずる団体が主催して行う団体旅行で，主として観光目的と認められるもの

(4) 宿日直料

　宿日直料は，宿直または日直という勤務の対価としての性格をもつ一方，その勤務をすることにより増加する費用の弁償としての性格を有することも否定できない。このため，その勤務1回につき支給される宿日直料の金額のうち，一定金額までの部分については，費用の弁償に該当するものとして課税しないものとされる。また，非課税の対象とされる宿日直の範囲は，一応，一般にいわれる宿日直の範囲を想定し，①宿日直を本来の職務とする者の宿日直，②代日休暇が与えられる宿日直，③宿日直料の支給額が通常の給与の額にスライドするように定められた宿日直は除いたものとされている。

　なお，宿日直者に食事を提供したときは，その食事の価額を宿日直料から差し引かなければならない。したがって，休日手当の支給の目的があくまでも宿日直料に対するものであって，たとえば，休日出勤して通常の勤務をし，その勤務に対して支給するものである場合には，宿日直料の支給といえない。また，宿日直料の課税対象は，その支給の基因となった勤務1回につき支給される金額のうち，4,000円までの部分については課税しないものの，限度額を超える部分については，通常の給与に加算して源泉徴収することとなる[6]（所税183，所基通28―1）。

(5) 残業者の夜食代

　使用者が，残業または宿日直をした者（その者の通常の勤務時間外における勤務として，これらの勤務を行った者に限る）に対して，これらの勤務をすることにより支給する食事については，課税しなくて差し支えない（所基通36―24）。この場合を除き，使用者が従業員に食事を無料で支給している場合は，その食事の価額が給与として課税対象となる（所税28・36，所基通36―38）。ただし，そ

---

[6]　もちろん，宿日直勤務をしたことにより，代日休暇を与えられる者に対して支給される金銭は，その休暇を与えられることによって，その宿日直が本来の勤務に振り替わったものと認められるので，給与所得として取り扱われる（所基通28―1(2)）。

の食事の価額の半額以上を従業員から徴収している場合で，使用者の負担額が月額3,500円以下であるときは，課税しないものとされている（所基通36－38の2）。

たとえば，正規の勤務時間による勤務の一部または全部を午後10時から翌日午前5時までの間において行う，深夜勤務者に対して，使用者が調理施設を有しないことなどにより，深夜勤務に伴う夜食を現物で支給することが著しく困難であるため，その夜食の現物支給に代え，通常の給与に加算して勤務1回ごとの定額で支給する金銭で，その1回の支給額が300円以下のものについては，課税しないものとされる[7]（昭和59年7月26日直法6－5・直所3－8）。

2　経済的利益

給与は，一般に金銭で支給されるほか，食事の現物支給や商品の値引販売など，物または権利その他の経済的利益をもって支給されることがある。これらの経済的利益を現物給与といい，原則として給与所得の収入金額とされる（所税28①・36①括弧書）。

(1)　経済的利益の範囲

現物給与の存在は，給与所得の意義と範囲を複雑にさせている。現物給与は，これを労務の対価として捉える場合，具体的には，これらの規定が定める給与概念のなかで理解しなければならない。所得税法上，給与は，①従業員に対する給料，賃金および賞与，②役員に対する報酬および賞与，③役員または従業員に対する退職金，④公的年金等の4種類に分類される。現物給与のうち，労務の対価としての性質をもつものは，広く給与所得に含まれるものとされる。だが，その範囲を明確に定めるのは，必ずしも容易ではない。

所得税法36条1項によれば，各種所得金額の計算上，収入金額とすべきも

---

[7]　なお，この場合の支給額が非課税限度額の300円を超えるかどうかは，支給額に105分の100を乗じた金額をもって判定を行う。また，105分の100を乗じた金額に10円未満の端数が生じた場合には，これを切り捨てる（平成元年1月30日直法6－1，平成9年2月26日課法8－1）。

のには，金銭で収入するものだけにかぎらず，金銭以外の物または権利その他経済的利益をもって収入するものも含まれる（所税36①括弧書，所税令84の2）。したがって，給与所得の収入金額には，現物給与などの経済的利益も含まれる。経済的利益の範囲は，きわめて多様で，つぎに掲げるような利益がある（所基通36―15）。

　　イ　物品その他の資産の譲渡を無償または低い対価で受けた場合における，その資産のその時点における価額，または，その価額とその対価の額との差額に相当する利益

　　ロ　土地，家屋その他の資産の貸与を無償または低い対価で受けた場合における，通常支払うべき対価の額，または，その通常支払うべき対価の額と実際に支払う対価の額との差額に相当する利益

　　ハ　金銭の貸付けまたは提供を無利息または通常の利率よりも低い利率で受けた場合における，通常の利率により計算した利息の額，または，その通常の利率により計算した利息の額と実際に支払う利息の額との差額に相当する利益

　　ニ　上記ロおよびハ以外の用役の提供を無償または低い対価で受けた場合における，その用役について通常支払うべき対価の額，または，その通常支払うべき対価の額と実際に支払う対価の額との差額に相当する利益

　　ホ　買掛金その他の債務の免除を受けた場合におけるその免除を受けた金額，または，自己の債務を他人が負担した場合における当該負担した金額に相当する利益

（2）　経済的利益の評価原則

　経済的利益の評価は，所得税法36条2項において，「当該物若しくは権利を取得し，又は当該利益を享受する時における価額とする」と規定され，時価評価を建前としている。その評価方法は，現物給与としての支給慣行などを考慮して，それぞれの現物給与の実態に即して具体的に定められている。実際には，個々の経済的利益について定められた評価方法があるものについては，その方法により，特に評価方法が定められていないものについては，いわゆる「支給

時の時価」によることになる。

 イ　有　価　証　券

  使用者が役員または従業員に支給する有価証券については，その支給時の価額により評価する（所基通36―36）。

 ロ　保険契約等に関する権利

  使用者が役員または従業員に支給する生命保険契約もしくは損害保険契約またはこれらに類する共済契約に関する権利については，その支給時において当該契約を解除するとした場合に支払われることとなる解約返戻金の額―解約返戻金のほかに支払われることとなる前納保険料の金額，剰余金の分配額などがある場合には，これらの金額との合計額―により評価する（所基通36―37）。

 ハ　食　　　事

  使用者が役員または従業員に支給する食事については，つぎに掲げる区分に応じて，それぞれに掲げる金額により評価する（所基通36―38）。

  (イ)　使用者が調理して支給する食事

   その食事の材料等に要する直接費の額に相当する金額

  (ロ)　使用者が購入して支給する食事

   その食事の購入価額に相当する金額

 ニ　商品・製品等

  使用者が役員または従業員に支給する商品・製品等については，その支給時におけるつぎに掲げる価額により評価する（所基通36―39）。

  (イ)　使用者において通常他に販売するものである場合

   その使用者の通常の販売価額

  (ロ)　使用者において通常他に販売するものでない場合

   その商品・製品等の通常売買される価額[8]

8）　ただし，当該商品・製品等が，役員または従業員に支給するため使用者が購入したものであり，かつ，その購入時からその支給時までの間にその価額にさして変動がないものであるときは，その購入価額によることができる（所基通36―39(2)但書）。

ホ　利息相当額

　　使用者が役員または従業員に貸し付けた金銭の利息相当額については，つぎに掲げる区分に応じて，それぞれに掲げる利率により評価する（所基通36―49）。

　(イ)　金銭が使用者において他から借り入れて貸し付けたものであることが明らかな場合

　　　その借入金の利率

　(ロ)　その他の場合

　　　貸付けを行った日の属する年の前年11月30日現在において，日本銀行が定める商業手形の基準割引率に年4％の利率を加算した利率（0.1％未満切捨て）

ヘ　用　　役

　　使用者が役員または従業員に提供した用役については，その用役につき通常支払われるべき対価の額により評価する[9]（所基通36―50）。

3　給与所得の収入すべき時期

　給与等の収入すべき時期は，その給与等についての収入とすべき権利が確定したときとされており，具体的には，つぎのとおり取り扱われている（所税36，所基通36―9・36―15・36―16）。たとえば，未払給与は，契約または慣習により支給日が定められている給与等に該当するものと考えられることから，その支給日に給与所得の収入金額となり，源泉徴収の対象または確定申告の対象にもなる[10]（所基通36―9(1)）。

---

[9]　ただし，課税しなくて差し支えないとされるレクリエーションの行事に参加した役員または従業員が受ける経済的利益で，その行事に参加しなかった役員または従業員に対して，その参加に代えて金銭が支給される場合に受けるものについては，その参加しなかった役員または従業員に支給される金銭の額とされる（所基通36―50但書）。

[10]　もちろん，確定申告前に当該未払給与の全額について回収不能が明らかになったような場合は，給与所得の収入金額に含まれない（所税64①）。

イ　一般の給与
　(イ)　契約または慣習その他株主総会の決議等により支給日が定められている給与等
　　　その支給日
　(ロ)　支給日が定められていないもの
　　　その支給を受けた日
ロ　役員に対する賞与
　(イ)　株主総会の決議等により，その算定の基礎となる利益に関する指標の数値が確定し支給金額が定められるもの，その他利益を基礎として支給金額が定められるもの
　　　その決議等があった日
　(ロ)　その決議等が支給する金額の総額だけを定めるにとどまり，各人ごとの具体的な支給金額を定めていない場合
　　　各人ごとの支給金額が具体的に定められた日
ハ　給与規程の改訂に伴う追加支給分
　(イ)　給与規程の改訂が既往にさかのぼって実施されたため，既往の期間に対応して支払われる新旧給与の差額に相当する給与等で，その支給日が定められているもの
　　　その支給日
　(ロ)　給与規程の改訂が既往にさかのぼって実施されたため，既往の期間に対応して支払われる新旧給与の差額に相当する給与等で，その支給日が定められていないもの
　　　その改訂の効力が生じた日
ニ　認定賞与とされる給与等
　(イ)　支給日があらかじめ定められているもの
　　　その支給日
　(ロ)　支給日が定められていないもの
　　　その支給を受けた日

(ハ) 支給日が明らかでない場合

その支給が行われたと認められる事業年度の終了の日

ホ　経済的利益

(イ) 土地，家屋その他の資産の貸与を無償または低い対価で受けた場合における，通常支払うべき対価の額，または，その通常支払うべき対価の額と実際に支払う対価の額との差額に相当する利益で，その月中に受けるもの

各月ごとにその月の末日

(ロ) 金銭の貸付けまたは提供を無利息または通常の利率よりも低い利率で受けた場合における，通常の利率により計算した利息の額，または，その通常の利率により計算した利息の額と実際に支払う利息の額との差額に相当する利益で，その月中に受けるもの

各月ごとにその月の末日，または，1年を超えない一定期間ごとにその期間の末日

(ハ) 上記(イ)および(ロ)以外の用役の提供を無償または低い対価で受けた場合における，その用役について通常支払うべき対価の額，または，その通常支払うべき対価の額と実際に支払う対価の額との差額に相当する利益で，その月中に受けるもの

各月ごとにその月の末日，または，1年を超えない一定期間ごとにその期間の末日

4　給与所得に対する源泉徴収税額

給与所得に対する源泉徴収税額は，原則として，その月に支払われた給与等の額から社会保険料等を控除した金額とその従業員の扶養親族等の人数を考慮して，非常に精密に決定される（所税185）。

（1）給与所得控除

所得税は，原則として，その年中の収入金額から必要経費などを控除した純所得を課税標準として課税するものである。給与所得については，その年中の

第 2 章　給 与 所 得

図表3　給与所得控除額の計算方法

給与等の収入金額	給与所得控除額
162万5,000円以下	65万円
162万5,000円超180万円以下	収入金額×40%
180万円超360万円以下	収入金額×30％＋18万円
360万円超660万円以下	収入金額×20％＋54万円
660万円超1,000万円以下	収入金額×10％＋120万円
1,000万円超1,500万円以下	収入金額×5％＋170万円
1,500万円以下	245万円

（出所）　所得税法28条3項に基づき，筆者が作成。

　給与等の収入金額から給与所得控除額を差し引いた残額が課税標準となる。なお，給与所得控除額は，給与等の収入金額に応じて，図表3に表示したとおり，計算方法が定められている（所税28②・③）。

《算　式》

　　給与等の収入金額－給与所得控除額＝給与所得金額

　この給与所得控除の性質は，必ずしも明らかではない。一般には，給与所得が資産所得に比べて担税力が弱いこと，給与所得に一定の必要経費が存在すること，捕捉率において給与所得が一番高いこと，源泉徴収制度のため給与所得に対する所得税の納期が他の所得より早いこと，などを考慮して設けられたものであるといわれている。しかし，これらの要素が考慮されているとしても，それぞれにどの程度のウェイトが置かれているのか，はっきりしない[11]。

　もっとも，月々の源泉徴収税額を計算する際に使用する給与所得の源泉徴収税額表には，すでに給与所得控除相当額が織り込まれているので，月々の源泉徴収の都度，給与所得控除額の算式によって給与所得控除額を計算する必要はない。また，年末調整の際には，その年中の給与等の収入金額から給与所得控除額を差し引いた後の金額から各種所得控除額を差し引いた後の課税給与所得

---

11)　清永敬次『税法』93頁（ミネルヴァ書房，第7版，2007年）。

金額について，年末調整のための所得税額の速算表を使用して税額を求めることになる。この場合の給与所得控除後の給与等の金額は，所得税法別表第5（年末調整等のための給与所得控除後の給与等の金額の表）によって求められる（所税28④・190）。

(2) 特定支出控除

給与所得者が特定支出をした場合において，その年中の特定支出の額の合計額が，①その年中の給与等の収入金額が1,500万円以下の場合，その年中の給与所得控除額の2分の1に相当する金額を，または，②その年中の給与等の収入金額が1,500万円を超える場合，125万円を超えるときは，その年分の給与所得金額は，給与所得控除後の給与等の金額からその超える部分の金額（特定支出控除額）を差し引いた金額とすることができる[12]（所税57の2①）。

《算　式》

　　給与所得金額＝(給与等の収入金額－給与所得控除額)－特定支出控除額

ここで，特定支出とは，つぎに掲げる支出で，一定の要件にあてはまるものをいう。ただし，特定支出につき給与の支払者より補てんされる部分があり，かつ，その補てんされる部分につき所得税が課されない場合における，その補てんされる部分は除かれる（所税57の2②）。

　　イ　通勤のために必要な交通機関の利用または交通用具の使用のための支出
　　ロ　転任に伴う転居のための支出
　　ハ　職務の遂行に直接必要な技術または知識を習得するために受講する研修のための支出
　　ニ　職務の遂行に直接必要な資格の取得費
　　ホ　転任に伴い単身赴任をしている者の帰宅のための往復旅費
　　ヘ　職務に関連する図書もしくは勤務場所での着用が必要とされる衣服を購

---

[12] なお，この特定支出控除の特例の適用を受けるためには，①給与所得者の特定支出に関する明細書，②給与の支払者の証明書，③特定支出の金額等を証する書類，④鉄道等の利用区間等を証する書類を確定申告書に添付する必要がある（所税57の2③・④）。

入するため，または得意先等に対する接待・供応等のための支出

　特定支出控除は，昭和62年度の税制改正で創設されたものであるが，その適用件数は，全国で毎年10件弱と僅少で推移してきた。平成24年度の税制改正によって，特定支出控除をより使いやすくし，給与所得者の実額控除による確定申告の機会拡大を図る観点から，適用判定の基準の見直し，適用対象に上記ヘを追加するなど範囲の拡充が行われた[13]。これにより，給与所得者5,427万人（平成23年12月31日現在）のうち，特定支出控除の適用者が数万人規模に増加したとしても，それでもなお，給与所得者のほとんどは，年末調整により所得税が精算される。

（3）　源泉徴収の際に控除される諸控除

　所得税は，納税者の担税力に応じた課税を行うなどのため，その課税にあたっては，各種の控除を行っている。この控除には，各人の所得金額から控除する所得控除と，各人の所得税額から控除する税額控除とがある。

《算　式》

　　所得税額＝（給与所得金額－所得控除）×税率－税額控除

　所得控除は，その納税者に適用される最高税率によって変わる[14]。これに対して，税額控除は，それぞれの納税者に適用される最高税率と無関係に，一定の経済的利益を納税者に与える。所得税法においては，控除は所得控除が原則で，税額控除は，例外的に所得税額と何か別の税の税額という，税額どうしの調整を行うときに用いられている。

　税額控除としては，住宅借入金等特別控除が，給与所得者の住宅借入金等特別控除申請書を提出することによって，年末調整の際に控除されるのみである（税特措41～41の2の2・41の3の2）。一方，所得控除としては，図表4に表示したとおり，月々の源泉徴収の際に控除されるものと，年末調整の際に控除されるものとがある。控除を受ける場合には，納税者は，社会保険料控除・基礎

---

[13]　財務省『平成24年度税制改正の解説』253～254頁（大蔵財務協会，2012年）。
[14]　所得税の税率は，所得金額に応じて5％，10％，20％，23％，33％または40％の税率が適用される（所税89①）。

図表 4　控除可能な所得控除

控除の種類	月々の源泉徴収	年末調整	確定申告
雑損控除	—	—	○
医療費控除	—	—	○
社会保険料控除	○	○	—
小規模企業共済等掛金控除	—	○	△
生命保険料控除	—	○	△
地震保険料控除	—	○	△
寄附金控除	—	—	○
障害者控除	○	○	△
寡婦（寡夫）控除	○	○	△
勤労学生控除	○	○	△
配偶者控除	○	○	△
配偶者特別控除	—	○	△
扶養控除	○	○	△
基礎控除	○	○	—

(注) 1　○は，所得控除が受けられるものである。
　　 2　△は，源泉段階で控除されなかった所得控除について，控除が受けられるものである。
(出所)　所得税法72条～86条などに基づき，筆者が作成。

控除を除き，給与所得者の保険料控除申告書または給与所得者の扶養控除等申告書を給与の支払者に提出する必要がある（所税令262・319）。

第 2 節　給与所得に係る特別徴収制度

　このように，所得税においては，精密に源泉徴収を行い，年末調整を行えば，あらためて確定申告することを要しない（所税121①）。他方で，給与所得に係る個人住民税については，特別徴収の方法―地方税の徴収について便宜を有する者にこれを徴収させ，その徴収すべき税金を納入させる方法―によって徴収される（地税321の3①）。

第2章　給与所得

1　特別徴収制度の沿革

　個人住民税に特別徴収制度を導入するきっかけは，昭和25年の第2次シャウプ勧告によって与えられた。シャウプ勧告は，「前年の所得を課税標準とする現在の制度に代えて，当年分の所得を課税標準として市町村民税を課税したり，給料及び賃金から税金を源泉徴収したりすることを，市町村が試みるよう慫慂さるべきである」と述べ，現年課税主義と源泉徴収をセットにして提言した[15]。

　この点については，昭和24年の第1次シャウプ勧告に基づく翌25年の地方税法改正においても議論があった。当時の立法担当者，岡田純夫氏は，個人住民税が現年課税主義でなく，前年課税主義を採用する理由について，「同じ所得に対して課税する国税の所得税と，市町村の市町村民税とがともに申告納税制度をとることは二重行政の嫌いがあり，且つはシャウプ勧告にいう簡易なる税制の精神にも沿わないことになるので，国税が前年分として最終的に決定した所得税額等を課税標準にとることにした」と説明している[16]。

　これに対して，第2次シャウプ勧告の背景を説明した論文のなかで，荻田保氏は，「先ず前年所得を標準にするのでは，最近のように経済状態の変動の激しいときには，負担に無理があるとの非難があり，次に俸給所得者の如きに対しては，その課税標準の捕捉に困難を感ずるし，仮に捕捉できたとしてもその徴税の成績が挙がらない。納税者からしても，納め難いとの非難があり，ある市町村では，市町村と納税者と俸給支払者との合意によって源泉徴収に似た方法をとっているものもある」と説明している[17]。

---

[15]　シャウプ使節団編〔大蔵省主税局訳〕『シャウプ使節団第二次日本税制報告書』15頁（日本租税研究協会，1950年）。

[16]　岡田純夫「市町村税」自治研究臨時増刊号108頁（1950年）。もちろん，当年の所得を対象とするほうが，所得の現実に即応するものであって，税制として理想に近いものになるであろうことは明らかである。とりわけ，源泉徴収制度を採用することによって徴収も容易であり，納税義務者にとっても納税が楽である，というメリットが現年課税にはある。

[17]　荻田保「新地方税制に関する若干の問題―第二次シャウプ勧告に関連して―」自治研究27巻1号15頁（1950年）。

ところが，昭和26年の地方税法改正では，前年課税主義を維持しつつ，特別徴収方式のみを採用することとされた。地方自治庁長官，岡野清豪氏は，給与所得に係る源泉徴収の方法を採用することについて，「一般に給与所得者におきましては，市町村民税をまとめて徴収されますことは，非常に苦痛を伴うことでありますので，給与の支払いを受ける際に給与の支払者をして，便宜徴収せしめる道を開くのが適当であると考え，簡易な一般の源泉徴収の方法を市町村の任意によって採用することができるものとしたのであります」と提案理由を説明している[18]。

この場合，市町村長は，前年中の納税義務者に支払われる給与所得に係る所得割額および均等割額の合算額を特別徴収の方法によって徴収する旨を，毎年4月15日までに，特別徴収義務者およびこれを経由して納税義務者に通知しなければならない（昭和26年地税321の4①）。もっとも，給与の支払を受ける者が転職・退職等をしたときは，その翌月からはもはや給与支払者は，特別徴収の義務を負わないことになる（昭和26年地税321の4①）。給与所得について特別徴収方式を導入したのと関連して，市町村民税の賦課期日は1月1日に改められた（昭和26年地税307）。

その後，昭和30年の地方税法改正によって，個人住民税のうち，納税義務者の前年中の給与所得に係る所得割額および均等割額の合算額は，原則として，特別徴収の方法によって徴収するものとされた。ただし，市町村内に給与所得者が少ないことその他特別の事情により特別徴収を行うことが適当でないと認められる市町村においては，特別徴収の方法によらないことができる（地税321の3①）。

さらに，給与所得者については，給与所得以外の所得がある場合に，それについても，市町村の条例の定めるところにより，特別徴収の方法によって徴収することができる。ただし，給与所得者が，6月30日までの間において，自らまたは特別徴収義務者を通じて，普通徴収の方法による旨を申し出た場合

---

18) 自治庁編『地方税制度資料第6巻』78頁（大蔵省印刷局，1959年）。

には，特別徴収によらないこととされた（地税321の3②但書）。このしくみが，基本的には，今日まで続いている。

2　給与所得に係る特別徴収の方法

このような変遷を経て，給与所得に係る個人住民税については，現在，つぎの特別徴収の方法によって徴収されている。

（1）給与所得と特別徴収

給与所得者の個人住民税については，その給与所得に係る所得割額および均等割額の合算額について，原則として，特別徴収の方法によって徴収することとされている。すなわち，前年中に給与の支払を受けた者で，4月1日の現況において給与の支払を受けている者については，その者に対して課す個人住民税のうち，その者の前年中の給与所得に係る所得割額および均等割額の合算額は，特別徴収の方法によって徴収することとされる[19]（地税321の3①）。

図表5　給与所得に係る特別徴収の流れ

```
                  ①給与所得支払報告書の提出（1月31日まで）
┌─────────┐  ③特別徴収税額の通知（5月31日まで）      ┌─────────┐
│ 給与支払者 │ ─────────────────────── │  市 町 村 │
│(特別徴収義務者)│  ⑤税額の納入（翌月10日まで）          │ (課税団体) │
└─────────┘ ─────────────────────→ └─────────┘
      ↕        ④給与の支払の際，税額を徴収               ②税額の計算
              （6月から翌年5月まで，毎月の給与支払日）
┌─────────┐
│ 給与所得者 │
│(納税義務者)│
└─────────┘
```

（出所）地方税法321条の3～321条の5に基づき，筆者が作成。

（2）特別徴収の対象とならない場合

給与所得者のうち，つぎに掲げるような給与所得者で，特別徴収の方法によって徴収することが著しく困難であると認められる者については，特別徴収

---

[19] ただし，給与所得に係る特別徴収税額が均等割額のみである場合および均等割相当額以下である場合には，当該通知に係る給与所得に係る特別徴収税額を最初に徴収すべき月に給与の支払をする際，その全額を徴収する（地税321の5①但書）。

の方法によらないものとされる（取扱通知(市)2章37）。
　　イ　給与所得のうち，支給期間が1月を超える期間によって定められている給与のみの支払を受けている者
　　ロ　外国航路を航行する船員の乗組員で，1月を超える期間乗船することとなるため，慣行として不定期にその給与の支払を受けている者

　もっとも，市町村は，給与所得者の数が少ないこと，給与の支払をする者ごとの給与所得者の数が少ないことなどの特別の事情があるため，特別徴収によることが不適当であると認められる場合には，徴税上の便宜または徴税費の節減の見地から，特別徴収の方法によらないことができる（地税321の3①，取扱通知(市)2章37）。

（3）　特別徴収義務者の指定

　市町村は，個人住民税を特別徴収の方法によって徴収しようとする場合は，4月1日において納税義務者に給与の支払をする者で，所得税の源泉徴収義務者である者を，市町村の条例によって特別徴収義務者として指定（特別徴収義務者の指定）することになる（地税321の4①）。給与支払者は，他の市町村内において給与の支払をする者を含むものであり，また，給与の支払をなす主体をいうものであって，支払事務の担当者ではない。給与支払者は，法人等または個人である。具体的に指定するときは，法人の代表者，国の場合は各省庁の長官等または地方団体の場合は当該地方団体の長等を指定することとなる。

　一般的には，所得税法183条によって給与の支払をする際，所得税を徴収して納付する義務がある者を，市町村の条例によって，特別徴収義務者として包括的に指定する。具体的には，特別徴収義務者を指定して個人住民税を特別徴収させる場合は，市町村長は，毎年5月31日までに，特別徴収税額通知書により，給与所得に係る特別徴収税額を特別徴収の方法によって徴収する旨を，特別徴収義務者およびこれを経由して納税義務者に通知しなければならない（地税321の4①・②）。逆にいえば，この通知がなければ，特別徴収義務者は，特別徴収の義務を負わないことになる。

　同一の納税義務者に対して給与の支払をする者が2以上あるときは，市町村

は，当該市町村の条例によって，これらの支払をする者の全部または一部を特別徴収義務者として指定しなければならない（地税321の4④）。ただし，一の納税義務者について，2以上の特別徴収義務者を指定することは，徴収事務が複雑となるので，この指定は，納税者の申出があった場合その他必要がある場合に限るものとし，なるべく徴収事務の混乱をきたさないように留意する必要がある（取扱通知(市)2章41）。

この場合において，特別徴収義務者として2以上の者を指定したときは，給与所得に係る特別徴収税額をこれらの者が当該年度中にそれぞれ支払うべき給与の額にあん分して，これを徴収させることができる（地税321の4④）。なお，当該年度中にそれぞれ支払うべき給与の額とは，当該年中に支払われることが予測される額であって，必ずしも厳密な計算に基づく必要はない（取扱通知(市)2章41）。

(4) 特別徴収税額の通知

特別徴収義務者を指定して個人住民税を特別徴収させる場合は，市町村長は，毎年5月31日までに，特別徴収義務者が徴収すべき納税義務者別，かつ，市町村民税および道府県民税別の特別徴収税額を特別徴収の方法によって徴収する旨を特別徴収税額通知書により，特別徴収義務者およびこれを経由して納税義務者に通知しなければならない（地税321の4②，取扱通知(市)2章39）。特別徴収義務者は，市町村からの特別徴収税額の通知を受けて，初めて個人住民税の特別徴収の義務を負うこととなる。

したがって，特別徴収義務者は，市町村からの特別徴収税額の通知が5月31日までになされなかった場合は，原則として特別徴収の義務を負わない。ただし，所得税の源泉徴収義務者が市町村長に提出すべき給与支払報告書を1月31日までに提出しなかったことなど，やむを得ない理由があるため，5月31日までに通知ができない場合には，その通知のあった日の属する月の翌月から翌年5月までの間において特別徴収税額を徴収することが不適当であると認められる場合を除き，5月31日後に通知することも妨げない[20]（地税321の4③，取扱通知(市)2章39）。

この特別徴収税額通知書によって，特別徴収義務者に対しては，通知書に記載された給与所得者からその通知に基づく税額を毎月の給与の支払の際に徴収するという義務が確定することとなり，そしてまた，給与所得者に対しては，その者の個人住民税額が確定することとなる。なお，市町村長は，給与所得に係る特別徴収税額を通知した後において，給与所得に係る特別徴収税額に誤りがあることを発見した場合，その他これを変更する必要がある場合には，直ちに給与所得に係る特別徴収税額を変更して，その旨を当該特別徴収義務者およびこれを経由して当該納税者に通知しなければならない（地税321の6①）。

3　給与所得に係る特別徴収税額

　特別徴収税額とは，特別徴収により徴収することとなる給与所得に係る所得割額および均等割額の合算額，または，この合算額に特別徴収の方法によって徴収することとなった給与所得および公的年金等所得以外の所得に係る所得割額を加えた額をいう（地税321の4①）。

（1）　特別徴収税額

　特別徴収は，5月31日までに特別徴収税額の通知を受け取った場合にあっては，6月から翌年5月までの間，特別徴収税額の12分の1の額を，給与の支払をする際に給与から特別徴収することになる（地税321の5①）。毎月別の特別徴収税額（月割額）については，市町村民税額および道府県民税額を区分することなく，その合算額によって算定すべきものであり，月割額に100円未満の端数があるときは，その端数金額は最初の月分に加算する（地税20の4の2⑧，取扱通知(市)2章38）。

　なお，給与所得に係る特別徴収税額が変更された場合，特別徴収義務者がその変更通知を受け取った月以後において徴収すべき月割額は，その変更通知に

---

20)　なお，給与支払報告書の様式は，給与支払者の負担を軽減するため，所得税の源泉徴収票と同一の様式となっている。また，給与支払報告書について，市町村長の承認を受けた場合には，光ディスク，磁気テープまたは磁気ディスクにより，調製し，提出することができる（地税則10）。

よって変更された額に基づいて，市町村長が定めるところによらなければならない（地税321の6②）。もし仮に，特別徴収税額に計算上の誤りがあれば，これを修正変更すべきことは当然である。さらに，通知した税額に誤記があった場合も，特別徴収義務者は通知に基づく額を納入する義務を負うものであるから，決定された税額自体の誤りでないとしても，修正変更するのが適当であると考えられる。

この場合，特別徴収税額の変更後の月割額は，修正変更された特別徴収税額から，すでに納入済の税額を控除した額を，その通知を受けた日の属する月の翌月から翌年5月までの月数で除して得た額とすることが適当である。なお，すでに納入済の税額が変更された特別徴収税額を超える場合には，その超過額は納税者に直接還付するか，あるいは未納の徴収金に充当することとなる（地税321の7②）。

（2）給与所得と普通徴収

給与所得者について，当該給与所得者の前年中の所得に給与所得および公的年金等所得以外の所得がある場合には，市町村は，当該市町村の条例の定めるところにより，当該給与所得および公的年金等所得以外の所得に係る所得割額の全部または一部を給与所得に係る特別徴収の方法によって徴収することができる。ただし，個人住民税の申告書に給与所得および公的年金等所得以外の所得に係る所得割額を普通徴収の方法によって徴収されたい旨の記載があるときは，このかぎりでない（地税321の3②）。

給与所得および公的年金等所得以外の所得に係る所得割額を特別徴収の方法によって徴収することとなった後において，特別徴収の方法によって徴収することが適当でないと認められる特別の事情が生じたため，給与所得者から給与所得および公的年金等所得以外の所得に係る所得割額の全部または一部を普通徴収の方法により徴収することとされたい旨の申出があった場合，その事情がやむを得ないと認められるときは，市町村は，特別徴収の方法によって徴収すべき給与所得および公的年金等所得以外の所得に係る所得割額で，まだ特別徴収により徴収していない額の全部または一部を普通徴収の方法により徴収する

ものとされている（地税321の3③）。

　また，給与所得者が，退職等により給与所得に係る特別徴収税額を特別徴収の方法によって徴収されないこととなった場合には，特別徴収の方法によって徴収されないこととなった税額は，その特別徴収の方法によって徴収されないこととなった日以後において到来する普通徴収の納期がある場合には，それぞれの納期ごとに，その日以後に到来する当該納期がない場合には，直ちに，普通徴収の方法によって徴収するものとされている（地税321の7①）。この場合，特別徴収義務者は，その事由が発生した日の属する月の翌月以降の月割額は，これを徴収して納入する義務を負わない（地税321の5②）。

（3）　給与支払者に異動があった場合

　4月2日から翌年4月30日までの間に給与所得者が異動をした場合で，当該給与所得者が新たに給与支払者を通じて，従前の給与支払者から給与の支払を受けなくなった日の属する月の翌月10日―その支払を受けなくなった日が翌年4月中である場合には，4月30日―までに，前年中の給与所得に係る所得割額および均等割額の合算額―すでに特別徴収の方法によって徴収された金額があるときは，当該金額を控除した税額―を特別徴収の方法って徴収されたい旨の申出をしたときは，特別徴収は継続される[21]（地税321の4⑤）。

　また，特別徴収義務者は，給与所得者に給与の支払を行わないこととなった場合には，その事由が発生した日の属する月の翌月10日―当該事由が4月2日から5月31日までの間に生じた場合は，特別徴収税額が通知された月の翌月10日―までに，給与の支払を受けないこととなった納税義務者の氏名，その者に係る給与所得に係る特別徴収税額のうち，すでに徴収した月割額の合計額，その他必要な事項を記載した特別徴収に係る給与所得者異動届出書を市町村長に提出しなければならない（地税321の5③，地税則9の5）。

---

[21]　ただし，特別徴収継続の申出が翌年4月中にあった場合において，特別徴収の方法によって徴収することが困難であると市町村長が認めるときは，このかぎりでない（地税321の4⑤但書）。

（4） 個人住民税の現年課税化

このように，所得税は現年課税であるのに対して，個人住民税は，原則として前年課税である。この点につき，政府税調は，『長期税制のあり方についての答申』（昭和43年7月）において，「所得発生の時点と税の徴収の時点との間の時間的間隔をできるだけ少なくすることにより，所得の発生に応じた税負担を求めることとするためには，現年所得課税とすることが望ましい」と述べ，個人住民税の現年課税化の必要性を昭和40年代初頭から指摘していた[22]。

また，最近では，『平成22年度税制改正大綱―納税者主権の確立へ向けて―』（平成21年12月）において，「個人住民税の所得割は前年所得を基準に課税しているため，収入が前年より大きく減少した人にとっては金銭的負担感が過重になります。納税者，特別徴収義務者，地方自治体の事務負担を踏まえつつ，現年課税化についても検討を行います」と述べ，前政権もこの点を検討課題とした[23]。個人住民税を現年課税化するためには，その賦課と徴収のしくみを見直す必要が生じる。

給与所得に係る特別徴収制度を構想する際の1つの重要な論点は，特別徴収義務者に年末調整義務を負わせるかということである。年末調整は，源泉徴収義務者にとって大きな負担となっており，個人住民税について，同様の負担をさらに強いることになる。しかも，市町村に年末調整をさせると，税額計算だけでなく，過不足分について追徴あるいは還付事務を行わねばならず，そこに新たな行政コストが発生する。

特別徴収義務者にも，市長村にも，年末調整義務を課すことが困難となれば，結局，給与所得者本人に申告させるしかないということになる。しかしそれでは，所得税に関する現行の制度に変化がないかぎり，所得税について源泉徴収と年末調整で課税関係が完了しているにもかかわらず，個人住民税についてだけ申告義務を課される給与所得者が大量に発生する可能性がある。

---

22) 税制調査会『長期税制のあり方についての答申』34頁（1968年）。
23) 税制調査会『平成22年度税制改正大綱―納税者主権の確立へ向けて―』16～17頁（2009年）。

もっとも，前年分の所得に対する税額の徴収不足税額を翌年に徴収することは，納税者にとって負担であるのみならず，特別徴収義務者にとっても，わずらわしいことであり，個人住民税を現年課税化するメリットの一端を失わせることにもなりかねない。所得税と大幅に内容を重複させることによって，特別徴収義務者の事務負担を減らし，彼らの理解を得ることができるか。また，年末調整によって翌年における納税の通知等を省略できるケースが，所得税における申告不要制度の適用事例と同様に多数に上るか，という点につき，この間のバランスをどのように考えるかが，制度構想の決め手となろう。

4　退職手当等からの一括徴収

　給与所得者に係る個人住民税は，6月から翌年5月までの間，特別徴収税額の12分の1の額が，それぞれ給与が支払われる際，毎月徴収される（地税321の5①）。したがって，市町村長は，給与所得者が退職等の事由によって当該特別徴収税額について特別徴収することができなくなった場合は，その特別徴収されないこととなった税額は，その徴収されないこととなった日以後において到来する個人住民税の納期があれば，その納期において，その日以後に到来する納期がなければ，直ちに，普通徴収の方法によって徴収することとなる（地税321の7①）。

　ただし，特別徴収義務者は，その退職等の事由が6月1日から12月31日までの間に発生し，かつ，総務省令で定めるところにより，その退職等の事由が発生した日の属する月の翌月以降の月割額，未徴収税額を特別徴収の方法によって徴収されたい旨，納税義務者からの申出があった場合には，当該納税義務者に対して翌年5月31日までの間に支払われるべき給与または退職手当等で未徴収税額を超えるものがあるときにかぎり，その者に支払われるべき給与または退職手当等の支払をする際，当該月割額の全額を徴収する[24]（地税321

---

24)　ただし，その金額についての申出がないときは，未徴収税額を給与または退職手当等の合計額と当該給与または退職手当等のそれぞれの金額との割合によってあん分した金額による（地税則9の4③）。

の5②但書)。

　また，その給与所得者が翌年1月1日から4月30日までの間に退職等の事由によって給与の支払を受けないこととなった場合には，その給与所得者に対して，その年の5月31日までの間に支払われる予定の給与または退職手当等が未徴収税額を超えるときは，特別徴収義務者は，納税義務者からの申出に基づくことなく，給与または退職手当等の支払をする際，当該給与または退職手当等からその未徴収税額を一括して特別徴収（一括徴収）する[25]（地税321の5②但書)。

　従来，給与支払者で所得税の源泉徴収義務のあるものには，その年の前年中に退職等で給与の支払を受けなくなった者に係る給与支払報告書の提出が義務付けられていなかった。平成17年度の税制改正によって，個人住民税における税負担の公平や税収確保の観点から，年中途に退職等をした者に係る給与支払報告書の提出が義務付けられた。近年，フリーターの増加に端的にみられるように，雇用形態の多様化や雇用の流動化が進んできていることも踏まえ，所得把握を確実に行うため，年中途で給与の支払を受けなくなった者についても，給与支払報告書の提出対象に含められたのである[26]。

　具体的には，給与支払者で，その給与の支払の際，所得税の源泉徴収義務のあるものは，当該給与支払者から給与の支払を受けている者のうち，退職等により年中途で給与の支払を受けなくなった者（給与の支払総額が30万円以下である者を除く）がある場合には，その給与の支払を受けなくなった日の翌年1月31日までに，その給与の支払を受けなくなった者について，その退職等をした年の給与所得金額その他一定の事項を当該給与の支払を受けなくなった者の住所所在の市町村別に作成された給与支払報告書に記載し，これを当該市町村長に提出しなければならい（地税317の6③)。

---

[25]　なお，死亡による退職の場合，未徴収税額の徴収は，一括徴収によらず，普通徴収の方法による（総務省令18号様式記載心得5(3))。また，適格退職年金契約に基づき生命保険会社から支払を受ける退職一時金など，特別徴収義務者以外の者から支払を受ける退職手当等からは，未徴収税額を一括徴収することはできない。

[26]　財務省『平成17年度税制改正の解説』439頁（2005年)。

5　特別徴収税額の納入方法

　特別徴収義務者は，特別徴収税額の通知を受け取ったときは，6月から翌年5月までの間，その12分の1の額—通知を5月31日以後に受けた場合は，その翌月から翌年5月までの間の月数で除した額—を，それぞれ給与の支払をする際，毎月徴収して，納期の特例の承認を受けた場合を除き，翌月10日までにこれを市町村に納入しなければならない（地税321の5①）。

　もっとも，特別徴収義務者の事務負担を軽減するため，小規模の事務所等については，その納期の特例が設けられている。特別徴収義務者は，その事務所，事業所その他これらに準ずるもので給与の支払事務を取り扱うもの（事務所等）で，給与の支払を受ける者が常時10人未満であるものについて，市町村長の承認を受けた場合には，年2回に分けて，すなわち6月から11月までの間に徴収した特別徴収税額については12月10日までに，また，12月から翌年5月までの間に徴収した特別徴収税額については6月10日までに，それぞれまとめて納入することができる[27]（地税321の5の2①，取扱通知(市)2章42）。

　いずれの場合においても，特別徴収義務者は，徴収した納入金を直接市町村またはその市町村の指定代理金融機関もしくは収納代理金融機関（指定金融機関等）に払い込まなければならない。この場合，他の市町村において給与の支払をする特別徴収義務者は，その納入金をその特別徴収義務者の事務所等の所在する市町村内にある銀行その他の金融機関で，その市町村が指定したものに納入書とともに払い込まなければならない[28]（地税321の5④，取扱通知(市)2章39・40）。

　他の市町村において給与の支払をする特別徴収義務者は，その特別徴収税額の払込みを希望する金融機関がある場合には，給与支払報告書総括表にその金

---

27)　特別徴収税額の納期の特例承認申請書の提出があった場合に，その提出のあった日の属する月の翌月末日までに市町村長の処分のないときは，同日において承認されたものとみなされる（地税令48の9の8⑤）。

28)　もちろん，特別徴収義務者が当該通知に係る金融機関に払い込んだときに，当該市町村にその納入金の納入があったものとみなされる（地税321の5④，取扱通知(市)2章40）。

融機関の所在地および名称を記載することとされている（総務省令第17号様式記載心得8）。また，この場合において，市町村は，必ずしも特別徴収義務者が希望する金融機関を指定しなければならないものではない。とはいえ，特別徴収義務者の納入の便宜を図るため，指定金融機関等をできるだけ多く指定するように配意する必要がある（取扱通知(市)1章7）。

　もし仮に，特別徴収義務者が給与の支払の際に特別徴収しながら，その徴収した翌月10日（納期限）までに納入すべき特別徴収税額を完納しないときは，納期限後20日以内に督促状を発し，特別徴収義務者に対して納入の督促をする（地税329①）。その督促状を発した日から起算して10日を経過した日までに完納しないときは，その滞納となった特別徴収税額について滞納処分を行うこととなる[29]（地税331①）。しかも，特別徴収義務者の納入義務不履行は，脱税に関する罪に該当し，10年以下の懲役もしくは200万円以下の罰金に処し，または懲役と罰金を併科するものとされている（地税324③）。

第3節　現物給与

　源泉徴収の対象となる給与所得の収入金額には，金銭で収入するものだけにかぎらず，金銭以外の物または権利その他経済的利益をもって収入するものも含まれることになっており，これを一般に現物給与という（所税36①括弧書）。現物給与には，①職務の性質上欠くことのできないもので，主として使用者側の業務遂行上の必要から支給されるもの，②換金性に欠けるもの，③その評価が困難なもの，④受給者側に物品などの選択の余地がないものなど，金銭給与と異なる性質があるため，特定の現物給与については，課税上金銭給与とは取扱いが異なる。

---

[29]　なお，滞納処分とは，税金が滞納になった場合において，督促をした後，滞納者の財産を差押え，これを換価し，その換価代金をもって滞納になっている税金に充てる強制徴収手続であり，差押え，交付要求，参加差押え，換価および配当の各処分からなる（地税331）。

1 インセンティブ報酬

近年,終身雇用制が変わりつつあり,課税上,有利な退職金支給に振り替えたり,企業年金まで支給を繰り延べる試みもある。さらに,ストック・オプションに代表されるインセンティブ報酬が用いられる。ストック・オプションは,役員や従業員に与えられるもので,人材の確保を図ったり,株式価額の上昇のために,勤務に励むインセンティブを与えるものである。

インセンティブ報酬としてのストック・オプションは,日本においては,平成7年に特定新規事業実施円滑化臨時措置法の改正により,初めて法制化された。これを受けて,翌8年に旧租税特別措置法29条の2が改正され,税制適格ストック・オプションの制度ができた。これは,一定の要件を満たすストック・オプションについて,オプションの付与時および行使時には課税せず,オプションの行使によって取得した株式を売却した時点で,有価証券譲渡益課税を行うものであった。課税を株式売却時まで繰り延べ,さらに有価証券譲渡益として軽い課税としたのは,ベンチャービジネス等を奨励するためである。

続いて,平成9年の商法改正により,ストック・オプションは,一般的に実施されるようになったものであって,比較的新しいものということができる。会社がストック・オプション制度を導入する目的は,会社がその取締役または従業員に自己株式の新株引受権を付与することによって,取締役や従業員の財産形成の一助となったり,会社への帰属意識,勤労意欲が増進するといったことに求められた。こうした制度目的は,以前においても,従業員持株会等を活用することにより達成が図られてきた。

平成9年の商法改正を受けて,翌10年に旧租税特別措置法29条の2は,一定の要件を満たせば,商法上のストック・オプションでも税制適格ストック・オプションに該当しうることに改められた。同時に,所得税法施行令84条は,商法上のストック・オプションで税制適格ストック・オプションでないもの(税制非適格ストック・オプション)に対する課税のタイミングがオプション行使時であることを前提として,所得税法36条2項の収入金額を計算するという内容となった。

この商法改正による制度導入以来，取締役や従業員にインセンティブ報酬として付与されてきたストック・オプションは，平成13年の商法改正後，新株予約権の無償発行として，有利発行手続によることとされた。すなわち，ストック・オプションとして付与された新株引受権に代え，新株予約権という概念を新設し，その発行に係る要件を緩和し，さらに会社の資金調達手段としても，多様に活用できるように見直されたのである[30]。新株予約権による制度は，従前の新株引受権による制度に比べて，つぎの点が拡充されている。
　イ　ストック・オプションとして付与可能な株式数の制限が撤廃された点
　ロ　新株予約権の行使期間の制限が撤廃された点
　ハ　新株予約権の付与対象者については，何らの制限も設けられないこととなった点
　ニ　新株予約権の付与対象者の氏名，付与株式の種類および数につき，株主総会の承認が不要になった点
　ホ　会社は，新株予約権が行使されたときに，新株予約権者に対して，新株を発行するか，または，これに代えて会社の有する自己株式を移転するかの選択をすることができるようになった点

　平成13年の商法改正を受けて，翌14年に改正された所得税法施行令84条には，新たに新株予約権に関する規定が追加された。だが，税制非適格ストック・オプションに関する課税のタイミングは，依然として行使時のままであった。最近，ストック・オプションをめぐる課税関係について提起された訴訟が数十件に上っている[31]。この背景には，国税庁が，従来，付与されたストッ

---

30) 背景には，ストック・オプション制度は，新たな有能な人材の確保や社外の人間からの協力要請のためには活用できないなどの不自由さがあり，また，引渡株式の発行または取得に困難が伴うなどの問題があり，経済界からは，活用しづらいとの批判が強かったことがある。
31) ストック・オプションを給与所得とする判例としては，最判平成17年1月25日民集59巻1号64頁，東京高判平成16年2月19日判時1858号3頁，東京地判平成16年10月15日判タ1204号272頁などがある。これに対して，一時所得とする判例としては，東京地判平成14年11月26日判時1803号3頁，東京地判平成15年8月26日判時1838号52頁，東京地判平成16年12月17日判時1878号69頁などがある。

ク・オプションを一時所得であるとして説明しておきながら，近年，それを給与所得であると変更したことがある。

2 税制適格と税制非適格

新株予約権は，あらかじめ定められた期間内に，あらかじめ定められた額の金銭等を出資することにより，会社から一定数の同社株式の交付を受けることができる権利である（会社2二十一・236①）。それゆえ，その権利者は，株価が高くなるほど相対的に安い対価で株式を手に入れることができるので，取締役が新株予約権を付与されると，期間内に会社の業績を向上させ，株価を上昇させようとのインセンティブが働く。ベンチャー企業で現金報酬の補完に用いる，あるいは，上場会社において取締役に株価上昇への意欲を喚起するため用いるなどが，その典型的な用法である。

会社の役員または従業員に付与された，インセンティブ報酬としてのストック・オプションの行使による経済的利益も，現物給与の一種である。ストック・オプションに係る課税関係は，それが租税特別措置法に規定する特例の適用を受けられる税制適格ストック・オプションであるか，それとも特例の適用がない税制非適格ストック・オプションであるかにより異なる。

（1） 税制適格ストック・オプション

株式会社の取締役，執行役または従業員などが，株主総会の付与決議等に基づきその株式会社と締結した，つぎに掲げる要件が定められた権利付与契約により与えられた新株予約権もしくは新株引受権または株式譲渡請求権（特定新株予約権等）を，当該契約に従って行使することにより特定新株予約権等に係る株式の取得をした場合には，その株式の取得に係る経済的利益については，所得税は課されない[32]（税特措29の2①）。

---

[32] ただし，権利者が，特定新株予約権等の行使をすることにより，その年における当該行使に係る株式の払込金額（権利行使価額）と，当該権利者が，その年において，すでにした当該特定新株予約権等および他の特定新株予約権等の行使に係る権利行使価額との合計額が，1,200万円を超えることとなる場合には，1,200万円を超

イ　権利行使は，株主総会の付与決議の日後2年を経過した日から当該付与決議の日後10年を経過する日までの間に行わなければならないこと
ロ　権利行使価額の年間の合計額が，1,200万円を超えないこと
ハ　1株当たりの権利行使価額は，ストック・オプションの権利付与契約を締結したときにおける1株当たりの価額に相当する金額以上であること
ニ　新株予約権については，譲渡をしてはならないとされていること
ホ　株式の交付等が，当該交付等のために付与決議がされた会社法238条1項（募集事項）もしくは平成17年商法280条ノ21第1項もしくは280条ノ19第2項または平成13年商法210条ノ2第2項3号に定める事項に反しないで行われるものであること
ヘ　権利行使により取得する株式は，一定の方法によって，金融商品取引業者等の振替口座簿に記載もしくは記録を受け，または当該金融商品取引業者等の営業所等に保管の委託等がされること

《権利行使時》
　　課税なし
《売却時》
　　株式売却時の価額－権利行使価額＝実現利益（譲渡所得）

（2）　税制非適格ストック・オプション

　税制適格ストック・オプションについては，権利行使時には課税が行われず，権利行使による経済的利益を含めて譲渡所得として課税されることになる（税特措37の10）。これに対して，税制非適格ストック・オプションについては，権利行使時に，原則として給与所得課税が行われ，株式を売却したときに，株式等譲渡益課税が行われる（所税令84）。

《権利行使時》
　　権利行使時の時価－権利行使価額＝経済的利益（給与所得）

えることとなる特定新株予約権等の行使による株式の取得に係る経済的利益については，所得税が課されることになる（税特措29の2①但書）。

《売却時》
　　株式売却時の価額－権利行使価額－経済的利益＝実現利益（譲渡所得）

　このように，税制適格ストック・オプションの場合は，ストック・オプション行使によって取得した株式を売却した時点まで，被付与者に対する課税のタイミングは遅らされ，さらに課税される場合の所得の種類も，有価証券譲渡益，すなわち譲渡所得として軽課されることになる（税特措29の2・37の10）。一方，税制非適格ストック・オプションの場合は，現物給与として給与所得課税が行われている（所税令84）。また，従業員の福利厚生面の充実・拡充化とあいまって，きわめて多くの種類の現物給与が従業員に付与されてきた。

3　質疑応答事例

　国税庁の「質疑応答事例」では，つぎのとおり，(1)カフェテリアプランによるポイントの付与を受けた場合，(2)カフェテリアプランによる旅行費用等の補助を受けた場合，(3)カフェテリアプランによる医療費等の補助を受けた場合という，3つの事例において，カフェテリアプラン—アメリカ発祥の選択型福利厚生制度で，従業員が希望する福利厚生サービスをメニューから自由に選択できるようにした制度—による現物給与に関する見解が示されている[33]。

（１）　カフェテリアプランによるポイントの付与を受けた場合
《照　会》

> 　D社は，福利厚生のアウトソーシングサービス会社と契約して，ポイント制のカフェテリアプランを導入する予定である。カフェテリアプランでは，全従業員に年間5万ポイント（5万円相当）が付与され，従業員は，付与されたポイントの範囲内で，一定の利用要件に従い，あらかじめ定められた各種健康診断の費用の補助や映画・観劇チケットの購入代金の補助など，約50のメニューのなかから選択してサービスを受けることができる。

---

[33]　国税庁ＨＰ「質疑応答事例」（http://www.nta.go.jp/shiraberu/zeiho-kaishaku/shitsugi/01.htm，2013年7月31日最終閲覧）。

第2章　給与所得

> なお，残ポイントを次年度に繰り越したり，現金で精算することはできない。
>
> このようなカフェテリアプランのもとで，従業員にポイントが付与された場合，そのポイントの付与時に経済的利益を受けたものとして課税関係が生じるのか。

《回　答》

　従業員に付与されるポイントに係る経済的利益については，原則として，従業員がそのポイントを利用してサービスを受けたときに，そのサービスの内容によって課税か非課税かを判断することになる。

　カフェテリアプランのメニューのなかには，課税扱いと非課税扱いが混在している。メニューの各項目は，一定の要件に該当しなければサービスを受けられないものであり，また，そのサービスを受けられないことによって金銭が支給されるものではないので，従業員に付与されるポイントについては，現に従業員がそのポイントを利用してサービスを受けたときに，その内容に応じて課税か非課税かを判断するものとして差し支えない。

　ただし，会社の福利厚生費として課税されない経済的利益とするためには，役員または従業員にとって均等なものでなければならないことから，役員または従業員の職務上の地位や報酬額に比例してポイントが付与されるものは，カフェテリアプランのすべてについて課税することとなる。また，課税されない経済的利益は，会社から現物給付のかたちで支給されるものにかぎられるので，ポイントを現金に換えられるなど，換金性のあるカフェテリアプランは，そのすべてについて課税されることとなる（所税36，所基通36－29）。

　(2)　カフェテリアプランによる旅行費用等の補助を受けた場合

《照　会》

> 　E社のカフェテリアプランには，つぎのようなメニューがある。これらのメニューを利用することにより，従業員が受ける経済的利益の課税関係

はどうなるのか。

　イ　リフレッシュメニュー

　　　旅行費用、レジャー用品等の購入代、映画・観劇チケットやスポーツ観戦チケットの購入代を一定限度額（1万円）まで補助するものである。なお、契約している福利厚生施設等を利用する場合には、全従業員一律の割引料金（契約料金）からさらにポイントを利用することができる。

　ロ　自社製品購入

　　　従業員に対しては、通常販売価額の70％相当額で自社製品を販売している。この金額からさらにポイントを利用して自社製品を購入することができる。

《回　答》

　いずれのメニューも、利用したポイントに相当する金額について、そのポイントを利用したときの給与等として課税対象となる。

　イ　リフレッシュメニュー

　　　リフレッシュメニューは、使用者が企画・立案したレクリエーション行事のように、従業員に対して一律にサービスが供与されるものではなく、ポイントを利用する従業員にかぎり供与されるものであることから、個人の趣味・娯楽による旅行などの個人が負担すべき費用を補てんするものと認められ、給与等として課税対象となる。なお、契約施設を利用した場合の一般料金と割引料金の差額については、全従業員が一律に供与を受けるものであるかぎり、課税しなくて差し支えない（所税36、所基通36－29）。

　ロ　自社製品購入

　　　個人が負担すべき購入代価をE社が負担するものと認められるので、給与等として課税対象となる。なお、このメニューを利用した場合には、値引率が30％を超えることとなるので、原則として、値引額全体が課税対象となる（所税36、所基通36－23）。一方、自社製品を一定の条件で値引販

売することが確立している場合には，個人が負担すべき購入代価をE社が負担した部分，すなわちポイント利用相当額のみを課税対象として差し支えない。

(3) カフェテリアプランによる医療費等の補助を受けた場合

《照 会》

> F社のカフェテリアプランのメニューには，健康サポートとして，神経症，精神病，アルコール中毒等の早期発見，再発防止などに係る費用の補助や，医師の診断に基づく健康増進施設および運動療養施設の利用費用を実費の範囲内（年間5万円限度）で補助するものがある。この健康サポートを利用することにより，従業員が受ける経済的利益の課税関係はどうなるのか。

《回 答》

雇用主に対しては，役員または従業員の健康管理の必要から，一般的に実施されている人間ドック程度の健康診断の実施が義務付けられていることなどから，健康サポートのメニューが従業員の健康管理の必要から一般に実施されている健康診断である場合には，課税しなくて差し支えない。

また，健康サポートのメニューに係る費用が所得税法73条に規定する医療費に該当する場合には，当該費用に係る経済的利益については，傷病に基因することが明らかであり，また，実費の範囲内かつ年間5万円が限度とされていることから，この程度の金額であれば，所得税法施行令30条3号に規定する見舞金に類するものとして，課税しなくて差し支えない（所税9①十七）。ただし，この場合の補助は，医療費を補てんするものであるから，医療費控除の金額の計算上，支払った医療費の金額からこの補助により補てんされる部分の金額を除く必要がある。

第3章　退職所得

chapter 3

　本章では，2つめの従属的労務提供の対価（退職所得）についてみることにする。退職所得とは，退職手当，一時恩給その他の退職により一時に受ける給与およびこれらの性質を有する給与（退職手当等）に係る所得をいい，本来退職しなかったとしたならば支払われなかったもので，退職したことに基因して一時に支払われることとなったものである（所税30①，所基通30－1）。

第1節　退職所得に係る源泉徴収の基本的なしくみ

　退職所得は，長年の勤務に対する勤続報償的給与であって，給与の一部の一括後払の性質を有する。雇用関係を基礎とする役務の提供である点では，給与所得と類似するものの，それが退職後の生活の糧であり担税力が低いと考えられることから，累進税率の適用を緩和する必要があるため，給与所得とは別の所得類型とされている。退職所得に対する源泉徴収のしかたは，受給者から退職所得の受給に関する申告書（退職所得申告書）の提出を受けている場合と受けていない場合とで異なる（所税201）。

1　退職所得の範囲

　退職所得は，他の所得と比べ税負担が軽減されており，使用者から支払を受ける給与が退職手当等に該当するかどうかの判定はきわめて重要となる。退職手当等とは，退職手当，一時恩給その他の退職により一時に受ける給与および

これらの性質を有する給与である（所税30①）。このほか，退職等に際し使用者から支払われる給与等のうち，つぎに掲げる給与等も退職手当等に含まれる（所税31，税特措29の6，所税令72②，所基通30―2～30―5・31―1）。

 イ 打切支給の退職手当等

  引き続き勤務する者に支給される一定のもので，その給与が支払われた後に支払われる退職手当等の計算の基礎となった勤続期間を加味しない条件のもとに支払われる給与等

  (イ) 退職給与規程等の制定または改正に伴う退職金

  (ロ) 役員昇格に伴う退職金

  (ハ) 執行役員就任に伴う退職金

  (ニ) すでに役員に就任している者に支払う使用人期間の退職金

  (ホ) 役員の分掌変更等の場合の退職金

  (ヘ) 定年退職金

  (ト) 労働協約等の改正に伴う退職金

  (チ) 清算事務従事者の退職金

 ロ その他の退職手当等

  (イ) 退職年金の支給に代えて支払われる一時金

  (ロ) 解雇予告手当

  (ハ) 退職に際して交付する生命保険等の権利

  (ニ) 受給者が掛金を拠出することにより使用者から受ける退職一時金

  (ホ) 未払賃金立替払制度に基づき国が弁済する未払賃金

 ハ 法律等の規定に基づく一時金

  (イ) 社会保険制度に基づく退職一時金

  (ロ) 厚生年金基金等から支給される一時金

 ニ 私的退職一時金

  (イ) 確定給付企業年金法に基づいて支給を受ける一時金

  (ロ) 特定退職金共済団体が支給する退職一時金

  (ハ) 独立行政法人勤労者退職金共済機構が中小企業退職金共済法の規定に

より支給する退職金
　(ニ)　独立行政法人中小企業基盤整備機構が共済契約に基づいて支給する一定の共済金または解約手当金
　(ホ)　適格退職年金契約に基づいて支給を受ける一時金
　(ヘ)　確定拠出年金法に規定する企業型年金規約または個人型年金規約に基づく老齢給付金として支給される一時金
　(ト)　独立行政法人福祉医療機構が社会福祉施設職員等退職手当共済法の規定により支給する退職手当金
　(チ)　外国の法令に基づく保険または共済に関する制度で，国民年金法や厚生年金保険法などの法律に類するものに基づく一時金で，その制度の被保険者または被共済者の退職により支払われるもの
ホ　退職手当等とみなされるその他の一時金
　(イ)　厚生年金基金規約，確定給付企業年金規約または適格退職年金契約に基づいて支給される年金の受給資格者に対して，年金に代えて支払われる一時金のうち，退職の日以後，当該年金の受給開始日までの間に支払われるもの
　(ロ)　確定拠出年金法に規定する企業型年金規約または個人型年金規約に基づく年金の受給開始日後に支払われる一時金のうち，将来の年金給付の総額に代えて支払われるもの
　(ハ)　厚生年金基金もしくは適格退職年金契約の加入員または確定給付企業年金規約の加入者に対して，役員昇格に伴う退職，定年退職および労働協約等の改正に伴う退職などに準じた事実等が生じたことに伴い，加入員または加入者としての資格を喪失したことを給付事由として支払われる一時金

　このように，社会保険制度に基づいて支給される退職一時金や，適格退職年金契約に基づき生命保険会社または信託会社などから受ける退職一時金も，退職所得とみなされる（所税31）。しかし一方で，退職の際に支払われる賞与等や，雇用契約の更新等により毎年支給される退職給与は，退職所得でなく，給与所

得に分類される（所基通30—1）。

2　退職所得の収入すべき時期

　退職所得に対する所得税の源泉徴収は，退職手当等を支払う際に行う。それがいつの年分の所得になるかは，その退職手当等の収入すべき日がいつかによって判断される。通常，退職所得の収入金額の収入すべき時期は，その支給の基因となった退職の日による。ただし，つぎの退職手当等については，それぞれに掲げる日によるものとされる（所基通36—10）。

　イ　役員に支払われる退職手当等で，その支給について株主総会その他正当な権限を有する機関の決議を要するもの
　　(イ)　具体的な支給金額の定めがある場合
　　　　その役員の退職後，その決議があった日
　　(ロ)　具体的な支給金額を定めていない場合
　　　　その金額が具体的に定められた日
　ロ　退職給与規程の改訂が既往にさかのぼって実施されたため支払われる新旧退職手当等の差額に相当する退職手当等
　　(イ)　その支給日が定められているもの
　　　　その支給日
　　(ロ)　その支給日が定められていないもの
　　　　その改訂の効力が生じた日
　ハ　退職手当等とみなされる一時金
　　　その一時金の支給の基礎となる法令，契約，規程または規約により定められた給付事由が生じた日
　ニ　引き続き勤務する者に支払われる退職手当等とされるもの
　　(イ)　役員であった勤続期間に係るもの
　　　　つぎの①または②のいずれかに該当する日
　　　①　具体的な支給金額の定めがある場合は，その役員の退職後，その決議があった日

② 具体的な支給金額を定めていない場合は，その金額が具体的に定められた日
(ロ) 退職給与規程等の制定または改正に伴う退職金
その支給を受けた日
(ハ) 役員昇格に伴う退職金
従業員から役員になった日
(ニ) 執行役員就任に伴う退職金
従業員から執行役員になった日
(ホ) 退職給与規程等の制定または改正により，その制定または改正のときに，すでに役員に就任している者に支払う使用人期間の退職金
その制定または改正の日
(ヘ) 定年退職金
定年に達した日
(ト) 労働協約等の改正に伴う退職金
旧定年に達した日
(チ) 清算事務従事者の退職金
法人の解散の日
ホ 年金に代えて支払われる一時金で退職手当等とされるもの
当該退職手当等とされるものの給付事由が生じた日

なお，退職所得の収入金額の収入すべき時期の判定において，居住者が一の勤務先を退職することにより，2以上の退職手当等の支払を受ける権利を有することとなる場合には，その者の支払を受ける退職手当等については，これらのうち最初に支払を受けるべきものの支払を受けるべき日の属する年における収入金額とされる[1]（所税令77）。したがって，その収入すべき時期は，最初に

---

1) 一の勤務先を退職することにより，2以上の退職手当等の支払を受ける権利を有することとなる場合とは，①勤務先を退職することにより，当該勤務先から退職手当等の支払を受けるほか，一時金の支払者からも当該一時金の支払を受けることとなる場合や，②退職により退職手当等の支払を受けた者が，その後，退職給与規程の改訂等により，退職手当等の差額の支払を受けることとなる場合である（所基通

支払を受けるべき退職所得の支払を受けるべき時期—原則として退職の日—となる。

3　退職所得の性格と沿革

　退職所得金額は，その年中の退職手当等の収入金額から退職所得控除額を差し引いた残額の2分の1に相当する金額である[2]（所税30②）。
《算　式》
　　退職所得金額＝（収入金額－退職所得控除額）×$\frac{1}{2}$

　退職所得控除額は，勤続年数が増加するのに応じて増加する（所税30③）。これは，老齢に近づいて退職した者をより手厚く保護するためである。なお，退職所得控除後の残額の2分の1だけが課税の対象とされているのは，退職所得が給与の一部の一括後払であるため，平準化の意味で累進税率の適用を緩和する必要があるからである。また，分離課税の対象としているのは，退職所得が多くの場合，いわゆる「老後の生活の糧」であることを考慮して，税負担を軽減しようとするものである[3]。判例上も，このような退職所得の性格付けの考え方を受け入れている。

　たとえば，最高裁は，5年退職事件において，「一般に，退職手当等の名義で退職を原因として一時に支給される金員は，その内容において，退職者が長期間特定の事業所等において勤務してきたことに対する報償及び右期間中の就労に対する対価の一部分の累積たる性質をもつとともに，その機能において，受給者の退職後の生活を保障し，多くの場合いわゆる老後の生活の糧となるも

　　36—11)。
2)　ただし，勤続年数が5年以下の役員等が平成25年1月1日以後に受ける役員退職手当等については，その特定役員退職手当等に係る収入金額から退職所得控除額を差し引いた残額が課税対象とされ，2分の1課税は適用されない（所税30②括弧書）。
3)　ちなみに，1月に退職した者の場合は，給与と合算しても税率の累進度がたいして高まらない。一方，12月に退職した者の場合は，1年分の給与の上積みとなり，高い累進税率が適用されて不公平であるから，その間の公平を図るため分離課税が採用されたと考えることもできる。

のであって，他の一般の給与所得と同様に一律に累進税率による課税の対象とし，一時に高額の所得税を課することとしたのでは，公正を欠き，かつ社会政策的にも妥当でない結果を生ずることになる」と判示している[4]。

それでは，このように退職所得が給与の一部の一括後払であって，いわゆる「老後の生活の糧」としての性格を有しており，その担税力が相当程度低いとの理解のもとで，退職所得控除は，どのような範囲の退職所得を課税対象から除外してきたのであろうか。この点について，過去の制度を振り返ってみる。

退職所得に対する軽課措置の歴史は古く，すでに昭和25年のシャウプ税制に，退職所得に関して，その15％を収入金額から除外する旨が現れており，昭和26年度補正予算に伴う税制改正要綱において，15万円の控除，分割課税および2分の1課税という現行制度の骨格が形作られている。この15万円の控除が退職所得控除の萌芽である。さらに，この控除額については，昭和29年度からは勤続年数により増加する制度が導入された。当初は，一定額で頭打ちとされていたが，昭和36年度からは上限が撤廃され，現在の退職所得税制とほぼ同じ姿となっている。

退職所得控除額は，昭和42年度，昭和48年度，翌49年度にも引き上げられ，勤続期間が20年以下の期間と21年目以降の期間に分けて控除額を積算するという現在の規定は，昭和63年11月の衆議院本会議において，「退職所得に係る退職所得控除額について，勤続年数20年以下である場合の1年当たりの控除額を40万円に，勤続年数20年を超える場合のその超える1年当たりの控除額を70万円に改める」という，修正案を提出するかたちで導入されたものである[5]。

その後，企業年金関係の法律の制定等に伴って行われたものを除き，退職所得に関する制度は，ここのところ大きな改正を受けていない。しかしながら，雇用形態の多様化など，社会状況の変化に対応して，退職所得税制が今後いかにあるべきかという議論は，むしろ深められてきている。

---

4) 最判昭和58年9月9日民集37巻7号962頁。
5) 官報（号外）昭和63年11月16日3頁。

たとえば，政府税調は，『わが国税制の現状と課題—21世紀に向けた国民の参加と選択—』（平成12年7月）において，「近年，退職金の支給形態が徐々に一時金から年金方式に移行する動きが見られます。また，雇用形態の多様化・流動化の下で，長期に至らずに退職金を受け取る従業員が増加するとともに，退職金を支給する代わりに給与を増額する企業も見られるようになっています。現行の退職所得課税の仕組みは，勤務年数が長いほど厚く支給される退職金支給形態を反映したものとなっていることから，退職金の支給形態の変化などを踏まえると，今後も長期勤続の場合を特に優遇していくことが適当かどうか検討する必要がある」と指摘した[6]。

　こうした長期勤続の優遇の見直しについて，政府税調は，『少子・高齢社会における税制のあり方』（平成15年6月）において，「退職所得控除については，雇用の流動化が進展する中で，多様な就労選択に対して中立的な制度とする必要がある。従来と比べ個人所得課税の累進構造が緩和されていることや，最近の企業年金の普及等の状況を踏まえ，過度な優遇を是正するとともに，給与，退職一時金，年金の間で課税の中立性を確保していくべきである」と，退職所得控除に対して言及した[7]。平成12年の中期答申の指摘とあわせてみると，退職所得課税の平準化措置についても，批判の目が向けられていることがわかる。

　さらに，政府税調は，『抜本的な税制改革に向けた基本的考え方』（平成19年11月）において，「近年，就業構造や雇用形態が変化する中，退職金の支給に代えて在勤中の給与の引上げや退職年金の支給を行うなど，退職金等の支給形態が多様化している。また，給与の受取りを繰り延べて高額な退職金を受け取ることにより，税負担を回避するといった事例もある。このような状況を踏まえれば，退職金課税については，現行の勤続20年を境に1年当たりの控除額が急増する仕組みや勤務年数が短期間でも退職金に係る所得の2分の1にしか

6）　税制調査会『わが国税制の現状と課題—21世紀に向けた国民の参加と選択—』110頁（2000年）。
7）　税制調査会『少子・高齢社会における税制のあり方』6頁（2003年）。

課税されないという仕組みを見直し，全体として多様な就労選択に中立的な制度とすること」を提言している[8]。

一方で，政府税調は，「多年にわたって支給されるべきものが一時に集中して支給されるという退職金の性格に照らせば，引き続き何らかの平準化措置を講じる必要がある」と述べている[9]。このように，終身雇用制を前提とし，一生に1度だけ高齢の退職時に受け取る退職金を課税上優遇するという退職所得税制は，労働力の流動化のなかで，大きな曲がり角を迎えている。今後の退職所得税制のあり方を考えるうえでも，現行の制度を理解することは有用なことである。そこで，以下では，退職所得控除をはじめ，退職所得に関する課税について整理・検討を加える。

4　退職所得控除

退職所得控除額は，勤続年数に応じて一定額を控除するものである。勤続年数は，退職手当等の支払を受ける居住者（退職所得者）が退職手当等の支払者のもとにおいて，その退職手当等の支払の基因となった退職の日まで引き続き勤務した期間（勤続期間）により勤続年数を計算する（所税令69①）。

(1)　勤続年数の計算

具体的には，勤続期間は，暦に従って計算し，1月に満たない期間は日をもって数え，これらの年数，月数および日数をそれぞれ合計し，日数は30日をもって1月とし，月数は12月をもって1年とする。このようにして計算した期間に1年未満の端数を生じたときは，これを1年として勤続年数を計算することになる（所税令69②，所基通30－13）。なお，つぎの場合は，それぞれに掲げる勤続年数の計算による（所税令69①，所基通30－6～30－9・31－2）。

　イ　退職手当等の計算期間がその引き続き勤務した期間の一部である場合，または，その期間に一定の率を乗ずるなどにより換算をしたものである場合

---

[8]　税制調査会『抜本的な税制改革に向けた基本的考え方』13～14頁（2007年）。
[9]　税制調査会・前掲注8）14頁。

その引き続き勤務した実際の期間により，勤続年数を計算する。
ロ　長期欠勤または休職
　　他に勤務するためのものを除き，長期欠勤または休職の期間も，勤続年数に含めて計算する。
ハ　打切支給などの勤続期間
　　退職給与の計算の基礎とされた勤続期間により，勤続年数を計算する。
ニ　日額表丙欄の適用を受ける期間
　　その適用を受ける期間は，勤続年数に含めない。
ホ　一時勤務しなかった期間がある場合
　(イ)　前に同一の支払者から退職手当等の支払を受けておらず，なおかつ，他の者のもとに勤務した期間がない場合
　　　　勤続年数＝前回の勤続期間＋今回の勤続期間
　(ロ)　他の者（他社）のもとに勤務した期間を含めて支給する場合で，前に同一の支払者から退職手当等の支払を受けてない場合
　　　　勤続年数＝前回の勤続期間＋他社の勤続期間＋今回の勤続期間
　(ハ)　前に同一の支払者から退職手当等の支払を受けている場合
　　《原則》
　　　　勤続年数＝今回の勤続期間
　　《特例》
　　　　勤続年数＝前回の勤続期間＋今回の勤続期間
　(ニ)　退職手当等とみなされる一時金の場合
　　《原則》
　　　　勤続年数＝計算の基礎となった組合員等であった期間
　　《特例》
　　　　勤続年数＝短縮計算（休職または停職の期間×一定の率）をしない期間
　(ホ)　同一年中に２以上の退職手当等または退職一時金の支払を受ける場合
　　《勤続期間が重複している場合》
　　　　勤続年数＝最も長い勤続期間

《勤続期間が重複していない部分がある場合》
　　勤続年数＝最も長い勤続期間＋重複していない勤続期間
（2）　退職所得控除額の計算
　退職所得控除額は，一般退職と障害退職の区分および勤続年数に応じて，つぎの算式で計算した金額である（所税30③・⑤）。なお，勤続年数は，退職金の計算の基礎となった年数ではなく，原則として，その退職金の支払者のもとにおいて実際に勤務した期間によって計算した年数―勤続期間に1年未満の端数があるときは，これを1年として計算した年数―による（所税令69）。
　イ　一般退職の場合
　　(イ)　勤続年数が20年以下である場合
　　　　退職所得控除額＝40万円×勤続年数[10]
　　(ロ)　勤続年数が20年を超える場合
　　　　退職所得控除額＝800万円＋70万円×(勤続年数－20年)
　ロ　障害退職の場合
　　(イ)　勤続年数が20年以下である場合
　　　　退職所得控除額＝(40万円×勤続年数)＋100万円
　　(ロ)　勤続年数が20年を超える場合
　　　　退職所得控除額＝｛800万円＋70万円×(勤続年数－20年)｝
　　　　　　　　　　　　　　　　　　　　　　　　　＋100万円
　ここでいう，障害退職とは，職務上または職務外の傷病により障害者になったことに直接基因して退職した場合で，退職手当等の支払を受ける居住者が在職中に障害者に該当することとなったことにより，その該当することとなった日以後，まったく，またはほとんど勤務に服さないで退職した場合に限られる（所税令71）。それ以外の退職は，一般退職とされる。
　たとえば，①障害者に該当することとなった後，一応勤務には復したが，平常の勤務に復することができないまま，その勤務に復した後おおむね6月以内

---

[10]　ただし，計算した金額が80万円に満たない場合には，退職所得控除額は80万円とされる（所税30⑤二）。

に退職した場合，②障害者に該当することとなった後，一応平常の勤務には復したが，その勤務に耐えられないで，その勤務に復した後おおむね2月以内に退職した場合は，障害者に該当することとなったことに基づいて退職したものでないことが明らかな場合を除き，障害者になったことに直接基因して退職したものとされる（所基通30－15）。

（3）退職所得控除額の計算の特例

退職所得控除額は，退職者の勤務の態様に応じて，つぎの特別な計算方法によることがある（所税令70①・②）。

イ 退職手当等が前年以前に支給を受けた退職手当等に係る勤続期間を通算して計算される場合

(イ) 前に他の者から退職手当等の支払を受けている場合

退職所得控除額＝①－②

① 通算勤続期間により計算した退職所得控除額

② 他の者における勤続期間（1年未満切捨て）を勤続年数とみなして計算した退職所得控除額

(ロ) 前に同一の支払者から退職手当等の支払を受けている場合

退職所得控除額＝①－②

① 通算勤続期間により計算した退職所得控除額

② 前回の勤続期間（1年未満切捨て）を勤続年数とみなして計算した退職所得控除額

ロ その年に支払を受ける退職手当等に係る勤続年数と，前年以前4年内に支給を受けた他の退職手当等に係る勤続年数との間に重複している期間がある場合[11]

退職所得控除額＝①－②

---

11) なお，その年に確定拠出年金法に規定する企業型年金規約または個人型年金規約に基づく老齢給付金の支払を受ける場合には，前年以前4年内は，前年以前14年内となる（所税令70①二括弧書）。

① その年に支払を受ける退職手当等の金額の計算の基礎とされた勤続年数に係る退職所得控除額
② 勤続期間が重複している部分の期間（1年未満切捨て）を勤続年数とみなして計算した退職所得控除額

ただし，前年以前4年内に支給を受けた退職手当等の金額が退職所得控除額に満たない場合には，他の者のみなし勤続期間は，つぎの場合の区分に応じて，それぞれに掲げる数に相当する年数（1年未満切捨て）を経過した日の前日までの期間とされる。

《前の退職手当等の収入金額が800万円以下である場合》

　　みなし勤続期間＝収入金額÷40万円

《前の退職手当等の収入金額が800万円を超える場合》

　　みなし勤続期間＝（収入金額－800万円）÷70万円＋20年

5　退職所得に対する源泉徴収税額

　退職手当等に対する源泉徴収は，受給者が退職所得申告書を提出しているかどうかにより，税額計算の方法が異なる。すなわち，退職手当等の支払の際に，退職所得申告書を提出している場合は，退職手当等の支払者が所得税額を計算し，その退職手当等の支払の際，所得税の源泉徴収が行われるため，原則として確定申告は必要でない。なお，源泉徴収すべき所得税は，つぎに掲げる場合の区分に応じて，それぞれに定める税額とされる（所税201①・②）。

　イ　退職所得申告書に支払済みの他の退職手当等がない旨の記載がある場合

　　　（退職手当等の金額－退職所得控除額）×$\dfrac{1}{2}$＝課税退職所得金額

　　　　　　　　　　　　　　　　　　　　　　（1,000円未満切捨て）

　　　課税退職所得金額×税率＝源泉徴収税額（100円未満切捨て）

　ロ　退職所得申告書に支払済みの他の退職手当等がある旨の記載がある場合

　　　｛（支払済みの他の退職手当等の金額＋退職手当等の金額）－
　　　　　退職所得控除額｝×$\dfrac{1}{2}$＝課税退職所得金額（1,000円未満切捨て）

　　　課税退職所得金額×税率＝源泉徴収税額（100円未満切捨て）

図表6　退職所得の適用税率

所得金額の区分	税　率
195万円以下	5％
195万円超330万円以下	10％
330万円超695万円以下	20％
695万円超900万円以下	23％
900万円超1,800万円以下	33％
1,800万円超	40％

（出所）　所得税法89条1項に基づき，筆者が作成。

　なお，退職所得申告書は，退職手当等の支払者が，その退職手当等に対する源泉徴収税額の計算の基礎とするもので，退職手当等の受給者がその支払を受けるときまでに，その支払者を経由して所轄税務署長に提出することになっている（所税203①）。もっとも，税務署長から特に提出を求められた場合を除き，退職所得申告書を受理した退職手当等の支払者が保管することになる（所基通203－3）。

　一方，退職手当等の支払を受けるときまでに，退職所得申告書を提出していないときは，源泉徴収すべき所得税は，勤続年数に応じて退職所得控除の計算を行うことなく，その支払う退職手当等の金額に一律20％の税率を乗じて計算した税額とされる（所税201③）。この源泉徴収税額の精算は，退職手当等の受給者本人が確定申告することにより行うこととなる。

《算　式》

　　課税退職所得金額×20％＝源泉徴収税額（100円未満切捨て）

　いずれの場合も，退職手当等の支払者は，その支払の際，その退職手当等について所得税を徴収し，その徴収の日の属する月の翌月10日までに，これを国に納付しなければならない（所税199）。もっとも，退職手当等の支払者の事務所，事業所その他これらに準ずるもので，その支払事務を取り扱うもの（事務所等）につき，当該事務所等の所在地の所轄税務署長の承認を受けた場合には，1月から6月までおよび7月から12月までの各期間に当該事務所等にお

いて支払った退職手当等について徴収した所得税を，それぞれ7月10日または翌年1月20日までに国に納付することができる（所税216）。

第2節　退職所得の課税の特例

このように，所得税においては，勤務先に所定の手続をしておけば，退職所得は源泉徴収のみで課税関係を完了させることができる（所税201①・②・202）。他方で，個人住民税は，前年所得を課税標準として賦課課税方式により課すこととされているので，源泉徴収制度を採用することはできない。ところが，その支払の際，所得税と一緒に天引きすることとされている分離課税により課される，退職手当等に係る所得割，利子割，配当割および株式等譲渡所得割については，源泉徴収（または特別徴収）制度が採用されている。

1　分離課税の所得割の沿革

退職所得に対する個人住民税については，原則として，退職所得の発生した年に他の所得と区分して，納税義務者のその年の1月1日現在の住所所在地の地方団体において課税される（地税50の2・328）。個人住民税は，原則として，前年中の所得に対して，その翌年に課税するという，前年課税主義の建前をとっている。前年課税主義を採用するのは，①所得税に関する課税標準の確定額を活用できるという課税の便宜，②税収の予測が比較的確実で国等による財政措置の方針を決めやすいこと，などの理由による[12]。

しかしながら，前年課税主義は，給与所得者が定年で引退した翌年に個人住民税が課されることになり，これが高齢者にとっては重すぎるという現象が発生する。もちろん，所得を獲得し始めた時点では，個人住民税は課されなかったわけであるから，長期的な観点からみれば問題はない。とはいえ，一般的な議論としては，課税年度にズレがあることに納税者の理解を得るのがなかなか

---

[12]　碓井光明『要説地方税のしくみと法』102頁（学陽書房，2001年）。

難しい[13]。もっとも,退職所得については,前年課税主義の特例として,他の所得と分離して,所得の発生した年に課税することとされており,現年分離課税主義をとっている。

そもそも,現年分離課税が個人住民税に導入されたのは,昭和41年度の税制改正においてである。この税制改正以前は,他の所得と同様,退職所得に対する個人住民税は,翌年に課税されていた。しかし,退職者にとって,この負担感は加重であるこが多く,まとまった所得であるだけに現実には無理があり,地方団体は,やむを得ず減免の措置を講じていた。以前からの懸案であったが,これを退職手当等の支払の際の現年分離課税に改めたのである。

現年分離課税の導入に伴い,退職所得について適用される税率は,標準税率を一定税率として法定された。そしてまた,総合課税されていた場合に比して,現年分離課税は,①従来に比べ早期に徴収することにより,納税義務者が税額の相当額に係る運用益を失うであろうこと,②現年分離課税化により,他の所得との損益通算や他の所得から控除できない所得控除額の控除が不可能になった。これらを総合的に勘案して,その税額は,当分の間,算出税額からその1割を控除した金額とされた[14]。

退職手当等の支払の際に特別徴収される所得割額(特別徴収税額)は,その税率が累進構造であることから,その複雑な累進税率を適用して計算する必要があることや,その特別徴収税額を算出税額からその算出税額の10分の1に相当する金額を控除(10%の税額控除)して計算することから,特別徴収義務者の税額計算の便宜を考慮し,地方税法に簡便な算定方法として特別徴収税額表が定められていた(旧地税附則7②・⑤)。

平成18年度の税制改正では,所得割の税率構造が累進税率から比例税率に

---

[13] もちろん,徴税事務上,所得税を計算するための所得が確定した後に,事後的に個人住民税を確定する方式がとられているため,やむを得ないという事情もある。とはいえ,コンピュータ等がかなり発達した今日,たとえば,所得税で行われている年末調整を個人住民税でも実施して現年課税にするのは,必ずしも不可能なことではないであろう。

[14] 丸山高満『日本地方税制史』572頁(ぎょうせい,1985年)。

改められ，平成19年1月1日以後に支払われる退職手当等に係る分離課税の所得割の税率は，市町村民税6％，道府県民税4％とされた（地税50の4・328の3，地税附則5③・11③）。この所得割の比例税率化に伴い，特別徴収義務者の特別徴収税額の計算が従来に比べ容易になるため，特別徴収税額表は廃止された。さらに，平成25年1月1日からは10％の税額控除が廃止され，分離課税の所得割は現在に至っている。

2 退職所得に係る所得割の課税要件

退職所得に係る所得割の納税義務は，つぎの課税要件―課税団体，納税義務者，課税対象，課税標準，税率―が充足されることによって成立する。地方税の場合は，国税と異なり，課税団体が複数あるので課税権が競合しないように，課税団体について詳細に定められている。

（1） 課税団体

個人が退職手当等の支払を受ける場合には，分離課税の所得割は，当該退職手当等の支払を受けるべき日の属する年の1月1日現在における，その者の住所所在地の都道府県および市町村が課税する[15]（地税50の2・328，取扱通知（県）2章31・（市）2章66）。たとえば，平成25年3月に会社を退職したことにより，退職手当等の支払を受けた場合には，同年1月1日現在の住所所在地の都道府県および市町村が課税権を有する。

退職所得の取扱いは，他の所得と同様，原則として所得税の例による。退職手当等の支払を受けた者が，その後，退職給与規程の改訂等により退職手当等の差額の支払を受ける場合にあっては，最初に支払を受けた退職手当等の支払を受けるべき日の属する年の収入金額とされる（所税令77，所基通36―11(2)）。

---

[15] 住所とは，納税義務者本人の生活の本拠をいい，地方税法上，その施行地を通じて1人1か所に限られる。勤務する事務所等との関係上，家族と離れて居住している者の住所は，本人の日常生活関係，家族との連絡状況の実情を調査確認して認定するものである。確定困難な者で，勤務日以外には家族のもとにおいて生活をともにする者については，家族の居住地にあるものとされる（取扱通知(市)2章6(1)）。

最初に支払を受けた退職手当等と追加支給を受けた退職手当等とは，現実に支払を受けた年が異なっても，同一年の収入金額とされることから，追加支給を受けた退職手当等に対する課税団体は，最初に支払を受けた退職手当等に対する所得割を課税した地方団体になる。

(2) 納税義務者

分離課税の所得割の納税義務者は，退職手当等の支払を受けるべき日の属する年の1月1日現在において，都道府県内および市町村内に住所を有する個人である[16]（地税50の2・328）。ただし，退職手当等の支払を受ける者が，その支払を受けるべき日の属する年の1月1日現在，生活保護法に基づく生活扶助を受けている場合には，分離課税の所得割は課税されない（地税24の5①・②・295①・②）。

また，退職手当等の支払を受けるべき日の属する年の1月1日現在において外国に居住していたため，国内に住所を有しない者は，退職手当等の支給を受けても分離課税の所得割の納税義務は発生しない。逆に，1月1日現在において都道府県内および市町村内に住所を有した者が，退職後死亡または出国により住所を有しなくなった場合においても，納税義務を負う。もっとも，死亡によって退職した者に支給すべき退職手当等で，その者の相続人等に支給されることとなったものは，所得税が非課税とされているため，その退職手当等に対しては，分離課税の所得割も課税されない（所税9①四）。

(3) 課税対象

退職手当等とは，退職手当，一時恩給その他の退職により一時に受ける給与およびこれらの性質を有する給与をいい，所得税法31条に規定する退職手当等とみなされる一時金および租税特別措置法29条の6に規定する退職手当等とみなされる金額を含む（地税23①六・292①六）。もっとも，分離課税の所得割の課税対象となる退職手当等は，これらの退職手当等のうち，所得税法199

---

[16] 退職手当等の支払を受けるべき日とは，一般的には退職手当等の支払を受ける権利の確定する日をいい，その権利の確定する時期は，原則として退職の日による（所基通36—10）。

条に規定する所得税の源泉徴収義務がある者が支払うものに限られる。

したがって，①常時2人以下の家事使用人のみに対して給与等の支払をする者，②給与等の支払をする者のうち，租税条約等により所得税の源泉徴収義務を有しない者が支払う退職手当等は，所得税の源泉徴収の対象とならないので，分離課税の所得割は課税されない[17]（取扱通知(市)2章65）。これらの者から支払を受ける退職手当等については，退職所得の生じた年の翌年に他の所得と総合して所得割が課税され，普通徴収の方法によって徴収されることとなる。

（4）課税標準

分離課税の所得割の課税標準は，その年中の退職所得金額である（地税50の3①・328の2①）。したがって，同一年中に2以上の支払者から退職手当等の支払を受けるような場合にあっては，その合計額について算定される。なお，退職所得金額の計算は，所得税法30条2項に規定する退職所得金額の計算の例による（地税50の3②・328の2②，取扱通知(県)2章32・(市)2章67）。具体的には，収入から勤続年数に応じた退職所得控除額を差し引いて，その控除後の金額の2分の1に相当する金額である。

（5）税　率

分離課税の所得割の税率は，標準税率ではなく，一定税率を採用しており，一律市町村民税6％，道府県民税4％である（地税50の4・328の3）。したがって，地方団体は，これと異なる税率を定めることはできないわけである（取扱通知(県)2章33・(市)2章68）。なお，一定税率を採用したのは，源泉徴収義務者の手数を省くためである。具体的には，税率が市町村ごとに異なった場合，特別徴収義務者が退職手当等の支払を受ける者の住所所在地の市町村の税率を一々確認して源泉徴収しなければならないことを避けたものである[18]。

---

17) このほか，①死亡により退職した者に支給すべき退職手当等で，その者の相続人等に支給されることとなったもの，②退職した者または死亡により退職した者の遺族に，退職に伴う転居のために通常必要とされる範囲内で支払われる旅費等は，所得税が非課税とされているので，所得割も課税されない（所令9①四）。
18) 櫻井泰典「退職所得課税制度の沿革と課題」地方税56巻7号127頁（2005年）。このほか，比較的高額の税額となる退職所得について，税率を自由に設定できること

（6） 税額の計算

こうした課税要件を充足すれば，特別徴収義務者が退職手当等の支払の際，特別徴収すべき分離課税の所得割額は，つぎに掲げる場合の区分に応じて，それぞれ税額が計算される[19]（地税50の6・328の6）。

イ　退職者が提出した退職所得申告書に，支払済みの他の退職手当等がない旨の記載がある場合

$$（退職手当等の金額－退職所得控除額）\times \frac{1}{2}＝課税退職所得金額$$
（1,000円未満切捨て）

課税退職所得金額×（市町村民税6％＋道府県民税4％）
＝特別徴収税額（100円未満切捨て）

ロ　退職者が提出した退職所得申告書に，支払済みの他の退職手当等がある旨の記載がある場合

特別徴収税額＝①－②

① 課税退職所得金額に税率を乗じて計算した金額

② 支払済みの他の退職手当等について徴収された，または徴収されるべき税額

ハ　退職者からの退職所得申告書の提出がない場合

特別徴収税額＝課税退職所得金額×（市町村民税6％＋道府県民税4％）

3　退職所得と他の所得との損益通算

所得税は，その年中の所得について計算した総所得金額，退職所得金額および山林所得金額を課税標準として課税される（所税22①）。これらの金額を計算する場合において，事業所得等一定の所得金額の計算上生じた損失金額があ

とすれば，退職所得についてのみ税率を引き下げ，退職間近の者を呼び込む誘因が市町村に生じ，予期せぬ税源の奪い合いをもたらしかねないことなども，論点となりうる。

[19]　所得税においては，退職所得申告書の提出がない場合には，退職手当等の金額に20％の税率を適用して計算した税額によることとされている（所税201③）。これに対して，分離課税の所得割には，このような制度はない。

るときは，これを他の各種所得金額から控除（損益通算）することとされている（所税69，所税令198）。

　たとえば，事業所得金額の計算上生じた損失金額は，まず給与所得金額から控除され，なお控除しきれない未控除の損失金額は，退職所得金額から控除される。他の所得との損益通算が行われた結果，退職所得に係る源泉徴収税額が，この損益通算後の所得をもとにして算定された所得税額を超えることとなるときは，その超えることとなる源泉徴収税額は，所得税の確定申告を通じて還付されることとなる。

　一方，個人住民税の場合，退職手当等に係る分離課税の所得割が課税されたときに，当該退職所得金額に係る所得割の課税関係は，この現年分離課税によって完結するしくみとなっている（地税50の2・328）。そのため，その年中において他の所得に損失が生じた場合であっても，当該退職所得との損益通算および所得控除はできない[20]。所得税のように，未控除の損失金額が退職所得金額から控除されることはないわけである。

　もっとも，所得割の課税標準となる総所得金額，現年分離課税の対象とならない退職所得金額または山林所得金額は，所得税法22条2項または3項の総所得金額，退職所得金額または山林所得金額の計算の例によって算定するものとされているので，所得割における損益通算は，同法69条に規定する所得税の損益通算の計算の例によって行うこととなる（地税32②・313②）。

　ここで，現年分離課税の対象とならない退職所得金額とは，①常時2人以下の家事使用人のみに対して給与等の支払をする者から支払を受ける退職手当等，②租税条約等により所得税の源泉徴収義務を負わない者から支払を受ける退職手当等，③非居住者が支払を受ける退職手当等をいい，当該退職手当等の支払を受けた個人が，その支払を受けた年の翌年1月1日において日本国内に住所を有する場合には，他の所得と同様，当該年度において，前年に支払を受けた退職手当等に係る所得を課税標準として，個人住民税が課されることとなる（地税32①・39・313①・318）。

20）　自治省税務局編『住民税逐条解説』551～552頁（地方財務協会，1996年）。

4 退職所得の徴収方法

分離課税の所得割の課税対象となる退職手当等は，所得税法30条1項に規定する退職手当等（同法31条において退職手当等とみなされる一時金を含む）で，同法199条によりその所得税が源泉徴収されるものは，つぎの特別徴収の方法によって分離課税の所得割が徴収される。

（1） 特別徴収の手続

特別徴収義務者は，退職所得申告書をもとにして特別徴収税額を計算するものであるから，退職手当等の支払を受ける者は，その支払を受けるときまでに，総務省令で定める事項を記載した退職所得申告書を，その退職手当等の支払者を経由して，その退職手当等の支払を受けるべき日の属する年の1月1日現在における住所所在地の市町村長に提出しなければならない。なお，退職手当等の支払を受ける者は，退職所得申告書をその退職手当等の支払者に受理されたときに，市町村長に提出したものとみなされる[21]（地税50の7・328の7）。

なお，個人の道府県民税の賦課徴収は，特別の定めがある場合を除くほか，当該都道府県の区域内の市町村が，当該市町村の個人の市町村民税の賦課徴収

図表7　分離課税の所得割の賦課徴収の流れ

```
                市　町　村
              （課税団体）
                   ↑
         ②税額の計算
         ⑤税金の納入
                   
           退職手当等の支払者
          （特別徴収義務者）
            ↑              ↓
  ①退職所得申告書の提出    ③退職手当等の支払の際，税金を徴収
                          ④特別徴収票の交付
                   
                退　職　者
              （納税義務者）
```

（出所）　地方税法328条の4～328条の7に基づき，筆者が作成。

---

[21] 申告手続の簡略化の見地から，個人住民税の退職所得申告書は，所得税の退職所得申告書と同一の用紙によるものとされており，その退職所得申告書は，退職手当等の支払者の手元に保管することとして取り扱われている（取扱通知（市）2章69(1)）。

の例により，当該市町村の個人の市町村民税の賦課徴収とあわせて行うものである。また同様に，道府県民税の分離課税の所得割についても，当該都道府県の区域内の市町村が，市町村民税の分離課税の所得割の徴収の例により両者をあわせて徴収することになる（地税41①，地税則2）。

分離課税の所得割の徴収については，特別徴収の方法による（地税328の4）。この場合，市町村は，当該分離課税の所得割の納税義務者に対して退職手当等の支払をする者を当該市町村の条例によって特別徴収義務者として指定（特別徴収義務者の指定）し，これに徴収させなければならない（地税328の5①）。もっとも，市町村の条例で「退職手当等の支払をする者（他の市町村において退職手当等の支払をする者を含む）とする」と包括的に指定していれば，市町村から特別徴収義務者に指定する旨の通知がなくとも，退職手当等の支払者は，すべて特別徴収義務者となる[22]。

特別徴収義務者は，退職手当等の支払をする際，その退職手当等について分離課税の所得割を徴収し，その徴収の日の属する月の翌月10日までに，総務省令で定める様式により，その徴収すべき分離課税の所得割の課税標準額，税額その他必要な事項を記載した納入申告書を市町村長に提出し，その納入金を当該市町村に納入する義務を負う[23]（地税328の5②）。ここで，支払をする際とは，支払をするときまでに徴収することをいう。なお，支払とは，金銭による支払はもちろん，これを元本に繰り入れ，預金口座に振り替えるなどにより，その支払の債務が消滅する一切の場合である。

（2）更正・決定

市町村長は，特別徴収義務者から納入申告書の提出があった場合において，当該納入申告書に係る課税標準額または税額がその調査したところと異なると

---

22) もちろん，常時2人以下の家事使用人のみを雇用している場合に支払う退職手当等のように，所得税を源泉徴収する義務を負わない者は除かれる。
23) ただし，使用人が常時10人未満の事務所等の特別徴収義務者は，市町村長の承認を受けて，特別徴収した税金を6月から11月までの分または12月から翌年5月までの分の年2回にまとめて，それぞれ12月10日または6月10日までに申告納入することができる（地税328の5③）。

きは，これを更正することとされ，そしてまた，特別徴収義務者が納入申告書を提出しなかった場合には，その調査によって，納入申告すべき課税標準額および税額を決定するものとされている（地税328の9①・②）。更正または決定があった場合には，市町村民税道府県民税更正（決定）通知書により，更正による増差税額または決定による税額を，その通知をした日から1月を経過した日を納期限として徴収することとなる（地税328の10①）。

その不足金額に本来の納期限―納期限の延長があったときは，その延長された納期限―の翌日から納入の日までの期間の日数に応じて，年14.6％―その更正または決定の通知をした日から1月を経過した日までの期間，または当該納期限の翌日から1月を経過する日までの期間については，年7.3％―の割合を乗じて計算した延滞金を加算して徴収しなければならない[24]（地税328の10②）。

もっとも，当分の間は，前年11月30日現在における商業手形の基準割引率に年4％を加算した割合（特例基準割合，0.1％未満切捨て）が年7.3％の割合に満たない場合には，それぞれつぎの割合とされる[25]（地税附則3の2①）。

---

24) もちろん，市町村長は，当該更正前の納入申告に係る課税標準額または税額に誤りがあったことについて正当な理由があると認める場合を除き，当該更正による不足金額に10％の割合を乗じて計算した過少申告加算金を，さらに，特別徴収義務者が課税標準額の計算の基礎となるべき事実の全部または一部を隠ぺいし，または仮装し，かつ，その隠ぺいし，または仮装した事実に基づいて納入申告書を提出したときは，過少申告加算金に代えて，その計算の基礎となるべき更正による不足金額に35％の割合を乗じて計算した重加算金を徴収しなければならない（地税328の11①・328の12①）。また，納入申告書の提出期限後にその提出，決定または更正があった場合には，市町村長は，納入申告，決定または更正により納入すべき税額に15％の割合を乗じて計算した不申告加算金を，さらに，特別徴収義務者が課税標準額の計算の基礎となるべき事実の全部または一部を隠ぺいし，または仮装し，かつ，その隠ぺいし，または仮装した事実に基づいて納入申告書の提出期限までにこれを提出せず，または納入申告書の提出期限後にその提出をしたときは，不申告加算金に代えて，その計算の基礎となるべき税額に40％の割合を乗じて計算した重加算金を徴収しなければならない（地税328の11②・328の12②）。

25) ただし，特例基準割合が年7.3％を超える場合は，年7.3％の割合とされる（地税附則3の2①括弧書）。なお，平成26年1月1日からは，特例基準割合は，各年の前々年10月から前年9月までにおける国内銀行の新規の短期貸出約定平均金利の平均の割合に1％を加算した割合に引き下げられる。

第3章　退職所得

　　イ　年14.6％の割合の延滞金
　　　延滞金の割合
　　　　　＝年14.6％（平成26年1月1日以後，特例基準割合＋年7.3％）
　　ロ　年7.3％の割合の延滞金
　　　延滞金の割合
　　　　　＝特例基準割合（平成26年1月1日以後，特例基準割合＋年1％）
　さらに，市町村長は，特別徴収義務者が更正または決定を受けたことについて，やむを得ない理由があると認める場合には，延滞金を減免することができる（地税328の10③）。

（3）　分離課税の所得割と普通徴収
　退職手当等の受給者が退職所得申告書をその退職手当等の支払を受けるときまでに提出せず，その年中に2以上の退職手当等の支払を受けた場合において，その者のその年中における退職手当等の金額について地方税法50条の3，50条の4，328条の2および328条の3（分離課税に係る所得割の課税標準・税率）を適用して計算した税額が，特別徴収されるべき税額を超える部分については，普通徴収の方法によって徴収しなければならない（地税50の8・328の13①，取扱通知(市)2章70）。
　分離課税の所得割を普通徴収の方法によって徴収する場合には，その不足金額に本来の納期限—納期限の延長があったときは，その延長された納期限—の翌日から納入の日までの期間の日数に応じて，年14.6％—当該納期限の翌日から1月を経過する日までの期間については，年7.3％—の割合を乗じて計算した延滞金を加算して徴収しなければならない（地税328の13②）。
　もっとも，各年の特例基準割合が年7.3％の割合に満たない場合には，①年14.6％の割合の延滞金は，年14.6％—平成26年1月1日からは，特例基準割合に年7.3％を加算した割合—，②年7.3％の割合の延滞金は，特例基準割合—平成26年1月1日からは，特例基準割合に年1％を加算した割合—とされる（地税附則3の2①）。

第3節　特殊な退職金

　退職所得とは，退職手当等に係る所得をいい，一定の一時金は退職所得とみなされている（所税30①・31）。たとえば，事業主の倒産等により賃金の支払を受けないで退職した労働者に対して，国がその使用者に代わって未払賃金を弁済するという未払賃金立替払制度に基づいて，労働者が国から弁済を受けた給与は，その労働者が退職した日の属する年分の退職所得とみなされる[26]（税特措29の6）。このほかにも，つぎに掲げる特殊な退職金がある。

1　退職一時金の課税関係

　退職手当等とは，本来退職しなかったとしたならば支払われなかったもので，退職したことに基因して一時に支払われることとなった給与をいう。したがって，退職に際しまたは退職後に使用者等から支払われる給与で，その支払金額の計算基準等からみて，他の引き続き勤務している者に支払われる賞与等と同性質であるものは，原則として退職手当等に該当しないものとして取り扱われる（所基通30—1）。

（1）　保険外交員の退職一時金

　生命保険会社が外交員に退職手当等の名称をもって支給する給与については，当該給与の支給を受ける外交員の在職中における身分関係等に応じて，つぎの課税方法による。なお，当該給与を退職所得として取り扱う場合における勤続年数は，雇用契約による者としての身分を有していた期間の年数によって計算される（昭和33年2月14日直所2—18）。

---

[26]　なお，立替払をする額は，未払賃金の額の8割で，退職時の年齢に応じて88万円から296万円の範囲で上限が設けられている。また，平成24年度の実施状況は，企業倒産件数の減少を受け，企業数3,211件（対前年度比12.8％減），支給者数4万205人（5.7％減），立替払額175億736万円（12.2％減）と，すべてにおいて前年度を下回っている（厚生労働省HP「平成24年度の未払賃金立替払事業の実施状況」（http://www.mhlw.go.jp/stf/houdou/2r98520000034s0x.html，2013年7月31日最終閲覧））。

イ 給与が在職中雇用契約による者としての身分を有していた外交員に支給されるものであり、かつ、その支給額が退職給与規程等により雇用契約による者としての身分を有していた期間、および、その期間中の募集成績等に応じて計算されるものである場合

　外交員の在職中の報酬に対する課税方法のいかんにかかわらず、退職所得とされる。なお、この期間には、①当初委任契約による者としての身分を有していた期間が1年未満で、引き続き雇用契約による者としての身分を取得した者の当初の委任契約による期間、②当初雇用契約による者としての身分を有していた後、委任契約による者としての身分となり、再び雇用契約による者としての身分を取得した者の委任契約による期間が1年未満であった場合の委任契約の期間を含んでいても差し支えない[27]。

ロ 給与が在職中雇用契約による者としての身分を有していた外交員に支給されるものであって、その支給額が上記イ以外により計算されるものである場合、および、給与が在職中雇用契約による者としての身分を有していなかった外交員に支給されるものである場合

　外交員の在職中の報酬に対する課税方法の別に応じて、賞与の性質を有する給与所得、または所得税法204条1項4号に掲げる報酬または料金とされる。

(2) 短期雇用者のせん別一時金

所得税法上、本来退職しなかったとしたならば支払われなかったもので、退職したことに基因して一時に支払われることとなった給与は、退職手当等とされている（所基通30－1）。すなわち、退職給与規程により定められたものだけが退職手当等というわけではなく、退職給与規程によらないでも、退職したことに基因して一時に支払われるもので、退職しなかったとしたならば支払われ

---

[27] ちなみに、委任契約は、一方が他方に法律行為を行うことを委任する契約であり、弁護士と依頼者、医師と患者との契約が典型例である。労務の供給自体が契約の目的である点では、雇用契約と共通しているが、委任を受けた者は事務の処理につき広い裁量を有し、委任者は指揮命令ないし具体的指示までは行わない。また、委任の場合は、報酬の支払は要件とはされない。

なかったものは，退職手当等に該当することになる。

　もっとも，短期雇用者に退職金を支給する慣行はなく，また，1年未満の勤続者に退職金を支給するという退職給与規程は，ほとんどないと考えられる。こうした点からすると，短期雇用者が1年未満で退職した際に，支払ったせん別一時金は，退職に基因して支払われるという見方があっても，退職手当等ではなく，むしろ，賞与の性質を有する給与所得として取り扱うのが相当であると考えられる。

（3）　執行役員就任時の退職一時金

　使用人（職制上使用人としての地位のみを有する者に限る）から執行役員に就任した者に対して，その就任前の勤続期間に係る退職手当等として一時に支払われるもの（その後に支払われる退職手当等の計算上，今回の退職手当の計算の基礎となった勤続期間を一切加味しない条件のもとに支払われるものに限る）のうち，たとえば，つぎのいずれにも該当する執行役員制度のもとで支払われるものは，退職手当等に該当するものとして取り扱われる（所基通30―2の2）。

　　イ　執行役員との契約は，委任契約またはこれに類するもの（雇用契約またはこれに類するものは含まない）であり，かつ，執行役員退任後の使用人としての再雇用が保障されているものではないこと

　　ロ　執行役員に対する報酬・福利厚生・服務規律等は役員に準じたものであり，執行役員は，その任務に反する行為または執行役員に関する規程に反する行為により使用者に生じた損害について賠償する責任を負うこと

　これら以外の執行役員制度のもとで支払われるものであっても，個々の事例の内容から判断して，使用人から執行役員への就任につき，勤務関係の性質，内容，労働条件等において重大な変動があって，形式的には継続している勤務関係が，実質的には単なる従前の勤務関係の延長とはみられない，などの特別の事実関係があると認められる場合には，退職手当等に該当することになる。

　もっとも，大阪地裁は，納税告知処分取消等請求事件において，「会社の使用人がその執行役に就任する場合，会社の規模，性格，実情等に照らし，当該身分関係の異動が形式上のものにすぎず，名目的，観念的なものといわざるを

得ないような特別の事情のない限り，その勤務関係の基礎を成す契約関係の法的性質自体が抜本的に変動し，その結果として，勤務関係の性質，内容，労働条件等に重大な変動を生じるのが通常である」と判示しており，「特別の事情」が存在するような場合に，法律上の地位の形式的な変動のみをもって退職手当等に該当するものとすることには慎重であるべきだろう[28]。

（4）解雇予告手当

使用者は，従業員を解雇しようとする場合には，少なくとも30日前にその予告をしなければならない。30日前に予告をしない使用者は，30日分以上の平均賃金（解雇予告手当）を支払わなければならない（労基20①）。これは，試用期間が14日を経過した試用社員についても，同様である[29]（労基21）。解雇予告手当は，解雇，すなわち，退職を原因として一時に支払われるものであるから，所得税法上は退職手当等に該当するものとして取り扱われる（所基通30－5）。

したがって，解雇予告手当は，退職所得として課税されることになる。退職所得に対する所得税は，退職手当等の支払者がその支払の際に源泉徴収される。その税額の算出は，退職所得申告書の提出の有無により異なる。解雇の場合，通常，退職所得申告書が提出されていないので，解雇予告手当の支払金額に20％の税率を乗じて税額を求めることになる（所税201③）。もっとも，分離課税の所得割には，こうした制度はなく，一律10％—市町村民税6％，道府県民税4％—の税率が適用される。

---

28) 大阪地判平成20年2月29日判タ1267号196頁。
29) ちなみに，日本の正規従業員の採用は，一定の技能を要件として特定の職種に雇い入れるという採用ではなく，企業組織の一員として，幅の広い職種と多様なポストをこなしていく者の採用である。企業は，採用者に対して，長期的視野で総合的な職業能力の発展を図るのであり，試用期間中は，主として最も基礎的な教育訓練が行われる。こうした試用期間の実態からは，試用時より正規の労働契約関係が成立しているとの考え方が支配的である。もちろん，試用期間にも，実験観察期間としての意義は残っている。このことは，試用期間中は特別の解約権が留保されており，まれではあるが，その行使がなされることに現れている。たとえば，三菱樹脂事件（昭和48年12月12日民集27巻11号1536頁）などがある。

2　海外出国者の退職金

　所得税法上，国内勤務がなければ，課税されないのが原則である（所税161八）。たとえば，給与等の支払を受ける者が海外支店等に転勤したことにより非居住者となった場合には，日本国内で得た給与について源泉徴収された所得税を精算する必要がある。精算は，毎年12月に行う年末調整と同じ方法による（所基通190－1）。一方，非居住者の退職金については，つぎように取り扱われる。

（1）　所得税における非居住者の取扱い

　非居住者とは，居住者以外の個人をいい，国内に住所を有し，または現在まで引き続いて1年以上居所を有する個人以外の個人である（所税2①三・五）。そしてまた，国外に居住することとなった個人が，つぎのいずれかに該当する場合には，その者は国内に住所を有しない者と推定される[30]（所税令15①）。

　イ　その者が国外において，継続して1年以上居住することを通常必要とする職業を有する場合
　ロ　その者が外国の国籍を有し，または外国の法令によりその外国に永住する許可を受けており，かつ，その者が国内において生計を一にする配偶者その他の親族を有しない場合
　ハ　その他国内におけるその者の職業および資産の有無等の状況に照らし，その者が再び国内に帰り，主として国内に居住するものと推測するに足りる事実がない場合

　さらに，国外において事業を営みまたは職業に従事するため，国外に居住することとなった者は，その地における在留期間が契約等によりあらかじめ1年未満であることが明らかであると認められる場合を除き，上記イに該当し，国内に住所を有しない者とすることとされている（所基通3－3）。

---

[30]　もちろん，租税条約では，日本と異なる規定を置いている国との二重課税を防止するため，居住者の判定方法を定めている。具体的には，それぞれの租税条約によらなければならないが，一般的には，恒久的住居，利害関係の中心的場所，常用の住居そして国籍の順に考えて，どちらの国の居住者となるかを決める（租税条約特例6）。

このため，海外勤務者の国内における出国後の住所の有無の判定にあたっては，契約等により予定された海外勤務期間が1年未満であるか1年以上であるかを目安として，住所の有無を判断することになる。たとえば，当初3年間の予定で海外勤務者として出国した者が，その出国後の後発的な事情により，やむを得ず1年未満で国内に帰国したような場合にあっては，たとえ海外勤務期間が結果的に1年未満となったときでも，海外勤務期間中は当初の推定どおり非居住者として取り扱われる。

（2） 退職所得についての選択課税

非居住者である海外勤務者に支払われる退職金で所得税の課税対象となるものは，国内源泉所得に該当する退職金である。これは，退職手当等のうち，その支払を受ける者が居住者であった期間に行った勤務その他の人的役務の提供に基因するものである（所税161八ハ）。居住者であった期間に行った勤務に対する部分（国内源泉所得）の金額は，原則として，つぎの算式により計算される（所基通161－28）。

《算　式》

$$\text{国内源泉所得に該当する退職手当等の額} = \text{退職手当等の総額} \times \frac{\text{居住者としての勤務等の期間}}{\text{退職手当等の計算の基礎となった期間}}$$

国内源泉所得に該当する退職金を国内において支払う場合には，その支払の際，国内源泉所得に係る退職金について20％の税率による所得税が源泉徴収される。そしてまた，当該退職金の支払が国外において行われる場合において，その支払をする者が国内に住所もしくは居所を有し，または国内に事務所，事

図表8　退職所得についての選択課税の流れ

①退職手当等の支払者（源泉徴収義務者）→①退職手当等の支払 20％の源泉徴収→退職者（納税義務者）
退職者（納税義務者）→③確定申告→税務署（課税庁）
税務署（課税庁）→④還付税額の還付→退職者（納税義務者）
退職手当等の支払者（源泉徴収義務者）→②源泉徴収税額の納付→税務署（課税庁）

（出所）　所得税法171条・173条に基づき，筆者が作成。

業所その他これらに準ずるものを有するときは，その者が当該退職金を国内において支払うものとみなして，源泉徴収を行うこととされている（所税212①・②・213①）。

　ところで，一般的に，居住者として長年国内に勤務していた非居住者が，当該退職金に対して所得税が課される場合には，居住者として退職金の支払を受けた場合に比べ多額の税負担を強いられることになる。それゆえ，非居住者が居住者として行った勤務に基因する退職手当等の支払を受ける場合には，その者は，当該退職手当等について，その支払の基因となった退職を事由として，その年中に支払を受ける退職手当等の総額を居住者として受けたものとみなして算定した所得税を課されることを選択することができる（所税171）。

　これは，退職所得についての選択課税といわれる制度で，長年国内で勤務した者が，たまたま海外支店等に転勤して非居住者のまま退職した場合に，国内勤務で退職した者と比べ税負担が不公平になることのないように設けられた規定であり，この選択課税制度の適用を受けるためには，確定申告する必要がある。そしてまた，退職手当等の支払者は，その支払の際に，退職手当等のうち国内源泉所得金額について20％の税率により，所得税を源泉徴収しなければならない。

　退職所得についての選択課税を選択した場合，退職手当等の受給者は，源泉徴収された税額の精算のため，つまり，当該退職手当等に係る所得税の還付を受けるため，その年の翌年1月1日―同日前に，その年中の退職手当等の総額が確定した場合には，その確定した日―以後に，税務署長に対して，所得税の確定申告書を提出し，すでに源泉徴収された税額との差額を還付してもらうことになる（所税173①・②）。

（3）　住民税における退職所得に係る課税の取扱い

　個人住民税にあっては，賦課期日現在において市町村内に住所を有する者が，その所得税を徴収して納付すべき退職手当等の支払を受ける場合，当該退職手当等に係る所得割は，当該退職手当等に係る所得を他の所得と区分し，当該退職手当等の支払を受けるべき日の属する年の1月1日現在における，その者の

住所所在地の市町村が，現年分離課税方式により課税する（地税50の2・328）。

　もっとも，現年分離課税方式による退職所得の課税の特例が適用されることとなるのは，賦課期日現在において市町村内に住所を有する者が支払を受ける所得税法30条1項に規定する退職手当等で，同法199条（源泉徴収義務）により，その所得税を徴収して納付すべきものに限られる。

　上記(2)の退職所得についての選択課税の場合，居住者並みの負担で課税されるものの，その者は，その出国の期間中は非居住者であることに変わりはない。したがって，その者に対して支払われる退職金は，非居住者に対して支払われることとなるので，その退職金についての所得税の源泉徴収義務は，居住者の退職手当等についての源泉徴収義務を規定している所得税法199条によるものではなく，非居住者の国内源泉所得についての源泉徴収義務を規定している同法212条（源泉徴収義務）に基づくものである。

　すなわち，その者は，1月1日の賦課期日現在において市町村内に住所を有しているものの，その支払を受ける退職金が所得税法199条により源泉徴収義務の対象となる退職手当等でないので，現年分離課税方式による退職所得の課税の特例が適用されないこととなり，この退職金については特別徴収されない。なお，その者が翌年1月1日の賦課期日現在において市町村内に住所を有する場合は，個人住民税の課税の原則にかえって，前年課税主義により，支払われた退職金のうち国内源泉所得に係るものは，所得割の課税対象となる。

3　質疑応答事例

　国税庁の「質疑応答事例」では，つぎのとおり，(1)定年退職者に対する海外慰安旅行についての課税関係，(2)役員退職金制度の廃止に伴い親会社から発行される新株予約権の課税関係，(3)法人成りにより支給を受ける小規模企業共済契約の一時金の所得区分という，3つの事例において，特殊な退職金に関する

---

31)　国税庁ＨＰ「質疑応答事例」（http://www.nta.go.jp/shiraberu/zeiho-kaishaku/shitsugi/01.htm，2013年7月31日最終閲覧）。ただし，分離課税の所得割の部分については，私見による。

見解が示されている[31]。
（1） 定年退職者に対する海外慰安旅行についての課税関係
《照　会》

> 定年退職者に対する海外慰安旅行の供与は，課税されるのか。

《回　答》

　定年退職者に対する海外慰安旅行の供与については，それが永年勤続者表彰制度と同様の内容に基づくものであり，社会通念上相当と認められるものについては非課税として取り扱い，それを上回るものについては，退職所得に該当するものとして課税されることになる。定年退職者旅行の供与については，つぎの理由から，永年勤続者表彰制度と同様の内容に基づくものであり，社会通念上相当と認められるものであれば，課税しなくて差し支えない。

　イ　永年勤続者表彰制度に基づき永年勤続者を旅行に招待した場合の当該永年勤続者の受ける経済的利益については，その永年勤続者の地位，勤続期間などに照らし，社会通念上相当であると認められるものであれば課税しないこととしている取扱いの趣旨からすれば，定年退職者旅行がたまたま定年退職を機会として行われるからといって退職所得として課税することは必ずしも相当でない。

　ロ　永年勤続者表彰旅行については，同一人が数回旅行をすることもありえるのに対して，定年退職者旅行については，定年退職という通常は生涯に１回しかない機会を捉えて旅行をするものであることを考慮すると，前者は非課税とし，後者は退職所得として課税するということは均衡を失するといえる（所基通36―21）。

　なお，分離課税の所得割は，所得税法30条１項に規定する退職手当等，すなわち，退職手当，一時恩給その他の退職により一時に受ける給与およびこれらの性質を有する給与を課税対象としている（地税23①六・292①六）。それゆえ，定年退職者に対する海外慰安旅行の供与については，所得税が非課税とされるのであれば，住民税所得割も課税されないこととなる。

第3章　退職所得

（2）　役員退職金制度の廃止に伴い親会社から発行される新株予約権の課税関係

《照　会》

　　G社およびその子会社3社では，本年6月開催の株主総会において，役員に対する退職慰労金制度を廃止し，それぞれの固定報酬とは別枠で翌年の株主総会までの1年分の職務執行の対価としてG社の新株予約権を付与することが決議された。具体的には，G社，子会社および子会社の役員の三者間による報酬債務の債務引受契約により，G社が子会社の役員に対する報酬債務について重畳的債務引受を行い，役員はその報酬債権との相殺によりG社から新株予約権の割当てを受けることとなる。

　　なお，G社は，その報酬債務について対外的には連帯債務者となる。とはいえ，子会社との内部関係において，G社の負担部分はゼロ円とし，G社がその報酬債務を負担することにより取得した求償権に基づき，その報酬債務相当額が子会社からG社に弁済される。また，この新株予約権については，権利行使価額を1円とし，譲渡制限が付されるほか，役員を退任した日の翌日以降10日間以内に一括して行使することが条件となっている。

　　子会社の役員が新株予約権を行使した場合，その権利行使時の課税関係はどうなるのか。

《回　答》

　イ　所得区分

　　　この新株予約権は，親会社であるG社から割り当てられるものである。とはいえ，子会社の役員の地位に基づき，その役務提供の対価（報酬）として与えられ，その権利行使益―権利行使時における株価から権利行使価額1円を控除した金額―については，その職務遂行に対する対価としての性質を有するので，給与等に該当する。そしてまた，G社の制度は，従前の退職慰労金制度の代替として設けられ，翌年の株主総会までの期間に係る役員の職務執行の対価として割り当てられるものであるとともに，その

105

権利行使は，役員を退任した日後10日間以内にかぎり一括して行うことが条件とされている。

これらのことからすると，新株予約権に係る権利行使益は，役員が退職したことに基因して一時に支払われることとなった給与等と認められるので，退職所得に該当する（所税30①，所基通30－1）。

ロ　源泉徴収義務

居住者に対して国内において退職手当等の支払をする者は，その支払の際に所得税を徴収し，これを納付しなければならない（所税199①）。G社の場合，子会社は，単に新株予約権の発行に係る費用負担をするだけでなく，役員に対してその退任後にストック・オプションに係る経済的利益を与えることを目的として，新株予約権に関する報酬を株主総会で決議するとともに，債務引受契約等を通じ，G社から新株予約権が発行され，その権利行使によって株式が交付されることとなっている。

したがって，新株予約権に係る経済的利益（権利行使益）については，子会社からその役員に与えられた給付にあたり，G社は子会社の指図に基づき株式の交付を行っているにすぎず，子会社が権利行使益（退職所得）について，その支払者として源泉徴収義務を負うことになる。

ハ　特別徴収義務

分離課税の所得割は，所得税法30条1項に規定する退職手当等，すなわち，退職手当，一時恩給その他の退職により一時に受ける給与およびこれらの性質を有する給与を課税対象としている（地税23①六・292①六）。したがって，新株予約権に係る権利行使益については，所得税の場合と同じく，退職所得として課税され，子会社が特別徴収義務を負うこととなる。

(3)　法人成りにより支給を受ける小規模企業共済契約の一時金の所得区分

《照　会》

小規模企業共済契約（旧第一種共済契約）に基づく掛金を支払っていた個人事業者が法人成りし，その契約に基づく一時金の支給を受けた。この一

時金は，退職所得に該当するのか。なお，この個人事業者は，洋品小売業者であった。その事業に係る金銭以外の資産の出資をすることにより，個人事業を廃止し，同じ事業を営む法人を設立した。

《回　答》
　独立行政法人中小企業基盤整備機構から支給される小規模企業共済契約に基づく，一時金については，退職所得とされている（所税令72②三）。この一時金は，つぎの解約手当金に該当し，退職所得として課税されることとなる。ただし，65歳未満の共済契約者に支給されるものは，一時所得とされる。
　イ　掛金納付月数が6月以上である共済契約者が，事業を廃止した場合に支給される共済金
　ロ　個人たる小規模企業者としての地位において締結した共済契約に係る共済契約者が，その事業と同一の事業を営む会社を設立するため，その事業に係る金銭以外の資産の出資をすることにより事業を廃止した場合に，共済契約が解除されたものとみなされて支給される解約手当金
　ハ　共済契約者が65歳以上で，掛金納付月数180月以上の場合の共済金支給請求に基づき支給される共済金
　ニ　小規模企業共済法7条3項に規定する任意解除により，65歳以上の共済契約者に支給される解約手当金
　また，分離課税の所得割は，所得税法30条1項に規定する退職手当等，すなわち，退職手当，一時恩給その他の退職により一時に受ける給与およびこれらの性質を有する給与を課税対象としている（地税23①六・292①六）。したがって，小規模企業共済契約の一時金については，所得税で退職所得とされれば，個人住民税でも退職所得となり，所得税で一時所得とされれば，個人住民税でも一時所得となる。

第4章　公的年金等所得

chapter 4

　本章では，3つめの従属的労務提供の対価（公的年金等所得）についてみることにする。もともと，公的年金等所得は，給与所得とされていた。年金は，いわゆる「賃金の後払い」として捉えられ，また「老後の生活の糧」となるものであるからであった。しかしながら，支給される年金を給与所得とみなすのは実態にそぐわないし，さらに，税負担を軽減するため，昭和62年度の税制改正で雑所得に移行し，従来の給与所得控除や老年者年金特別控除に代えて，公的年金等控除というより有利な控除が認められ，公的年金等は給与所得より優遇されている。

第1節　公的年金等所得に係る源泉徴収の基本的なしくみ

　公的年金等所得に係る源泉徴収については，公的年金等の性質に即したしくみとなっている。公的年金等の受給者については，給与所得のような年末調整は行われず，生命保険料控除，地震保険料控除などは源泉徴収の段階で控除することはできない。そのため，源泉徴収された税額とその年に納付すべき税額との差額については，確定申告で精算することになる。もっとも，その年中の公的年金等の収入金額が400万円以下であり，かつ，その年分の公的年金等所得以外の所得金額が20万円以下である場合には，その年分の所得税について確定申告は要しない（いわゆる「20万円基準」，所税121③）。

1 公的年金の意義

公的年金制度は，一般に法令に基づいて，国やこれに準ずる公的主体が運営主体となる年金制度であり，社会全体で行う相互扶助の制度である。そのため，公的年金においては，社会の構成員全員の加入が義務付けられるとともに，その給付水準を確保するものでなければならない。現行の公的年金制度は，社会保険方式を採用しており，年金給付を受けるためには，原則として，事前に保険料を拠出しておくことが要件とされている。

(1) 公的年金の沿革

現在の公的年金制度と性格もしくみも類似し，その原型ともいえるのは，明治の終わりから大正にかけて，官業・民業の工場や事業所に従業員の相互扶助組織として作られた共済組合である。官業の共済組合は，まず明治38年に官営八幡製鉄所で作られ，明治40年には帝国鉄道庁で鉄道院共済組合が作られた。その後，大正にかけて，専売局，印刷局，造幣局などに相次いで共済組合が設立された。これらの共済組合は，当初，業務上の災害や事故による従業員の傷病または死亡の際に，補償や見舞金などを中心とした給付を行っていた。ところが，しだいに，業務外の私傷病に対する疾病給付や年金給付まで行うようになったのである[1]。

民間企業の被用者を対象とした年金制度は，昭和14年の船員保険法による船員の年金制度が最初である。昭和16年には，陸上労働者を対象とした労働者年金法―昭和18年に厚生年金保険法と改称―が制定された。厚生年金保険法は，昭和22年の労働保険法の制定に伴って，業務上災害による疾病・死亡給付を労働保険に移行するとともに，労災給付と競合する点についての調整を行うことになった。とはいえ，現代的な年金制度として社会保障のなかに位置

---

[1] ちなみに，日本の公的年金制度の始まりは，明治8年の海軍退隠令，翌9年の陸軍恩給令によってできた軍人恩給の制度である。その後，一般官吏に拡大され，教職員等にも恩給制度ができ，大正12年に制定された恩給法によって，これらの制度は統合された。恩給制度は，一定年限公務に従事して退役した軍人や官吏に対する国の恩恵的給与・報償的給付という性格を有し，厳密にいえば，社会保障制度としての現在の公的年金制度とは性格が異なる。

付けられてくるのは，特に，厚生年金保険法の全面改正が行われた昭和29年以降である。また，この頃から，国民皆年金政策が着手され，昭和34年に国民年金法が制定された。

昭和36年4月1日の拠出制国民年金の保険料徴収開始によって，国民皆年金体制が実現した。この体制は，当時の8つの公的年金制度—厚生年金保険，船員保険，国家公務員共済組合，地方公務員等共済組合，公共企業体職員等共済組合，私立学校教職員共済組合，農林漁業団体共済組合，国民年金—によるタテ割り分立方式で確立されたものであり，各制度間の連絡は，通算年金通則法の定めた，いわゆる「数珠つなぎ方式」で行われた。その後，昭和50年代以降，公的年金制度の抜本的改革が問題となり，いくつかの基本的な考え方が示されたものの，実現には至らなかった[2]。

(2) 現在の公的年金制度

そのなかで，昭和52年の社会保障制度審議会の提案から2年後，厚生省（現厚生労働省）の年金制度基本懇談会は，『わが国の年金制度の改革の方向—長期的な均衡と安定を求めて—』（昭和54年4月）において，「現行の個別制度の分立を前提として，個々の制度ごとに横断的にバランスのとれた給付体系を整備し，さらに，一定の基準のもとに，制度間で財政調整を行うことにより，漸進的に基礎年金構想を目指す目的と同様のものを達成していくことが適切である」と提言した[3]。

つまり，国民年金，厚生年金，共済年金の各制度を引き続き分立したままにして，新たに基礎年金勘定という特別会計を設け，そこに各制度が給付財源を持ち寄ることにより，あたかも基礎年金があるかのような体裁をとることにしたのである。基礎年金という給付は一元化するものの，負担は分立したままという二面性をもつ。こうした体裁だけの手法であっても，当時の公的年金が抱

---

2) たとえば，社会保障長期計画懇談会『今後の社会保障のあり方について』（昭和50年12月），社会保障制度審議会『皆年金下の新年金体系』（昭和52年12月）などである。

3) 年金制度基本懇談会『わが国の年金制度の改革の方向—長期的な均衡と安定を求めて—』11頁（1979年）。

図表9　公的年金制度の体系

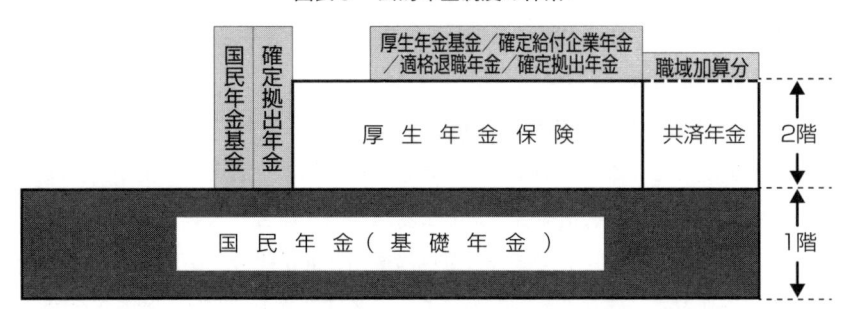

国民年金基金	確定拠出年金	厚生年金基金／確定給付企業年金／適格退職年金／確定拠出年金	職域加算分	
		厚生年金保険	共済年金	2階
国民年金（基礎年金）				1階

（出所）　第14回社会保障審議会年金部会「資料3―3参考資料―平成21年財政検証関連―」（平成21年2月）に基づき，筆者が作成。

えていた制度の分立に起因する諸問題のいくつかには応えることができると判断したのであろう[4]。昭和60年の改正以後，今日まで20年以上，この制度体系は続いている。

　日本の年金制度は，現在，全国民に共通した国民年金（基礎年金）を基礎に，国民年金の上乗せとして報酬比例の年金を支給する被用者年金―厚生年金，共済年金―そして企業年金―厚生年金基金，適格退職年金，確定拠出年金，確定給付企業年金―の3階建ての体系となっており，民間の被用者には，企業年金に加入している者も多くみられる[5]。

　年金給付は，原則として65歳から，基礎年金部分（1階部分）が国民年金（基礎年金勘定）から支給される。1階部分は，昭和61年の基礎年金制度導入前の制度で受給権を得た者については各制度から給付され，その費用として基礎年金交付金が各制度に交付される。厚生年金では，報酬比例部分（2階部分）および加給部分が支給される。また，共済年金は，厚生年金相当の給付のほかに，職域年金部分がある。被用者年金各制度の保険料率は，制度により若干の

4）　西沢和彦『年金制度は誰のものか』9頁（日本経済新聞社出版会，2008年）。
5）　職域年金部分は，基礎年金という公的年金全制度共通の給付が整備された昭和61年度以降，共済年金も厚生年金と同様の算定方式となった際，共済年金の設立の趣旨や特性などを考慮し，設けられた加算分である。

違いがみられる。これは，各制度の被保険者や受給者の状況，制度の成熟状況，これまでの財政運営の違いの結果である[6]。

(3) 年金課税のあり方

年金課税のあり方については，しばしば政府税調で議論されてきた。政府税調は，『少子・高齢社会における税制のあり方』（平成15年6月）において，「少子・高齢社会においては，現役世代の活力を維持する方向で改革を進めることが重要である。したがって，年金課税の見直しについては，年金収入のみで生計を立てる低所得者の取扱いについて十分配慮した上で，給付段階での優遇措置の適正化に取り組むべきである。公的年金収入を課税ベースに取り込み，担税力のある高齢者に現役世代と同じように，能力に応じた負担を適切に求めていくことは，高齢者間のみならず世代間の公平にも資することとなろう」と提言した[7]。

これを受けて，平成16年度の税制改正では，世代間・高齢者間の税負担の公平を確保する観点から，年齢65歳以上の者に対して公的年金等控除を上乗せされている措置と，老年者控除が廃止された[8]。また，平成19年の政府税調の答申でも，「少子高齢化に伴い，年金を受給しつつ就労の機会を持つ者が増加してきており，年金以外に高額な給与を得ているケースも見受けられる。このような場合については，現行の公的年金等控除について，世代間・世代内の公平性の観点から適正化を図ること」が提言されている[9]。

かくして，年金課税のあり方については，年金掛金の拠出から給付までを長期的に捉え，①掛金の拠出，②掛金の積立金としての運用，③年金の給付のそれぞれの段階で課税を考える必要がある。すなわち，最大の課題は，拠出段階—拠出時課税，運用時・給付時非課税のＴＥＥ型の課税方式—か，給付段階—拠出時・運用時非課税，給付時課税のＥＥＴ型の課税方式—の，いずれで課税

---

6) 社会保障審議会年金数理部会『平成16年財政再計算に基づく公的年金制度の財政検証』2頁（2006年）。
7) 税制調査会『少子・高齢社会における税制のあり方』5頁（2003年）。
8) 財務省『平成16年度税制改正の大綱』8頁（2003年）。
9) 税制調査会『抜本的な税制改革に向けた基本的考え方』14頁（2007年）。

するのかということである。

　包括的所得税の考え方に立脚すれば，年金受給者は年金受給権によるその価値増加分に毎年課税され，事業主拠出の掛金についても，従業員が受ける経済的利益として課税すべきことになる。これに対して，支出税の考え方に立脚すれば，拠出時・運用時に課税されず，給付時に課税されることになる[10]。もっとも，長期間の生涯所得を対象とする年金は，一定期間における純資産の増加を前提とする包括的所得概念になじみにくいことが指摘されている[11]。また，カナダ，ドイツおよびオランダなど，ＯＥＣＤ加盟国の多くは，ＥＥＴ型の課税方式をとっている。

2　公的年金等に係る所得

　公的年金等に係る所得は，従来，給与所得とされていた。ところが，昭和63年分以後の所得税については，公的年金等に係る所得は雑所得とし，給与所得控除および老年者年金特別控除に代えて，新たに公的年金等控除制度が設けられた。雑所得として課税される年金は，本来の給与としての性質を有するものとそれ以外のものから構成され，後者の範囲が拡大されてきた経緯がある。

（1）　公的年金等の課税方法

　公的年金等の課税は，拠出時に社会保険料控除，給付時に公的年金等控除といった2つの控除が適用されることで，実質的に非課税に近い状態となっている。つまり，原則的には，ＥＥＴ型の課税方式をとりながら，給付時課税が必ずしも徹底されていない。公的年金等所得金額は，その年中の公的年金等の収入金額から公的年金等控除額を差し引いた残額である（所税35②）。

《算　式》

　　公的年金等所得金額＝公的年金等の収入金額－公的年金等控除額

---

[10]　宮本十至子「年金と課税方式について―公的年金等の課税を中心に―」税大ジャーナル15号18〜19頁（2010年）。

[11]　水野忠恒『所得税の制度と理論―「租税法と私法」論の再検討―』312頁（有斐閣，2006年）。

雑所得については，原則として，収入金額から必要経費を控除した残額が雑所得金額とされている。ところが，公的年金等については，経済的稼得力が減退する局面にある者の生計手段とするために給付されることなどを考慮して，通常の雑所得とは異なった所得計算の方法が採用されている。具体的な課税にあたっては，まず年間の年金受給額から公的年金等控除額を差し引いて，さらに各種の所得控除を行った後の課税所得金額に対して税率を乗じて計算される。

もっとも，公的年金等所得は，事業主拠出，被用者拠出，運用益および税といった要素から構成される。そのことにかんがみれば，原資と所得類型の関係も考慮しつつ，公的年金等控除のあり方を見直すべきである。公的年金等控除の適正化については，給与所得控除や人的控除との関係も検討する必要がある。高齢者に対する生活配慮が必要であれば，公的年金等控除と切り離して，老齢者控除等の人的控除で調整が図られることも再考すべきであろう[12]。

(2) 公的年金等の範囲

ところで，公的年金等とは，つぎに掲げる年金をいう（所税35③，所税令82の2）。

　イ　国民年金法の規定に基づく年金

　ロ　厚生年金保険法の規定に基づく年金

　ハ　国家公務員共済組合法の規定に基づく年金

---

[12] 宮本・前掲注10) 27頁。そこでは，「国際的な流れからしても，少なくともＥＴＴ（型の）課税方式をベースとした給付時課税を徹底する方向に進むことが望ましい」と述べている。これに対して，森信茂樹教授は，「ＥＥＴ型（の課税方式）は，将来年金を受け取る際には，基本的に勤労所得がなく，適用税率が低いので，積立時の税制優遇である所得控除の方が優れているということがあるが，新たな所得控除を設けることは，税制当局の理解を得にくく，また，所得控除は高所得者ほど有利になるので，高所得者優遇と非難されるという問題がある。さらには，給付時にも非課税にする（たとえば公的年金等控除の適用を拡大する）という圧力にさらされがちであるという問題がある。そこで，新たな個人型年金積立金非課税制度―国民が国や企業に依存するのではなく，自助努力で資産形成することを税制面から支援する制度―を導入するには，ＴＥＥ型の課税方式とすることが望ましい」と指摘している（森信茂樹＝河本敏夫「『日本版ＩＲＡ』（個人型年金積立金非課税制度）導入の提言」ファンドマネジメント65号28頁（2011年））。

ニ 地方公務員等共済組合法の規定に基づく年金

ホ 私立学校教職員共済法の規定に基づく年金

ヘ 独立行政法人農業者年金基金法の規定に基づく年金

ト 旧船員保険法の規定に基づく年金

チ 指定共済組合が支給する年金

リ 旧令共済退職年金

ヌ 廃止前の農林漁業団体職員共済組合法の規定に基づく年金

ル 石炭鉱業者年金

ヲ 恩給（一時恩給を除く）および過去の勤務に基づき使用者であった者から支給される年金

ワ 廃止前の国会議員互助年金法に規定する普通退職年金

カ 地方公務員の退職年金に関する条例の規定による退職を給付事由とする年金

ヨ 確定給付企業年金法の規定に基づく年金

タ 特定退職金共済団体の支給する年金[13]

レ 外国年金

ソ 中小企業退職金共済法12条1項に規定する分割払の方法により支給される分割退職金

ツ 小規模企業共済法に規定する共済契約に基づく分割共済金

ネ 適格退職年金契約に基づき支給を受ける退職年金[14]

13) 特定退職金共済団体とは，退職金共済事業を行う市町村，商工会議所，商工会，商工会連合会，都道府県中小企業団体中央会，退職金共済事業を主たる目的とする一般社団法人または一般財団法人その他財務大臣の指定するこれらに準ずる法人で，その行う退職金共済事業につき一定の要件を備えているものとして，税務署長の承認を受けたものをいう（所税令73）。

14) 適格退職年金契約とは，退職年金に関する信託，生命保険または生命共済の契約で，その契約に係る掛金または保険料および給付の額が適正な年金数理に基づいて算定されていること，その他の政令で定める要件を備えたものとして国税庁長官の承認を受けたものをいう（法税附則20③，法税令附則16）。なお，不適格退職年金契約に基づき支給を受ける退職年金は，公的年金等以外の雑所得に係る収入金額とされる（所税令82の2④）。

ナ　確定拠出年金法4条3項に規定する企業型年金規約，または同法56条3項に規定する個人型年金規約に掲げる老齢給付金として支給される年金

　もっとも，年金として支給されるすべてのものが雑所得として課税の対象となるのではなく，各種の政策的見地から，所得税法9条1項3号（非課税所得）や，それぞれの法律において非課税措置が講じられている。たとえば，国民年金法の規定に基づく年金のうち，老齢基礎年金および付加年金は雑所得として課税され，障害者基礎年金，遺族基礎年金および寡婦年金は非課税とされる（国年15・25）。また，厚生年金保険法の規定に基づく年金のうち，老齢厚生年金は雑所得として課税され，障害者厚生年金および遺族厚生年金は非課税とされている（厚年32・41②）。

(3)　公的年金等控除制度

　公的年金等所得金額の計算上控除する公的年金等控除額は，受給者の年齢が65歳以上か65歳未満かで区別して，それぞれ公的年金等の収入金額に応じて，つぎに掲げる控除額である。なお，受給者の年齢が65歳以上であるかどうかの判定は，その年の12月31日―その者が年の中途において死亡し，または出国をする場合には，その死亡または出国のとき―の年齢による（所税35④，税特措41の15の3）。

　イ　65歳以上の受給者

　　(イ)　公的年金等の収入金額が330万円以下の場合

　　　公的年金等控除額＝120万円

　　(ロ)　公的年金等の収入金額が330万円を超え410万円以下の場合

　　　公的年金等控除額＝公的年金等の収入金額×25％＋37万5,000円

　　(ハ)　公的年金等の収入金額が410万円を超え770万円以下の場合

　　　公的年金等控除額＝公的年金等の収入金額×15％＋78万5,000円

　　(ニ)　公的年金等の収入金額が770万円を超える場合

　　　公的年金等控除額＝公的年金等の収入金額×5％＋155万5,000円

　ロ　65歳未満の受給者

　　(イ)　公的年金等の収入金額が130万円以下の場合

公的年金等控除額＝70万円

(ロ) 公的年金等の収入金額が130万円を超え410万円以下の場合

公的年金等控除額＝公的年金等の収入金額×25％＋37万5,000円

(ハ) 公的年金等の収入金額が410万円を超え770万円以下の場合

公的年金等控除額＝公的年金等の収入金額×15％＋78万5,000円

(ニ) 公的年金等の収入金額が770万円を超える場合

公的年金等控除額＝公的年金等の収入金額×5％＋155万5,000円

(4) 公的年金等の収入すべき時期

　公的年金等の収入すべき時期は，原則として，公的年金等の支給の基礎となる法令，契約，規程または規約（法令等）により定められた支給日である（所基通36―14(1)イ）。もっとも，法令等の改正・改訂が，既往にさかのぼって実施されたため，既往の期間に対応して支払われる新旧公的年金等の差額で，その支給日が定められているものについては，その支給日，その日が定められていないものについては，その改正・改訂の効力が生じた日となる（所基通36―14(1)ロ）。

　裁定・改定などの遅延や誤びゅうなどにより，既往にさかのぼって支払われる公的年金等については，法令等により定められた当該公的年金等の計算の対象とされた期間に係る各々の支給日による（所基通36―14(1)ロ(注)）。したがって，前年分以前の期間に対応する年金が一時に支給された場合は，その支給額の計算の対象とされた期間に係るそれぞれの支払期月の公的年金等として，税額の計算を行うことになる[15]（所基通203の3―2(2)）。

3　公的年金等に対する源泉徴収税額

　公的年金等の支払を受けるときは，原則として，収入金額からその年金に応じて定められている一定の控除額を差し引いた額に5％を乗じた金額が源泉徴

---

[15] 　なお，公的年金等の控除額は，当該公的年金等の収入すべき日において提出されている公的年金等の受給者の扶養親族等申告書に基づいて計算する（所基通203の3―2(2)イ）。

収される（所税203の3）。具体的には，つぎの方法で徴収される。

（1） 源泉徴収義務

居住者に対して国内において公的年金等の支払をする者は，その支払の際，その公的年金等について所得税を徴収し，その徴収の日の属する月の翌月10日までに，これを国に納付しなければならない（所税203の2）。ただし，その年最初に公的年金等の支払を受けるべき日の前日の現況において，その年中に支払を受けるべき当該公的年金等の額が，65歳以上の受給者の場合は158万円，65歳未満の受給者の場合は108万円に満たないときは，源泉徴収を要しない（所税203の6，所税令319の12）。

公的年金等の支払者は，公的年金等の支払の都度，原則として，その支払明細書を公的年金等の受給者に交付しなければならない（所税231①，所税則100）。もし仮に，公的年金等の支払を受ける者に支払明細書を交付しなかったり，偽りの記載をして交付したりした場合は，1年以下の懲役または50万円以下の罰金に処すこととされている（所税242①七）。

そしてまた，その年において支払の確定した公的年金等について，その公的年金等の支払を受ける者の各人別に源泉徴収票2通を作成し，1通を翌年1月31日までに税務署長に提出し，他の1通を公的年金等の受給者に交付しなければならない（所税226③，所税則94の2①）。もっとも，その年中の公的年金等の支払金額が，扶養親族等申告書の提出対象となる公的年金等である場合は60万円以下，それ以外の場合は30万円以下であるときは，源泉徴収票は，税務署長に提出することを要しない（所税則94の2②）。

（2） 源泉徴収税額の計算

公的年金等の受給者は，その公的年金等の支払者から毎年最初に公的年金等の支払を受ける日の前日までに，受給者が障害者に該当するか，控除対象配偶者や扶養親族があるか，などの源泉徴収に関し必要な事項を記載した申告書を当該公的年金等の支払者を経由して，源泉徴収に係る所得税の納税地の所轄税務署長に提出しなければならない[16]（所税203の5①）。公的年金等の受給者の扶養親族等申告書に記載された事項をもとにして，その受給者に支払う公的年

金等に対する源泉徴収税額が計算されることになる。

したがって，源泉徴収税額は，公的年金等の受給者の扶養親族等申告書の提出の有無により異なる。公的年金等の受給者の扶養親族等申告書の提出がある場合は，公的年金等の支給額から，その年金に応じて定められている一定の控除額を差し引いた残額に５％の税率を乗じて計算する。一方，公的年金等の受給者の扶養親族等申告書の提出がない場合は，公的年金等の支給額から，その年金に応じて定められている一定の控除額を差し引いた残額に10％の税率を

図表10　源泉徴収の段階で受けられる諸控除

所得控除の種類	公的年金等受給者	給与等受給者
雑損控除	—	—
医療費控除	—	—
社会保険料控除	○	○
小規模企業共済等掛金控除	—	△
生命保険料控除	—	△
地震保険料控除	—	△
寄附金控除	—	—
障害者控除	○	○
寡婦（寡夫）控除	○	○
勤労学生控除	—	○
配偶者控除	○	○
配偶者特別控除	—	△
扶養控除	○	○
基礎控除	○	○

（注）1　○は，源泉徴収の段階で受けられる控除である。
　　　2　△は，年末調整の段階で受けられる控除である。
（出所）所得税法72条〜86条などに基づき，筆者が作成。

16)　もちろん，障害者に該当しない者や，控除対象配偶者等のない者も，公的年金等の受給者の扶養親族等申告書を提出する必要がある。この申告書を提出しなければ，源泉徴収の段階で受けられる諸控除が受けられないことになる。

適用して源泉徴収税額を計算する[17]（所税203の3）。

　イ　公的年金等の受給者の扶養親族等申告書の提出がある場合

　　（公的年金等の支給額－控除額）×5％＝源泉徴収税額（1円未満切捨て）

　ロ　公的年金等の受給者の扶養親族等申告書の提出がない場合

　　（公的年金等の支給額－控除額）×10％＝源泉徴収税額（1円未満切捨て）

（3）　控除額の計算

　公的年金等の支給額から控除される金額は，公的年金等の受給者の扶養親族等申告書の提出の有無により，つぎの算式により計算される[18]（所税203の3，税特措41の15の3）。

　イ　公的年金等の受給者の扶養親族等申告書の提出がある場合

　　（基礎的控除額＋人的控除額－控除調整額）×月数＝控除額

　　　　　　　　　　　　　　　　　　　　　　　　（1円未満切上げ）

　ロ　公的年金等の受給者の扶養親族等申告書の提出がない場合

　　公的年金等の支給額×25％＝控除額（1円未満切上げ）

　なお，2以上の公的年金等の支払者から公的年金等の支給を受けている場合には，それぞれの公的年金等の支払者に対して，公的年金等の受給者の扶養親族等申告書を提出することができる。その結果，源泉徴収税額がその受給者に係る公的年金等の額を合計して計算した所得税額に不足するときは，確定申告で不足額を納付することになる（所税120）。また，公的年金等は，源泉徴収の段階では生命保険料控除や地震保険料控除などが織り込まれておらず，給与所得と違って年末調整の対象とならないことから，源泉徴収された税額とその年

---

17)　なお，公的年金等の支払の際に控除される社会保険料がある場合は，その社会保険料を控除した残額を公的年金等の支給額とみなし，その残額がないときは，その公的年金等の支払がなかったものとみなす（所税203の4一）。

18)　ただし，確定給付企業年金，特定退職金共済制度に基づく年金，中小企業退職金共済法に規定する分割退職金，小規模企業共済法に規定する分割共済金，適格退職年金，確定拠出年金法に規定する年金，外国の制度に基づく年金，石炭鉱業年金基金法に規定する年金，過去の勤務に基づき使用者であった者から支給される年金については，公的年金等の受給者の扶養親族等申告書を提出することができない（所税令319の9）。

に納付すべき税額との差額については，確定申告で精算することとなる。
（4） 基礎的控除額

基礎的控除額は，受給者の年齢が65歳以上か65歳未満かで区別して，それぞれ公的年金等の支給額の月額に応じて，つぎに掲げる控除額である（所税203の3一イ，税特措41の15の3②）。ここで，公的年金等の支給額の月額とは，公的年金等の金額をその公的年金等の金額に係る月数で除して計算した金額をいい，その計算した金額が4円の整数倍でないときは，当該金額を超える4円の整数倍である金額のうち最も少ない金額を当該計算した金額がその月額とされる（所税令319の5・319の7①）。

イ 65歳以上の受給者
  (イ) 公的年金等の支給額の月額が28万円以下の場合
    基礎的控除額＝13万5,000円
  (ロ) 公的年金等の支給額の月額が28万円を超える場合
    基礎的控除額＝公的年金等の支給額の月額×25％＋6万5,000円
ロ 65歳未満の受給者
  (イ) 公的年金等の支給額の月額が10万円以下の場合
    基礎的控除額＝9万円
  (ロ) 公的年金等の支給額の月額が10万円を超える場合
    基礎的控除額＝公的年金等の支給額の月額×25％＋6万5,000円

（5） 人的控除額

受給者が障害者に該当する場合や，受給者に控除対象配偶者または扶養親族などがある場合は，それぞれつぎの方法により求めた金額の合計額が控除される（所税203の3一）。

イ 障害者に該当する場合
  (イ) 一般の障害者は，2万2,500円
  (ロ) 特別障害者は，3万5,000円
ロ 寡婦・寡夫に該当する場合
  (イ) 一般の寡婦は，2万2,500円

第4章　公的年金等所得

　　(ロ)　寡夫は，2万2,500円
　　(ハ)　特別の寡婦は，3万円
　ハ　控除対象配偶者がある場合
　　(イ)　一般の控除対象配偶者は，3万2,500円
　　(ロ)　老人控除対象配偶者は，4万円
　ニ　扶養親族がある場合
　　(イ)　一般の扶養親族は，1人につき3万2,500円
　　(ロ)　老人扶養親族は，1人につき4万円
　　(ハ)　特別扶養親族は，1人につき5万2,500円
　ホ　控除対象配偶者・扶養親族のうちに障害者がある場合
　　(イ)　一般の障害者は，1人につき2万2,500円
　　(ロ)　特別障害者は，1人につき3万5,000円
　　(ハ)　同居特別障害者は，1人につき6万2,500円

(6)　控除調整額

　たとえば，厚生年金についてみると，基礎的な年金（老齢厚生年金）制度のほかに，厚生年金基金または企業年金連合会が支給する年金制度がある。これを受給者からみると，1階部分としての基礎的な年金と，2階部分としての厚生年金基金または企業年金連合会からの給付を受けることになる。このような2階部分の公的年金等の場合には，公的年金等の控除から，それぞれつぎの算式により求めた控除調整額を控除することになる[19]（所税203の3二，所税令319

---

19)　ちなみに，公的年金等を併給する場合は，原則として，2以上の公的年金等の金額の合計額を基礎として公的年金等の金額および当該公的年金等に係る控除額の計算を行う。ただし，2以上の公的年金等が，それぞれ異なる法律に基づくもので，かつ，当該2以上の公的年金等が相互に関連または補完関係を有しないことなどにより，支払に関する事務および支払がそれぞれ別に行われている場合には，当該2以上の公的年金等の別に計算を行う。もっとも，一の受給者に支給する種類の異なる2以上の公的年金等が，所得税法203条の3第1号に掲げる1階部分の公的年金等と同条2号に掲げる2階部分の公的年金等に該当するときは，上記により計算した公的年金等の金額の合計額が，1階部分の公的年金等の金額として，控除額の計算を行うことになる（所基通203の3－1）。

の6）。

- イ　厚生年金基金または企業年金連合会からの老齢年金
  控除調整額＝7万2,500円×老齢年金給付の金額に係る月数
- ロ　国家公務員共済組合法72条1項1号に掲げる退職共済年金
  控除調整額＝4万7,500円×退職共済年金給付の金額に係る月数
- ハ　地方公務員等共済組合法74条1号に掲げる退職共済年金
  控除調整額＝4万7,500円×退職共済年金給付の金額に係る月数
- ニ　私立学校教職員共済法20条2項1号に掲げる退職共済年金
  控除調整額＝4万7,500円×退職共済年金給付の金額に係る月数
- ホ　独立行政法人農業者年金基金法18条1号および旧農業者年金基金法32条2号に掲げる農業者老齢年金
  控除調整額＝4万7,500円×農業者老齢年金給付の金額に係る月数
- ヘ　国民年金法128条1項または137条の15第1項に規定する年金
  控除調整額＝4万7,500円×国民年金給付の金額に係る月数
- ト　厚生年金保険制度及び農林漁業団体職員共済組合制度の統合を図るための農林漁業団体職員共済組合法等を廃止する等の法律附則25条4項に規定する特例年金
  - (イ)　厚生年金保険法42条により支給される老齢厚生年金または農林漁業団体職員共済組合法19条1号に掲げる退職共済年金の受給者である場合
    つぎの①と②のうち，いずれか少ない金額が，控除調整額となる。
    - ①　特例年金給付の月額×75％＋4万7,500円
    - ②　（基礎的控除額＋人的控除額）－特例年金給付の月額×25％
  - (ロ)　厚生年金保険法附則8条により支給される老齢厚生年金もしくは国民年金法等の一部を改正する法律附則63条1項により支給される老齢年金，または，財務省令で定める退職共済年金もしくは旧制度農林共済法19条1号に掲げる退職給付である年金の受給者である場合
    つぎの①と②のいずれか少ない金額が，控除調整額となる。

① 特例年金給付の月額×75％＋4万7,500円
② （基礎的控除額＋人的控除額）－特例年金給付の月額×25％

4 非居住者に支払う公的年金等

　非居住者が，国内の源泉から生ずる所得（国内源泉所得）を有する場合には，その国内源泉所得について納税の義務を負い，国内に支店等の事業上の拠点（恒久的施設）を有するか否かによって課税方式が異なる（所税164）。ここで，非居住者とは，国内に住所も1年以上の居所も有しない個人をいう（所税2①五）。

（1）　国内法の取扱い

　非居住者に対して支払う退職年金（公的年金等）については，国内において行った勤務に基因する部分にかぎらず，支払われる金額のすべてが源泉徴収の対象になる（所税161八ロ，所税令285②）。公的年金等の支払をする者は，その支払の際，その公的年金等について所得税を徴収し，その徴収の日の属する月の翌月10日までに，これを国に納付しなければならない。源泉徴収税額は，公的年金等の支給額から一定金額を控除した残額の20％となる（所税212①，213①一イ）。

《算　式》
　（公的年金等の支給額－控除額）×20％＝源泉徴収税額（1円未満切捨て）

　なお，公的年金等の支給額から控除する金額は，受給者の年齢が65歳以上か65歳未満かで区別して，つぎの算式により求めた控除額である（所税213①一イ，税特措41の15の3③）。

　イ　65歳以上の受給者
　　　控除額＝10万円×退職年金給付の金額に係る月数
　ロ　65歳未満の受給者
　　　控除額＝6万円×退職年金給付の金額に係る月数

　また，生命保険契約・生命共済に係る契約，退職共済契約，退職年金に関する信託，生命保険・生命共済の契約，確定給付企業年金に係る規約，小規模企

業共済制度の共済契約，企業型年金規約・個人型年金規約，損害保険会社・外国損害保険会社等と締結した損害保険契約などに基づく年金等は，国内源泉所得に該当するので，日本において20％の税率により源泉徴収される（所税161⑩，所税令287）。この年金等には，年金の支払の開始の日以後に，当該年金に係る契約に基づき分配を受ける剰余金，または割戻金および年金に代えて支給される一時金も含まれる。

（２） 租税条約の取扱い

このように，非居住者が受ける公的年金は，国内源泉所得とされ，その支払金額から所定の控除額を差し引いた残額に20％の税率を乗じて求めた金額が源泉徴収される（所税213①）。また，支払を受ける非居住者等の居住地国と日本との間に租税条約が締結されている場合には，その条約で定められている税率（限度税率）に軽減されることになる（租税条約特例3の2）。

日本が締結している租税条約の多くは，ＯＥＣＤモデル条約に準拠し，公的年金等について，居住地国課税・源泉地国免税を規定している。そしてまた，退職金共済に基づく年金等の場合も，別段の定めがない所得について，受益者の居住地国のみが課税権を有することとし，源泉地国では課税しないものとしている。したがって，租税条約に関する届出書を提出することにより，日本における課税が免除される場合がある（租税条約特例令5①）。

また仮に，源泉徴収の対象となる国内源泉所得の支払を受ける非居住者が，租税条約に関する届出書を支払者の納税地の所轄税務署長に提出していない場合には，支払者が，その支払の際，国内法の規定により源泉徴収をすることになる。ただし，後日，租税条約に関する届出書とともに，租税条約に関する源泉徴収税額の還付請求書を，支払者を通じて，当該支払者の納税地の所轄税務署長へ提出することで，免除の適用を受けた場合の源泉徴収税額と，国内法の規定による税率により源泉徴収された所得税額との差額について，還付を請求することができる（租税条約特例令5③）。

第4章　公的年金等所得

図表11　租税条約の年金等の取扱い

相手国	年金等	相手国	年金等
アイルランド	居住地課税	チェコ	居住地課税
アゼルバイジャン	居住地課税	中国	源泉地国でも課税
アメリカ	居住地課税	デンマーク	居住地課税
アルメニア	居住地課税	ドイツ	居住地課税
イギリス	居住地課税	トルクメニスタン	居住地課税
イスラエル	源泉地国でも課税	トルコ	源泉地国でも課税
イタリア	居住地課税	ニュージーランド	―
インド	源泉地国でも課税	ノルウェー	源泉地国でも課税
インドネシア	居住地課税	パキスタン	―
ウクライナ	居住地課税	ハンガリー	居住地課税
ウズベキスタン	居住地課税	バングラデシュ	源泉地国でも課税
エジプト	―	フィジー	居住地課税
オーストラリア	居住地課税	フィリピン	居住地課税
オーストリア	―	フィンランド	居住地課税
オランダ	居住地課税	ブラジル	居住地課税
カナダ	源泉地国でも課税	フランス	居住地課税
韓国	居住地課税	ブルガリア	源泉地国でも課税
キルギス	居住地課税	ベトナム	居住地課税
グルジア	居住地課税	ベラルーン	居住地課税
ザンビア	居住地課税	ベルギー	居住地課税
シンガポール	居住地課税	ポーランド	居住地課税
スイス	居住地課税	マレーシア	源泉地国でも課税
スウェーデン	源泉地国でも課税	南アフリカ	源泉地国でも課税
スペイン	居住地課税	メキシコ	源泉地国でも課税
スリランカ	―	モルドバ	居住地課税
スロバキア	居住地課税	ルクセンブルク	源泉地国でも課税
タイ	源泉地国でも課税	ルーマニア	居住地課税
タジキスタン	居住地課税	ロシア	居住地課税

（出所）　日米租税条約17条・日英租税条約21条・日印租税条約22条・日中租税条約22条・日独租税条約22条・日仏租税条約22条などに基づき，筆者が作成。

第2節　公的年金等からの特別徴収制度

　このように，所得税においては，一定の場合，公的年金等所得は源泉徴収のみで課税関係を完了させることができる（所税121③・203の2）。他方で，公的年金等受給者は，年4回，役所・役場や金融機関などの窓口で，個人住民税を納めなければならなかった。そこで，公的年金等所得に係る個人住民税についても，公的年金等受給者の納税の便宜や市町村の徴収の効率化を図るため，特別徴収制度が導入されたのである。

1　公的年金等からの天引き

　高齢社会の進展に伴い，公的年金を受給する高齢者が増加するとともに，老年者控除等の見直しや，税源移譲等が行われたことなどを背景として，与党の税制改正大綱においても，平成17年度以降，公的年金等からの天引きについて「公的年金等受給者の納税の便宜や徴収の効率化を図る観点から，個人住民税における公的年金等からの特別徴収について，関係省庁において導入に向けて早急に検討を進める」と述べ，公的年金等からの特別徴収制度の導入を検討事項としていた[20]。

　公的年金等からの天引きの対象については，従来から所得税について源泉徴収が行われていたほか，介護保険制度が創設された平成12年4月以降，介護保険料について特別徴収が行われてきた。また，平成20年4月からは，国民健康保険制度に係る保険料・保険税や後期高齢者医療制度に係る保険料についても，公的年金等からの特別徴収が行われている。こうした状況のもと，平成20年度の税制改正によって，公的年金等所得に係る個人住民税についても，特別徴収の方法によって徴収するという，新たな特別徴収制度が創設されたのである。

　この特別徴収制度は，平成21年度以後の個人住民税について適用される（地税附則8④）。平成21年度分の個人住民税については，適用最初の年度である

---

20)　自由民主党＝公明党『平成18年度税制改正大綱』63頁（2009年）。

第4章　公的年金等所得

図表12　介護保険，国保健康保険及び後期高齢者医療制度の特別徴収

事　項	介護保険制度	国民健康保険制度	後期高齢者医療制度
対　象　者	65歳以上の第1号被保険者で，年額18万円以上の年金受給者	世帯内の国保被保険者全員が65歳以上75歳未満の世帯の世帯主で，年額18万円以上の年金受給者	75歳以上の被保険者及び65歳以上75歳未満の寝たきり等の被保険者のうち，年額18万円以上の年金受給者
対　象　年　金	老齢・退職年金，障害年金及び遺族年金	老齢・退職年金，障害年金及び遺族年金	老齢・退職年金，障害年金及び遺族年金
特別徴収者	老齢等年金給付の支払をする年金保険者	老齢等年金給付の支払をする年金保険者	老齢等年金給付の支払をする年金保険者
徴　収　時　期	本徴収 10月，12月，2月の年金定期支払時 仮徴収 4月，6月，8月の年金定期支払時	本徴収 10月，12月，2月の年金定期支払時 仮徴収 4月，6月，8月の年金定期支払時	本徴収 10月，12月，2月の年金定期支払時 仮徴収 4月，6月，8月の年金定期支払時
徴　収　額	本徴収 市町村からの当初依頼額 仮徴収 2月の本徴収額と同額	本徴収 市町村からの当初依頼額 仮徴収 2月の本徴収額と同額	本徴収 市町村からの当初依頼額 仮徴収 2月の本徴収額と同額

（注）1　ただし，介護保険料と国民健康保険料・保険税の合算額が年金受給額の2分の1を超える場合は，国民健康保険料・保険税は特別徴収の対象外とされ，介護保険料と後期高齢者医療保険料の合算額が年金受給額の2分の1を超える場合は，後期高齢者医療保険料は特別徴収の対象とされない。
　　　2　仮徴収の徴収額のうち，6月分及び8月分については，市町村の依頼により各制度の徴収額の変更ができる。
（出所）　厚生労働省介護保険課・国民健康保険課・高齢者医療制度施行準備室『介護，国保，後期高齢における保険料（税）の特別徴収について』3～10頁（2007年）に基づき，筆者が作成。

ので仮徴収が行われず，仮徴収分に相当する税額は普通徴収の方法によって徴収される。したがって，本徴収のみとなり，平成21年10月1日以後に支払われる老齢等年金給付から特別徴収が行われている（地税321の7の2①）。

2 特別徴収の対象

公的年金等からの特別徴収制度においては，65歳以上の公的年金等受給者が対象とされている。一方，65歳未満の給与所得者の公的年金等所得に係る所得割額については，市町村は，条例の定めるところにより，給与所得に係る特別徴収額に加算して徴収することができる[21]（地税321の3②・④）。

(1) 対　象　者

公的年金等所得に係る特別徴収の対象となるのは，個人住民税の納税義務者のうち，前年中に公的年金等の支払を受けた者であり，かつ，当該年度の初日において老齢等年金給付の支払を受けている年齢が65歳以上の者で，つぎに掲げる者以外の者（特別徴収対象年金所得者）である（地税321の7の2①・地税令48の9の11③）。

- イ　当該年度の初日の属する年の1月1日以後引き続き当該市町村の区域内に住所を有する者でない者
- ロ　当該年度分の老齢等年金給付の年額が18万円未満である者その他の当該市町村の行う介護保険の介護保険法135条5項に規定する特別徴収対象被保険者でない者
- ハ　特別徴収の方法によって徴収することとした場合には，当該年度において当該老齢等年金給付の支払を受けないこととなると認められる者
- ニ　特別徴収の方法によって徴収することが著しく困難であると市町村長が認める者

---

[21]　ただし，個人住民税の申告書または所得税の確定申告書に給与所得以外の所得に係る所得割額を普通徴収の方法によって徴収されたい旨の記載があるときは，当該公的年金等所得に係る所得割額は，普通徴収の方法によって徴収される（地税321の3②但書）。

もっとも，市町村は，当該市町村に特別徴収年金所得者が少ないこと，その他特別な事情により特別徴収を行うことが適当でないと認められる場合には，特別徴収の方法によらないことができる（地税321の7の2①但書）。

(2) 対象税額

特別徴収の対象税額は，個人住民税のうち，当該納税義務者の前年中の公的年金等所得に係る所得割額および均等割額の合算額―給与所得に係る所得割額および均等割額が特別徴収の方法によって徴収される場合には，公的年金等に係る所得割額―である（地税321の7の2①）。

《算　式》

　　公的年金等所得に係る個人住民税額＝①＋②

　①　均等割額＝4,000円

　　　　　　　＝市町村民税3,000円＋道府県民税1,000円

　②　所得割額＝雑所得金額×10％

　　　　　　　＝(公的年金等の収入金額－公的年金等控除額)

　　　　　　　　　　　　×(市町村民税6％＋道府県民税4％)

なお，公的年金等に係る所得割の課税標準となる雑所得金額は，原則として，所得税の計算の例による（地税32②・313②）。すなわち，公的年金等の収入金額，公的年金等控除額の計算方法は，所得税の場合と同じである。

(3) 対象年金

特別徴収の対象となる年金は，つぎの老齢等年金給付（特別徴収対象年金給付）である（地税令48の9の11①・②）。なお，障害者年金や遺族年金は，課税の対象とされていないことから，特別徴収の対象にはならない（取扱通知(市)2章12(1)，所税9①三）。

　イ　国民年金法による老齢基礎年金

　ロ　旧国民年金法による老齢年金および通算老齢年金

　ハ　旧厚生年金保険法による老齢年金，通算老齢年金および特例老齢年金

　ニ　旧国共済法等による退職年金，減額退職年金および通算退職年金

　ホ　旧地共済法等による退職年金，減額退職年金および通算退職年金

ヘ　旧私学共済法による退職年金，減額退職年金および通算退職年金
　　ト　旧船員保険法による老齢年金および通算老齢年金
　　チ　厚生年金保険制度及び農林漁業団体職員共済組合制度の統合を図るための農林漁業団体職員共済組合法等を廃止する等の法律附則16条6項に規定する移行農林年金のうち，退職年金，減額退職年金および通算退職年金

3　公的年金等所得の徴収方法

　65歳以上の公的年金等受給者の公的年金等所得に係る個人住民税については，つぎの特別徴収の方法によって徴収される。
　（1）　特別徴収義務者
　市町村は，特別徴収の方法によって年金所得に係る特別徴収税額を徴収しようとする場合には，当該特別徴収対象年金所得者に係る年金保険者を特別徴収義務者として，当該年金所得に係る特別徴収税額を徴収させなければならない（地税321の7の4①）。すなわち，特別徴収義務者は，年金保険者―老齢等年金給付の支払をする者―である。具体的には，厚生労働大臣，地方公務員共済組合，国家公務員共済組合連合会，日本私立学校振興・共済事業団および農林漁業団体職員共済組合が，その対象となる。
　（2）　前年度から特別徴収の対象となっている者の場合
　特別徴収対象年金所得者については，年6回―4月，6月，8月，10月，12月および翌年2月―の特別徴収対象年金給付の支払の際に特別徴収の方法により，つぎのように徴収が行われる。
　　イ　仮徴収―4月1日～9月30日
　　　前年度の10月1日から翌年3月31日までの間における特別徴収対象年金給付の支払の際，支払回数割特別徴収税額を徴収されていた特別徴収対象年金所得者について，老齢等年金給付が当該年度の4月1日から9月30日までの間において支払われる場合には，当該特別徴収対象年金所得者の前年中の公的年金等所得に係る所得割額および均等割額の合算額として年金所得に係る仮特別徴収税額を，当該年度の4月1日から9月30日

までの間において老齢等年金給付の支払をする際—4月，6月，8月—に特別徴収（仮徴収）される（地税321の7の8①）。

ロ　本徴収—10月1日～翌年3月31日

当該年度の後半においては，公的年金等所得に係る当該年度分の所得割額および均等割額から当該年度の4月1日から9月30日までの間に仮徴収された額（仮特別徴収税額）を控除した額が，10月1日から翌年3月31日までの間に支払われる老齢等年金給付からその年金給付の支払の際—10月，12月，翌年2月—に特別徴収（本徴収）される（地税321の7の2①・321の7の8②）。

したがって，イの仮徴収と，ロの本徴収をあわせて行うことにより，年間の対象税額を特別徴収の方法により徴収することになる。

（3）　新たに特別徴収の対象となった者の場合

新たに特別徴収の対象となった特別徴収対象年金所得者については，年度前半は普通徴収の方法により，特別徴収は年度後半の本徴収のみである。

イ　普通徴収—4月1日～9月30日

通常の場合，公的年金等所得に係る当該年度分の所得割額および均等割額から当該年度の10月1日から翌年3月31日までの間に特別徴収すべき額を控除した額，すなわち，公的年金等所得に係る所得割額および均等割額の2分の1に相当する金額が，6月および8月において普通徴収の方法によって徴収される（地税321の7の2③）。

ロ　特別徴収—10月1日～翌年3月31日

当該年度の後半においては，公的年金等所得に係る当該年度分の所得割額および均等割額の2分の1に相当する金額が，10月1日から翌年3月31日までの間に支払われる老齢等年金給付からその年金給付の支払の際—10月，12月，翌年2月—に特別徴収（本徴収）される（地税321の7の2①）。

したがって，公的年金等所得のみの年金受給者の場合，公的年金からの特別徴収の対象税額と徴収方法をまとめると，図表13に表示したとおりである。

図表13　公的年金からの特別徴収の対象税額と徴収方法

初年度

普　通　徴　収		特　別　徴　収（本徴収）		
6月	8月	10月	12月	翌年2月
年税額×1/4	年税額×1/4	年税額×1/6	年税額×1/6	年税額×1/6

2年度以降

特　別　徴　収（仮徴収）		特　別　徴　収（本徴収）		
4月	8月	10月	12月	翌年2月
(前年10月～3月徴収額)×1/3	(前年10月～3月徴収額)×1/3	(年税額－仮徴収額)×1/3	(年税額－仮徴収額)×1/3	(年税額－仮徴収額)×1/3

（出所）　地方税法321条の7の2・321条の7の8に基づき，筆者が作成。

　なお，老齢等年金給付の支払の際に特別徴収の方法により徴収すべき額は，それぞれの期間において徴収すべき額を当該期間における老齢等年金給付の支払の回数で除して得た額である。この場合において，年金所得に係る特別徴収税額に係るものを支払回数割特別徴収税額といい，仮特別徴収税額に係るものが支払回数割仮特別徴収税額である（地税321の7の5・321の7の8）。

(4)　特別徴収税額の納入

　年金保険者は，支払回数割特別徴収税額および支払回数割仮特別徴収税額を，特別徴収対象年金給付の支払をする際，徴収し，その徴収の日の属する月の翌月10日までに市町村に納入しなければならない（地税321の7の6・321の7の8③）。もっとも，年金保険者は，特別徴収対象年金所得者が当該年金保険者から特別徴収対象年金給付の支払を受けないこととなったときは，その事由が発生した日の属する月の翌月以降徴収すべき年金所得に係る特別徴収税額は，これを徴収して納入する義務を負わない（地税321の7の7①）。

　すでに，特別徴収義務者から市町村に納入された年金所得に係る特別徴収税額または年金所得に係る仮特別徴収税額が，特別徴収対象年金所得者から徴収すべき年金所得に係る特別徴収税額または年金所得に係る仮特別徴収税額を超える場合には，過納または誤納に係る税額は，当該特別徴収対象年金所得者に

還付しなければならない。もっとも，当該特別徴収対象年金所得者の未納に係る地方団体の徴収金がある場合には，これに充当することができる（地税321の7の9②）。

また，市町村から特別徴収対象年金所得者に該当しないこととなった旨の通知を受けたときは，その通知を受けた日以後，年金所得に係る特別徴収税額を徴収して納入する義務を負わない（地税321の7の7③）。特別徴収の方法により徴収されないこととなったときは，その徴収されないこととなった日以後に到来する普通徴収の納期がある場合には，各納期において，納期がない場合には，直ちに，普通徴収の方法により徴収することとなる（地税321の7の9①）。

(5)　特別徴収制度の抱える課題

現行の公的年金等からの特別徴収制度については，つぎのような課題がある。これらの課題は，年金保険者のシステム上の制約が，その大きな要因になっている。

　イ　本徴収額と仮徴収額に差が生じた場合，翌年度の仮徴収額は前年度の本徴収額とされていることから，翌年度以降もこの不均衡を平準化することができず，その乖離が続くこととなる。特に不均衡が極端な場合には，仮徴収額が年税額を超えてしまい，還付が必要なケースも生じている。

　ロ　個人住民税においては，市町村外に転出した場合であっても，納税先の市町村に変更はないことから，介護保険料のように特別徴収を停止し，普通徴収に切り替えなくてもよい。にもかかわらず，特別徴収を停止することとされている。

　ハ　給与からの特別徴収においては，特別徴収税額の変更が認められる。これに対して，公的年金等からの特別徴収では，特別徴収税額が変更になった場合には，特別徴収を停止し，普通徴収に切り替えることとされている。

これらの課題については，年金受給者や地方団体から，その見直しを強く求められていた。平成25年度の税制改正によって，上記イについては，仮徴収額を年金所得者に係る前年度分の個人住民税のうち前々年中の公的年金等に係る所得割額および均等割額の合算額の2分の1に相当する額とすること，また，

ロおよびハについては，一定の要件のもと特別徴収を継続することに見直された。これらの改正は，年金保険者においてシステム改修に一定の時間を要することから，平成28年10月以後に実施する特別徴収について適用される[22]。

4　公的年金等所得に係る通知

　公的年金等からの特別徴収制度においては，市町村は，つぎの年金保険者による市町村に対する通知を受けて，特別徴収対象年金所得者および年金保険者に対して，特別徴収税額の通知をすることになる（地税321の7の3・321の7の5①）。

（1）　年金保険者による市町村に対する通知

　年金保険者は，その年度の5月25日までに，老齢等年金給付の支払を受けている者の氏名，住所，性別および生年月日，当該老齢等年金給付の種類および年額ならびに当該老齢等年金給付の支払を行う年金保険者の名称を，当該老齢等年金給付の支払を受けている者が当該年度の4月1日において住所を有する市町村に通知しなければならない（地税321の7の3）。これを受けて，各市町村においては，公的年金等支払報告書・申告書などの資料をもとに算出した納税義務者・税額などとの名寄せを行い，公的年金等所得に係る特別徴収の対象者を決定することになる。

（2）　特別徴収税額の通知

　市町村は，公的年金等所得に係る特別徴収税額を特別徴収の方法によって徴収しようとする場合には，当該年金所得に係る特別徴収税額を特別徴収の方法によって徴収する旨，当該特別徴収対象年金所得者に係る支払回数割特別徴収税額その他必要な事項を，当該特別徴収対象年金所得者に対しては当該年度の個人住民税の納期限のうち最初の納期限の10日前—通常は6月20日—までに，特別徴収義務者である年金保険者に対しては当該年度の7月31日までに通知しなければならない（地税321の7の5①）。

---

22)　自由民主党＝公明党『平成25年度税制改正大綱』87頁（2013年）。

なお，これらの本徴収の通知を行う際には，その運用上，翌年度の４月，６月，８月の支給分の年金所得に係る仮特別徴収税額の通知もあわせて行うこととされている。当該通知においては，当該年度の10月，12月，翌年２月の支給分に係る支払回数割特別徴収税額にあわせて，翌年度の４月，６月，８月の支給分の年金所得に係る支払回数割特別徴収税額を記載することとなる（地税321の７の８④）。

（３）　年度途中で特別徴収の対象でなくなった者に係る通知

　特別徴収対象年金所得者が当該年金保険者から特別徴収対象年金給付の支払を受けないこととなったときは，その事由が発生した月の翌月以降徴収すべき年金所得に係る特別徴収税額は，これを徴収して納入する義務を負わないことになる（地税321の７の７①）。この場合には，年金保険者は，当該特別徴収対象年金所得者の氏名，年金所得に係る特別徴収税額の徴収実績その他必要な事項を，特別徴収に係る納入金を納入すべき市町村に通知しなければならない（地税321の７の７④）。

　市町村は，特別徴収対象年金所得者が当該市町村の区域外に転出したことなどにより，特別徴収対象年金所得者に該当しないこととなった場合には，その旨を当該年金保険者および当該特別徴収対象年金所得者に通知しなければならない（地税321の７の７②）。年金保険者は，この通知を受けた日以後，年金所得に係る特別徴収税額を徴収して納入する義務を負わないこととなる（地税321の７の７③）。この場合にも，年金保険者は，当該特別徴収対象年金所得者の氏名，年金所得に係る特別徴収税額の徴収実績その他必要な事項を，特別徴収に係る納入金を納入すべき市町村に通知しなければならない（地税321の７の７④）。

　なお，年金保険者と市町村との間で通知を行う際は，つぎに掲げる年金保険者については，それぞれに定める者を経由して行うこととされている[23]（地税

---

[23]　ただし，厚生労働大臣または地方公務員共済組合連合会と市町村との間で通知を行う場合には，公的年金等所得に係る個人住民税の特別徴収に関する事務の円滑な実施に資すると認められる法人として総務大臣が指定した法人（社団法人地方税電

令48の9の13①・②)。

　　イ　厚生労働大臣および地方公務員共済組合以外の年金保険者（特定年金保険者）
　　　厚生労働大臣
　　ロ　地方公務員共済組合
　　　地方公務員共済組合連合会

第3節　公的年金等の所得区分

　以上のように，同じ従属的労務提供の対価であっても，支払われる方法等により，給与所得，退職所得または課税の繰延べを伴う公的年金等所得として課税対象となり，それらの間には課税上，必ずしも合理的とは考えられない負担の差異がある。現在，公的年金等の所得区分は，雑所得とされるものの，通常の雑所得とは異なった所得金額の計算方法が採用されている（所税35③)。

1　公的年金等に係る雑所得

　かつて，60歳から64歳まで就労しながら年金の受給をすると，一律2割の給付削減が行われていた。平成17年4月からは，この一律削減が廃止された。しかし現状でも，60歳から64歳で年金と給与の合計が月に28万円を超えると，また，65歳以降は給料と年金が月に48万円を超えると，年金が減額されるし

　　子化協議会）を通じて行うものとされている（地税則9の8）。
24)　宮本太郎『生活保障―排除しない社会へ―』189頁（岩波新書，2009年）。もちろん，一律2割の支給制限撤廃後は，就業抑制効果が薄れているという見解―たとえば，浜田浩児「在職老齢年金の所得再分配効果に対する年金減額緩和の影響」年金と経済28巻4号180頁（2010年）や，山田篤裕「雇用と年金の接続―在職老齢年金の就業抑制効果と老齢厚生年金受給資格者の基礎年金繰上げ受給要因に関する分析―」三田学会雑誌104巻4号587頁（2012年）など―もある。ちなみに，高齢世代と社会のつながりは，就労だけに限らない。高齢世代は，年金収入がある程度あれば，高い報酬がなくとも生活ができる。したがって，団塊世代の退職に伴い，地域社会でボランティアなどとして活躍する年金兼業労働の拡がりを期待する向きもあった。しかし，双方向的な橋のない一方通行型の社会で，会社というミクロコス

第4章 公的年金等所得

くみがあり，就労意欲を妨げる面が残っている[24]。

公的年金等の所得区分は，昭和62年度の税制改正によって，給与所得から雑所得に改められている。雑所得とは，利子所得，配当所得，不動産所得，事業所得，給与所得，退職所得，山林所得，譲渡所得および一時所得のいずれにもあたらない所得をいい，公的年金等とその他の雑所得とからなる（所税35①）。

雑所得の算定は，総収入金額から経費を差し引いたものである。これとは別に，所得税法35条2項1号に公的年金等所得の規定があり，その年度の公的年金等に係る所得も雑所得とされる。雑所得金額は，公的年金等に係る雑所得（公的年金等所得）とその他の雑所得に区別して，つぎの算式により，それぞれ計算した金額の合計額である（所税35②・37①）。

《算　式》

　雑所得金額＝①＋②

①　公的年金等所得金額＝その年中の公的年金等の収入金額
　　　　　　　　　　　　　　　　　　　　　－公的年金等控除額

②　その他の雑所得金額＝その年中の総収入金額－必要経費

この場合，その他の雑所得金額の計算上生じた損失金額があるときは，その損失金額を，公的年金等所得金額から控除した残額が雑所得金額となる。同一種類の所得のなかに黒字と赤字の金額がある場合に，これを差引計算することは，所得税法69条による損益通算ではなく，各種所得金額の計算にすぎない[25]。なお，その他の雑所得とは，利子所得から公的年金等所得までのいずれにもあたらない所得で，他の種類の所得のように統一的なメルクマールがな

モスだけを生きてきた高齢者は，地域社会とのつながりも弱く，これまで未経験の活動に戸惑うことも多い。

25)　もちろん，損益通算の対象となる損失金額は，不動産所得金額，事業所得金額，山林所得金額または譲渡所得金額の計算上生じた損失金額に限られ，雑所得の損失金額は損益通算の対象とならない（所税69①）。

26)　金子宏『租税法』255～256頁（弘文堂，第18版，2013年）。たとえば，事業に該当しない場合の動産の貸付けによる所得，著作権・特許権等の使用料，原稿料・講演料，金銭の貸付けによる利息，営利を目的として行われる不動産・有価証券等の継続的売買から生ずる所得，政治献金収入，地方団体から交付される緑地保存奨励

く,積極的に定義することは不可能である[26]。

　雑所得というと「雑」だから,共通性のない所得であるように考えられる。しかし今日,重要な公的年金等所得がここに含まれている。政府税調は,『抜本的な税制改革に向けた基本的考え方』(平成19年11月)において,「現在,公的年金等については,雑所得に分類されているが,公的年金の受給者の増加を受け,今後,年金に係る所得の重要性が増してくることや,そもそも他の雑所得とは所得計算方式が異なること等を踏まえると,独立した所得区分とすることも考えられる」と指摘している[27]。

　年金の支給は,企業内部では対応できないほど巨額の資金を要するものであり,一企業にとどまらない社会的な問題である。そこで,公的年金制度を充実させるとともに,企業年金制度も確実なものとする必要性がある[28]。また,国民の高齢期における所得の確保に係る自主的な努力の支援策としての税制は,最終的には,それらの所得に対する課税が確保されることによって完成するものであり,それなくして,企業年金を中心とした私的年金に対して十分な租税優遇措置による支援が行われているとはいえない[29]。

2　その他の雑所得

　その他の雑所得の中心にあるのは,①営利を目的として継続的に行われた活動の成果と,②趣味の活動などに関連した一時的・偶発的な労務提供等の成果とである。たとえば,作家として,原稿料や印税で生活を立てている者が受け取る原稿料は,事業所得である。これに対して,大学からもらう給与で生活をしている大学教授が受け取る原稿料や,主婦が家庭料理レシピを雑誌に投稿し

　　金,法人の役員が資本関係のない法人から継続的役務の対価として付与されたストック・オプションの行使益,インパクトローンに係る為替差益など,性質の異なる種々の所得が雑所得に含まれる。
27)　税制調査会・前掲注9)14頁。
28)　水野・前掲注11)317頁。
29)　佐藤英明「企業年金改革と税制―研究ノート―」総合税制研究10号70頁(2002年)。

たら，たまたま採用されて原稿料を得たというような場合は，雑所得になる。

　雑所得金額は，給与所得などの他の所得金額と合計して総所得金額を求めた後，納める税額が計算される。もっとも，公的年金等や原稿料・講演料などは，原則として支払の際に源泉徴収が行われる。原稿料や印税などの支払をする者は，その支払の際，原則として10％の所得税を徴収し，その徴収の日の属する月の翌月10日までに，これを国に納付しなければならない（所税204①一・205一）。この場合，給与所得以外の所得金額が20万円以下であるときは，所得税の確定申告を要しない（いわゆる「20万円基準」，所税121①）。

　一方，個人住民税においては，その賦課期日である1月1日現在において市町村に住所を有する個人は，つぎに掲げる者に該当する者を除き，その年の3月15日までに，その1月1日現在において住所を有する市町村長に個人住民税の申告書を提出しなければならない（地税45の2①・317の2①）。

　イ　給与支払報告書を提出する義務がある者から1月1日現在において給与の支払を受けている者で，前年中において給与所得以外の所得を有しなかったもの

　ロ　公的年金等支払報告書を提出する義務がある者から1月1日現在において公的年金等の支払を受けている者で，前年中において公的年金等所得以外の所得を有しなかったもの

　ハ　所得割の納税義務を負わないと認められる者のうち，市町村の条例で定めるもの

　したがって，個人住民税においては，給与所得者が所得税法121条1項1号（確定所得申告を要しない場合）に該当し，その給与所得以外の所得について所得税の確定申告を要しないとされる場合であっても，その者が上記イからハまでに掲げる者に該当しないかぎり，たとえ，その金額が僅少であっても，その給与所得以外の所得について，その給与所得とあわせて申告しなければならないことになる。地方税法上，給与所得者の20万円以下の給与所得以外の所得についても，その申告を義務付けているのは，個人住民税においては，所得税におけるような源泉徴収制度が採用されていないためである。

3 質疑応答事例

国税庁の「質疑応答事例」では，つぎのとおり，(1)確定給付企業年金規約に基づいて年金受給者が老齢給付金の一部を一時金で支給を受けた場合，(2)適格退職年金制度廃止後に継続している退職年金契約という，2つの事例において，公的年金等の所得区分に関する見解が示されている[30]。

（1） 確定給付企業年金規約に基づいて年金受給者が老齢給付金の一部を一時金で支給を受けた場合

《照　会》

> H社が行っている確定給付企業年金制度では，老齢給付金の受給開始年齢を定年退職年齢と同じ60歳とし，また，老齢給付金の全部または一部を一時金として支給することができるよう，規約で定めている。使用人Zは，老齢給付金のうち50％は60歳定年退職時に一時金による支給を選択して退職所得としての課税を受け，残りの50％は年金による支給を選択して公的年金等として課税を受けていたが，その後，65歳時に将来の年金給付額の一部について一時金による支給を選択し，残額については引き続き年金による支給を選択した。この65歳時に支給を受ける一時金の所得区分はどうなるのか。

《回　答》

年金の受給開始後において，将来の年金給付の総額に代えて支払われる一時金は，退職所得として取り扱われる（所税31）。だが，老齢給付金の一部について一時金による支給を選択した場合には，将来の年金給付の総額に代えて支払われるものにあたらないので，原則として一時所得となる（所基通31－1(1)）。

30）　国税庁HP「質疑応答事例」(http://www.nta.go.jp/shiraberu/zeiho-kaishaku/shitsugi/01.htm，2013年7月31日最終閲覧)。

（2） 適格退職年金制度廃止後に継続している退職年金契約

《照　会》

> I社では，これまで生命保険会社と適格退職年金契約を締結し，これに基づき退職一時金および退職年金の支給を行っており，平成24年3月31日をもって適格退職年金制度が廃止された後も，解約等を行わずに退職年金契約として継続している。この場合の退職年金契約に基づき，①I社が支出する保険料，②退職一時金，③退職年金について，所得税法上どのように取り扱われるのか。

《回　答》

　適格退職年金契約に基づく一時金で退職により支払われるものは退職所得とみなされ，退職年金は公的年金等所得とされている（所税31三・35③三，所税令72②四・82②四）。また，事業主が適格退職年金契約に基づき支出した保険料は，給与所得に係る収入金額に含まれないものとされている（所税令64①三）。しかし，適格退職年金制度については，いわゆる「閉鎖型で一定のもの」を除き，平成24年3月31日をもって廃止され，適格退職年金契約が同年4月1日以後も継続している場合には，適格退職年金契約に含まれないものとされているので，一般の退職年金契約として取り扱われることになる（法税附則20④）。

　したがって，①I社が支出する保険料は，使用人に対する給与所得に係る収入金額に含まれる（所税令65二）。また，②退職時に支給される一時金は，一時所得に該当する（所税34，所税令183②）。そして，③年金受給者に給付される退職年金は，公的年金等以外の雑所得に該当することとなる（所税35①，所税令183①）。なお，適格退職年金制度の廃止後において，給与所得に係る収入金額とされた保険料相当額については，一時所得または雑所得金額の計算上，必要経費等として収入金額から控除されることになる（所税令183①・②）。

第5章 利子所得

chapter 5

　前章までと少し趣を変えて，金融所得課税―利子課税，配当課税および株式等譲渡益課税―についてみることにする。金融所得課税においては，その所得の特徴からして，源泉徴収制度は，所得の確定と税の徴収という意味で重要な機能を有している。預貯金の利子，株式等の配当や譲渡益などは，その性格によって，利子所得，配当所得または譲渡所得などに区別されることから，その課税方法は，総合課税，申告分離課税または源泉分離課税など，さまざまである。それゆえ，金融所得課税を担保するための納税環境のうち，源泉徴収制度は，きわめて重要である。そこで，本章では，金融所得課税のうち，まず利子課税について整理・検討することにしたい。

第1節　利子所得に係る源泉徴収の基本的なしくみ

　利子所得とは，公社債および預貯金の利子ならびに合同運用信託，公社債投資信託および公募公社債等運用投資信託の収益の分配に係る所得をいう（所税23①）。源泉徴収される所得の特殊性としては，①特定性，②定型性，③継続性，④所得の確定した金額があげられる。利子所得は，これらの性質を備えており，原則として，その支払を受ける際，利子所得金額に一律20％（所得税15％，住民税5％）の税率を乗じて算出した税金が源泉徴収され，これにより納税が完結する源泉分離課税の対象とされている（所税181①・182一，地税71の6①）。

1　利子所得の源泉分離課税

　そもそも，源泉徴収制度は，明治32年の公社債利子の課税に始まるとされており，給与所得に対する源泉徴収（昭和15年）よりも古い歴史をもつ。大正12年の改正により，銀行預金の利子についても，一般的に，第二種所得として源泉課税されることになった。その後，昭和15年の税制改正により，利子所得は，総合課税と15％の比例税率による源泉分離課税の選択が認められることになった。昭和25年のシャウプ税制では，利子所得に対する分離課税の選択は廃止された。ところが，翌26年には，利子所得の源泉分離選択制度が復活している。

　この税制改正以降，利子所得は，原則として，総合課税の対象とされていた。もっとも，納税者は，源泉分離課税を選択することができた（旧税特措3）。また，利子所得については，郵便貯金の利子の非課税，少額預貯金等の利子の非課税，少額国債の利子の非課税，勤労者財産形成貯蓄の利子の非課税など，多数の特別措置が定められていた（旧所税9①一・10，旧税特措4・4の2）。昭和61年当時，個人貯蓄は約400兆円に達したものの，そのうち275兆円が非課税貯蓄で個人貯蓄の約70％を占めていた。非課税制度による減収額は，約5,000億円，分離課税による減収額は約590億円となっていた[1]。

　政府税調は，『税制の抜本的見直しについての答申』（昭和61年10月）において，「少額零細な貯蓄への配慮という趣旨で設けられている非課税貯蓄制度については，近年，個人貯蓄の大半がこの適用を受けることとなっており多額の利子が課税ベースから外され，また，高額所得者ほどより多く受益しているという現状にある。したがって，今回の抜本的見直しにおいて，本制度のあり方につき，他の所得に対する課税との均衡にも配慮しつつ，基本的に検討を加える必要がある」と提言した[2]。

---

[1]　和田八束『日本の税制』55頁（有斐閣，1988年）。源泉分離選択制度とは，利子所得から35％で源泉徴収を行ったうえで，さらに，他の所得との総合課税か，そのままの税率での分離課税かを選べる制度をいう。総合課税による税率が35％を超える場合には，分離課税の選択が有利になる。

[2]　税制調査会『税制の抜本的見直しについての答申』24頁（1986年）。

第5章　利子所得

　これを受けて，昭和62年度の税制改正では，少額貯蓄非課税制度および郵便貯金非課税制度は，老人等に対する利子非課税制度に改組し，少額公債の利子非課税制度は廃止された。さらに，勤労者財産形成（年金）貯蓄非課税制度を廃止し，その代わりに，勤労者財産形成年金貯蓄契約および勤労者財産形成住宅貯蓄契約に基づく元本500万円までの預貯金等の利子等については，一定の手続により，7.5％の税率による源泉徴収により他の所得と分離して課税する制度が設けられた[3]。これらの制度に係るものを除き，預貯金等の利子等については，その支払を行う際，15％の税率による源泉徴収により他の所得と分離して課税することとなった[4]。

　この税制改正の直接の目的は，所得税減税に対する財源確保にあった。所得税減税は約1兆5,000億円で，これに対応する財源として，非課税貯蓄制度の改正により，約1兆6,000億円の増収を見込んでいた。もっとも，政府税調の答申では，基本的には総合課税としたうえで，分離課税を存続させる考え方を示しており，一律分離課税は1つの考え方として提示しているものの，非課税貯蓄制度の廃止とは一応切り離した見方をとっていた。しかし結局，一律分離課税というかたちで転換が図られたのである。このことによって，これまでの総合課税をめぐる論議や方策，郵貯問題なども一挙に解決したといえる[5]。

[3)]　なお現在，財形年金貯蓄非課税制度は，5年以上定期に給与天引預入により積み立てることや，60歳以降の年金の支払開始まで払出しをしないことなどを要件として，元本550万円までの利子等について所得税を非課税とするものとなっており，また，財形住宅貯蓄非課税制度は，5年以上の期間にわたって定期に給与天引預入により積み立てることや，住宅の取得等の頭金として払い出されることなどを要件として，元本550万円までの利子等について所得税を非課税とする制度となっている。両方の貯蓄を有する場合は，あわせて最高550万円とされる（税特措4の2・4の3）。

[4)]　大蔵省『昭和62年度税制改正の要綱』2～3頁（1987年）。

[5)]　和田・前掲注1）219頁・226～227頁。具体的な改正方式として，政府税調は，総合課税，確定申告不要制度，低率分離課税および一律分離課税を提示し，非課税制度の廃止を求めていた。

2 利子所得の範囲

現行の所得税法では，利子所得について限定列挙しており，公社債および預貯金の利子（分離利息振替国債に係るものを除く）ならびに合同運用信託，公社債投資信託および公募公社債等運用投資信託の収益の分配に係る所得をいうものとされている（所税23①）。利子所得の性格が，直接，源泉徴収という課税方法に結びつく。逆にいえば，利子所得が源泉徴収の対象として選択されることは，源泉徴収の対象に適当な所得の特質を示しているとみることができる[6]。

すなわち，つぎの(1)および(3)の公社債等の利子や収益の分配は，法律的には(2)の預貯金の利子とは異なる。とはいえ，公社債等への投資も貯蓄の一形態であり，また，これらの利子や収益の分配も定期に定率で多数の者に同一条件で支払われる点で，実質的に預貯金の利子と異ならないため，利子所得として分類されている。

（1） 公社債の利子

公社債とは，公債および社債をいう（所税2①九）。ここでいう，公債は，国または地方団体の発行する債券のみならず，外国および外国の地方団体の発行した債券も含まれる（所基通2－10）。一方，社債とは，株式会社が会社法その他の法律の規定により発行する債券および会社以外の内国法人が特別の法律により発行する債券ならびに外国法人が発行する債券でこれらに準ずるものである（所基通2－11）。

（2） 預貯金の利子

預貯金とは，つぎに掲げるものをいう（所税令2，所基通2－12）。

イ　法律の規定により預金または貯金の受入の業務を行うことが認められている銀行，信用金庫，信用金庫連合会，労働金庫，労働金庫連合会，信用協同組合，農業協同組合，漁業協同組合，水産加工業協同組合などに対す

---

[6] 水野忠恒『所得税の制度と理論―「租税法と私法」論の再検討―』183頁（有斐閣，2006年）。ただし，平成28年1月1日以後に居住者等が支払を受けるべき特定公社債等の利子等については，所得税15％，住民税5％の税率による申告分離課税の対象とされる。もっとも，一般公社債等の利子等については，源泉分離課税が維持される（自由民主党＝公明党『平成25年度税制改正大綱』10～13頁（2013年））。

る預金および貯金
　ロ　労働基準法18条または船員法34条により管理される労働者または船員の貯蓄金
　ハ　国家公務員共済組合もしくは地方公務員等共済組合に対する組合員の貯金，または，私立学校教職員共済法26条1項に規定する事業団に対する加入者の貯金
　ニ　金融商品取引業者に対する預託金で，勤労者財産形成貯蓄契約，勤労者財産形成年金貯蓄契約または勤労者財産形成住宅貯蓄契約に基づく有価証券の購入のためのもの
（3）　合同運用信託，公社債投資信託および公募公社債等運用投資信託の収益の分配

　合同運用信託とは，信託会社が引き受けた金銭信託で，共同しない多数の委託者の信託財産を合同して運用するものをいう（所税2①十一）。また，公社債投資信託とは，証券投資信託のうち，その信託財産を公社債に対する投資として運用することを目的とするもので，株式または出資に対する投資として運用しないものをいう（所税2①十五）。そして，公募公社債等運用投資信託とは，その設定に係る受益権の募集が公募により行われた公社債等運用投資信託である（所税2①十五の三）。

　利子所得の中心をなすのは，預貯金の利子である。その性質は，金融機関等が不特定多数の者から消費寄託―受寄者が受寄物を消費することができ，これと同種・同等・同量の物を返還すればよいとする契約―に基づいて受け入れた資金に対して支払う利子であって，定期に定率で多数の者に同じ条件で支払わ

7）　たとえば，東京高判昭和39年12月9日行集15巻12号2307頁，東京地判昭和37年3月23日判夕129号97頁，千葉地判昭和37年12月25日行集13巻12号2277頁などが，この考え方に従っている。なお，消費寄託は，消費貸借を準用するが，両者の返還時期は異なる（民591）。これは，消費貸借は借主の利益のための契約であるのに対して，消費寄託は寄託者の利益のための契約であることを示している。しかし現実には，預貯金についての権利義務は，約款・慣習・取締規定（行政法規）によって規律されており，民法の規定の重要性は小さい。

れる点に特色がある[7]（民666）。預貯金の利子は，預貯金に従属する概念であり，それは預貯金の対価として，金融機関に支払うものである。通常は，預貯金額に対する比率によって表示される金額である。これは，預貯金というかたちの資金運用の場合には，預貯金者がそのリスクを負わないことから導かれる性質である[8]。

　所得税法の利子所得における預貯金の利子は，金銭の受入形態および業務方法を統合して決定しなければならない。利子所得に適用される源泉徴収の方法が自動的確定方式である趣旨を考えれば，預貯金の利子の意味につき，種々のメルクマールにより決定することは，不確実性を残すことになり適当ではない。源泉徴収の対象となる預貯金の利子は，今後，その金融機関を明示・列挙するなどにより，その定義を明らかにし，徴収の効率化を図っていく必要があろう[9]。

3　利子所得の課税方法

　利子所得は，原則として，その支払を受ける際，利子等の収入金額に一律15％の税率を乗じて算出した所得税が源泉徴収され，これにより納税義務がすべて果される（所税181①・182一）。

（1）　個人の場合

　国内において個人に支払われる預貯金や公社債の利子等については，つぎの非課税制度に係るものを除いて，利子等の支払をする者が15％の税率による源泉徴収し，その徴収の日の属する月の翌月10日までに納付するだけで納税が完了するという，源泉分離課税方式がとられている（所税164②・169・170・181①・182一，税特措3・3の3）。したがって，分離課税方式が適用される利子等については，総合課税制度は適用されない。

---

[8]　佐藤英明「利子所得における『預金利子』の意義と範囲に関する覚書」神戸法学雑誌41巻1号81〜82頁（1991年）。

[9]　水野・前掲注6）193〜194頁。

イ　障害者等の少額預金の利子所得等

　　障害者等の少額預金の利子所得等の非課税制度（マル優制度）を利用できる者は，国内に住所がある個人で，身体障害者手帳の交付を受けている者，遺族基礎年金を受けることができる妻，寡婦年金を受けることができる妻など，一定の要件に該当する者である（所税10①）。対象は，預貯金，合同運用信託，特定公募公社債等運用投資信託または有価証券で，これらの貯蓄の元本の合計額が350万円までの利子が非課税となる（税特措3の4）。

ロ　障害者等の少額公債の利子

　　障害者等の少額公債の利子の非課税制度（マル特制度）を利用できる者は，上記イのマル優制度の場合と同じである（所税10①）。対象は，国債および地方債で，これらの額面の合計額が350万円までの利子が非課税となる（税特措4①・③）。

ハ　勤労者財産形成住宅貯蓄

　　財形住宅貯蓄非課税制度の対象は，国内に住所を有する年齢55歳未満の勤労者が，勤労者財産形成住宅貯蓄契約に基づき勤務先を通じて預入等をした預貯金，合同運用信託もしくは有価証券または生命保険・損害保険の保険料もしくは生命共済の共済掛金などの利子等である。5年以上の期間にわたって定期に給与天引預入により積み立てることや，住宅の取得等の頭金として払い出されることなどを要件として，つぎの勤労者財産形成年金貯蓄を含め，元本550万円までの利子等が非課税となる（税特措4の2）。

ニ　勤労者財産形成年金貯蓄

　　財形年金貯蓄非課税制度の対象は，国内に住所を有する年齢55歳未満の勤労者が，勤労者財産形成年金貯蓄契約に基づき勤務先を通じて預入等をした預貯金，合同運用信託もしくは有価証券または生命保険・損害保険の保険料もしくは生命共済の共済掛金などの利子等である。5年以上定期に給与天引預入により積み立てることや，60歳以降の年金の支払開始まで払出しをしないことなどを要件として，上記ハの勤労者財産形成住宅貯蓄を含め，元本550万円までの利子等が非課税となる（税特措4の3）。

(2) 法人の場合

　法人の所得に対しては，法人税が課される。この点からすれば，法人に所得税を課す必要はない。ところが，利子や配当などに対しては，所得税の源泉徴収が行われることになっているので，法人に所得税を課さないと，支払者において支払を受ける者が個人であるか法人であるか一々区分する必要が生じる。そしてまた，源泉徴収しても，法人税の課税の段階で精算することができる。こうした徴税技術的な面から，法人は所得税の納税義務を負うものとされ，源泉徴収を行うこととされている。

　その法人が，国内に本店または主たる事務所を有する法人（内国法人）であるか，または内国法人以外の法人（外国法人）であるかによって，課税所得の範囲が異なる。すなわち，内国法人は，国内において，利子等，配当等，特定の給付補てん金，利息，利益および差益，匿名組合契約に基づく利益の分配，などを受けるときは，所得税の納税義務を負う（所税174，法税２三・四）。これに対して，外国法人は，国内源泉所得のうち，所得税法161条１号の３から７号までおよび９号から12号までに掲げる国内源泉所得について，所得税の納税義務を負う[10]（所税178）。

　イ　内 国 法 人

　　内国法人は，国内において，つぎに掲げるものの支払を受けるときは，その所得について所得税の納税義務を負う（所税５③・174，税特措41の12②・③）。

　　(イ)　利子等

　　(ロ)　配当等

　　(ハ)　定期積金に係る契約に基づく給付補てん金

　　(ニ)　銀行法２条４項の契約に基づく給付補てん金

---

[10]　法人税法は，外国法人に対しては，同法138条に規定する国内源泉所得についてだけ法人税を課すものの，国内に恒久的施設を有しない法人については，特定の国内源泉所得に対しては法人税を課さず，所得税法の規定にゆだねている（法税141）。

(ホ) 抵当証券の利息

(ヘ) 金貯蓄口座の利益等

(ト) 外貨投資口座の為替差益等

(チ) 一時払生命保険・一時払損害保険の差益

(リ) 匿名組合契約に基づく利益の分配

(ヌ) 馬主が受ける競馬の賞金

(ル) 割引債の償還差益

ロ　外 国 法 人

　外国法人は，国内において，つぎに掲げるものの支払を受けるときは，その所得について所得税の納税義務を負う（所税5④・178，税特措41の12②・③）。

(イ) 民法667条1項に規定する組合契約に基づく利益の分配

(ロ) 国内にある土地，土地の上に存する権利または建物等の譲渡による対価

(ハ) 人的役務の提供に係る対価

(ニ) 国内にある不動産，不動産の上に存する権利または採石権の貸付け，租鉱権の設定，居住者・内国法人に対する船舶・航空機の貸付けによる対価

(ホ) 日本国の国債，地方債または内国法人の発行する債券の利子，国内において行う事業に帰せられる外国法人の発行する債券の利子，国内にある営業所に預け入れられた預貯金の利子，国内にある営業所に信託された合同運用信託，公社債投資信託または公募公社債等運用投資信託の収益の分配

(ヘ) 内国法人から受ける剰余金の配当，利益の配当，剰余金の分配または基金利息，国内にある営業所に信託された投資信託・特定受益証券発行信託の収益の分配

(ト) 国内において業務を行う者に対する当該業務に係る貸付金の利子

(チ) 国内において業務を行う者から受ける工業所有権等，著作権または機

械装置等の使用料，工業所有権等・著作権の譲渡による対価
　(リ)　国内において行う事業の広告宣伝のための賞金
　(ヌ)　国内にある営業所・代理人を通じて締結した生命保険契約・損害保険契約に基づいて受ける年金
　(ル)　国内にある営業所が受け入れた定期積金に係る契約に基づく給付補てん金・銀行法2条4項の契約に基づく給付補てん金・外貨投資口座の為替差益等，国内にある営業所を通じて締結された抵当証券・金貯蓄口座の利益等，国内にある営業所・代理人を通じて締結された一時払生命保険・一時払損害保険の差益
　(ヲ)　国内において事業を行う者との匿名組合契約に基づく利益の分配
　(ワ)　割引債の償還差益

　もっとも，割引債につき支払を受けるべき償還差益については，その割引債の発行の際に，その発行者が所得税の源泉徴収を行うこととされている。この場合，源泉徴収は，その割引債の取得者が個人であるか法人であるか，内国法人であるか外国法人であるかに関係なく，一律に源泉徴収が行われる（税特措41の12②・③）。

4　所得税額控除

　内国法人が各事業年度において利子等，配当等，給付補てん金，利息，利益，差益，利益の分配または賞金の支払を受ける場合には，これらにつき源泉徴収された所得税額は，いわゆる「法人税の前払い」であるとして，当該事業年度の所得に対する法人税額から控除することが認められている（法税68①）。

　ただし，公社債の利子，法人から受ける剰余金の配当等（資産流動化法115条1項に規定する中間配当を含み，分割型分割によるものを除く）および投資信託もしくは特定目的信託の収益の分配に対する所得税額については，その元本を所有していた期間に対応する部分の所得税額だけが，税額控除の対象となる（法税令140の2①）。この場合，元本の所有期間に対応する所得税額は，法人が毎期選択する，つぎのいずれかの方法により計算される。

第5章 利子所得

（1）原則法

控除税額は，元本の銘柄ごと，所有期間の月数ごとに，つぎの方法による（法税令140の2②）。

《算式》

$$控除税額＝利子配当等に対する所得税額 \times \frac{元本の所有期間の月数}{利子配当等の計算期間の月数}$$

なお，算式における月数に端数があるとき，また，分数の割合に小数点以下3位未満の端数があるときは，これを切り上げる（法税令140の2②括弧書）。

（2）簡便法

控除税額は，元本を①公債および社債，②株式および出資，③集団投資信託の3種類に区分し，かつ，これを利子配当等の計算期間が1年を超えるものと超えないものとに区分して，銘柄ごとに，つぎの方法による（法税令140の2③）。

《1年以内のもの》

　控除税額＝利子配当等に対する所得税額

$$\times \frac{利子配当等の計算期間の開始時の元本の数 + \left(利子配当等の計算期間の開始時の元本の数 - 利子配当等の計算期間の終了時の元本の数\right) \times \frac{1}{2}}{利子配当等の計算期間の終了時の元本の数}$$

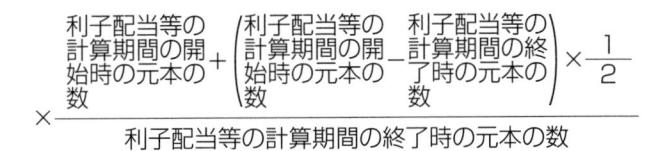

《1年超のもの》

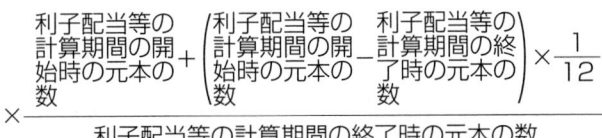

　控除税額＝利子配当等に対する所得税額

$$\times \frac{利子配当等の計算期間の開始時の元本の数 + \left(利子配当等の計算期間の開始時の元本の数 - 利子配当等の計算期間の終了時の元本の数\right) \times \frac{1}{12}}{利子配当等の計算期間の終了時の元本の数}$$

なお，算式における分数の割合に小数点以下3位未満の端数があるときは，これを切り上げる（法税令140の2②括弧書）。また，いずれの方法においても，控除する所得税額がその事業年度の法人税額の計算上控除しきれなかったものがある場合には，その控除しきれなかった金額は還付される。この場合，還付

加算金の計算の基礎となる期間は，確定申告書の提出期限の翌日からその還付のための支払決定をする日，または，その還付金につき充当をする日までの期間である[11]（法税74①三・78①・②）。

第2節　道府県民税利子割の基本的なしくみ

このように，所得税の一律分離課税の対象とされるのは，国内で源泉徴収が行われる。そしてまた，道府県民税利子割の対象となる利子所得は，所得税でも一律分離課税され，所得税法等の規定による総所得金額に含まれないため，所得割の課税対象にも含まれない（地税32②・313②）。それゆえ，住民税において，利子一律分離課税の対象と所得割の対象は重複しないものとなっている。その基本的なしくみは，つぎのとおりである。

1　利子割の創設

ではまず，利子割の導入の経緯をみると，利子所得についての住民税の課税は，複雑な歴史をたどってきた。従前，住民税においては，利子所得等の大部分について課税されていなかった。すなわち，所得税において源泉分離課税が選択された利子所得，所得税においても非課税とされていたマル優に係る利子所得については，非課税とされていた。ところが，昭和62年度の税制改正では，このような制度を改め，老人，母子家庭または障害者等に対する少額貯蓄非課税制度（マル優制度），郵便貯金非課税制度および少額公債非課税制度（マル特制度）のみを残して，利子所得については，一律5％の税率で課税することとされた。

一律分離課税を採用した最大の理由は，利子所得の真の帰属者を認定すること，それを名寄せすることが困難なことにある。つまり，徴収の便宜を最も重

11）ただし，還付金をその事業年度の法人税で未納のものに充当する場合には，その還付金の額のうち，その充当する金額については，還付加算金を付さないものとし，その充当される部分の法人税については，延滞税および利子税が免除される（法税78③）。

視した税制改正であったといえる[12]。利子割においては，金融機関等の営業所等の所在する都道府県が課税するという，金融機関所在地課税方式を採用した。この方式は，個人住民税の住所地課税の考え方と完全に一致しないものであるが，つぎの理由により採用されたのである。

　イ　発生の大量性など，利子所得の特異性を踏まえつつ，金融機関等の事務負担を小さくするため，極力簡素な制度とすべきであること

　ロ　金融機関所在地課税としても，住所地課税とした場合の納税義務者と大半が一致するものと考えられること

　ハ　都道府県単位で考えた場合，当該都道府県内の金融機関を利用していることから，その地域で何らかの行動を行い，行政サービスを享受していることが推測されるため，個人住民税の負担分任の性格に合致するものと考えられること

もし仮に，利子割に住所地課税を採用すれば，支払調書の提出を義務付けるのが原則となる。だが，利子の支払件数は膨大であり，そのすべてに支払調書の提出を義務付けるのは現実的でない。また，利子割を市町村が課税するとすれば，金融機関の所在場所の関係で，税源の偏在が生じることが予測される。このように，利子割は，利子に対する所得課税のあり方と密接な関係にたつものである[13]。

もちろん，利子割の性格は，個人所得課税である。しかし当時は，金融機関等において，利子等の支払等を行う際に特別徴収する場合，利子等を受け取る者が個人か法人かによって区別することは困難であった。真の帰属者を認定することを放棄して，一律の課税を徹底するために，個人・法人の区別なく課税されている。ところが，そのままであれば，法人の所得には利子も含まれるので，二重課税が生ずることになる。そこで，道府県民税法人税割の算出税額か

---

12)　碓井光明『要説地方税のしくみと法』109～110頁（学陽書房，2001年）。
13)　田中治「住民税の法的課題」日税研論集46号118～119頁（2001年）。一般的には，金融機関所在地課税は，住所地課税の場合と一致する。だが，首都圏や近畿圏など，都道府県境を越えて通勤・通学する者が多い地域にあっては，昼間人口の多い都道府県に預貯金がシフトする傾向があると推測される。

ら特別徴収された利子割額を控除する方式が採用されている[14]。

2　利子割の課税要件

　利子割の納税義務は，つぎの課税要件——納税義務者，課税対象，課税標準，税率——が充足されることによって成立する。

（1）納税義務者

　利子割の納税義務者は，利子等の支払またはその取扱いをする者の営業所等で，都道府県内に所在するものを通じて利子等の支払を受ける者である（地税24①五）。ここで，営業所等とは，①利子等の支払をする者の営業所，事務所その他これらに準ずるもので，利子等の支払の事務を行うもの，または，②利子等の支払の取扱いをする者の営業所，事務所その他これらに準ずるもので，利子等の支払の取扱いの事務を行うものをいう（地税24⑧）。

　また，利子等の支払の事務，利子等の支払の取扱いをする者，利子等の支払の取扱いの事務は，金融商品の種類の区分に応じて政令で定義がなされており，それによって，金融商品の種類の区分ごとに営業所等が特定され，課税地が定まるしくみになっている（地税令7の4の2）。すなわち，利子割の課税団体は，利子等の支払をする者の営業所等で，一定の利子等の支払の事務を行うものの所在地の都道府県である。ただし，当該利子等について，一定の利子等の支払の取扱いをする者がある場合にあっては，その者の営業所等で，一定の利子等の支払の取扱いの事務を行うものの所在地の都道府県が課税することとなる。

14）　なお，平成28年1月1日以後に支払を受けるべき利子等に係る利子割の納税義務者については，利子等の支払を受ける個人に限定され，法人に係る利子割は廃止される。また，これに伴い，道府県民税法人税割額から利子割額を控除する制度も廃止される（自由民主党＝公明党・前掲注6）20頁）。なぜなら，利子割が創設された当時，金融機関が個人と法人の口座を区別することは困難だったが，現在においては，平成13年の預金保険法に基づき，ペイオフに備えて個人と法人の口座を区別して管理するようになったこと，翌14年の本人確認法に基づき，金融機関との取引の際には厳格な本人確認が義務付けられたこと，などにより担保されている。

(2) 課税対象

利子割の課税対象は，つぎに掲げるとおり，所得税における利子所得等の一律分離課税の対象とされる利子等の範囲と同じである[15]（地税23①十四）。

イ　国内において支払を受けるべき利子等

ロ　国外公社債等の利子等で国内における支払の取扱者を通じて支払を受けるもの

ハ　私募公社債等運用投資信託等の収益の分配に係る配当等

ニ　国外私募公社債等運用投資信託等の配当等で，国内における支払の取扱者を通じて支払を受けるもの

ホ　懸賞金付預貯金等の懸賞金等

ヘ　国内において支払を受けるべき定期積金，相互掛金，抵当証券，金投資口座，外貨投資口座および一時払保険の給付補てん金，利息，利益または差益

(3) 非課税

ただし，つぎに掲げる利子等については，利子割は非課税とされる（地税23①十四イ・ハ・25の2・71の5②）。

イ　障害者等の少額預金および少額公債の利子等

ロ　勤労者財産形成住宅貯蓄および勤労者財産形成年金貯蓄の利子等

ハ　当座預金，こども銀行の預貯金，公益信託，加入者保護信託，一定のオープン型の証券投資信託，特定寄附信託，納税準備預金および納税貯蓄組合預金の利子または収益の分配

ニ　非居住者または外国法人が支払を受ける利子等

ホ　公共法人等が支払を受ける一定の利子等

ヘ　信託会社等が支払を受ける一定の利子等

---

15) ちなみに，平成28年1月1日以後に納税義務者が支払を受けるべき特定公社債等の利子等については，利子割の課税対象から除外され，配当割の課税対象となる（自由民主党＝公明党・前掲注6）19頁）。

(4) 課税標準

 利子割の課税標準は，支払を受けるべき利子等の額とされる。ここでいう，利子等の額とは，所得税法その他の所得税に関する法令の規定の例によって算定するものである（地税71の5）。

 (5) 税率

 利子割の税率は，5％である（地税71の6①）。たとえば，勤労者財産形成住宅貯蓄または勤労者財産形成年金貯蓄につき，目的外の払出等の要件違反の事実が生じた場合には，当該事実が生じた日前5年内に支払われた利子等については，非課税とされず，当該事実が生じた日において当該利子等の支払があったものとみなし，5％の税率による課税が行われる（地税71の6②，税特措4の2⑨・4の3⑩）。

《算式》

　利子等の額×5％＝利子割額（1円未満切捨て）

3　利子割の徴収方法

 利子割の徴収については，特別徴収の方法による（地税71の9）。具体的には，つぎの方法で徴収される。

 (1) 特別徴収の手続

 都道府県は，利子等の支払またはその取扱いをする者（金融機関等）で，都道府県内に利子等の支払の事務または利子等の支払の取扱いの事務を行う営業所等を有するものを当該都道府県の条例によって特別徴収義務者として指定（特別徴収義務者の指定）し，これに徴収させなければならない[16]（地税71の10①）。

---

[16] ちなみに，金融機関等は，都道府県内に営業所等を設けたときは，条例の定めるところにより，15日以内に，①当該営業所等の名称および所在地，②当該営業所等において行う支払の事務または支払の取扱いの事務に係る利子等の種別，③その他参考となるべき事項を記載した届出書を都道府県知事に提出し，また，これらの事項に変更を生じた場合または営業所等を廃止した場合には，遅滞なく都道府県知事に届け出なければならない（昭和63年3月31日自治府第35号・自治市第20号）。

このように，都道府県は，特別徴収義務者を条例によって指定することになる。この条例による指定は，包括的に行われるものである。この場合の特別徴収義務者は，金融機関等である法人であって，個々の営業所等ではないので，実際に特別徴収税額の納入日の事務を行う営業所等は，どこであっても差し支えない（取扱通知(県) 2 章69）。

特別徴収義務者は，一般的には，利子等の支払をする者，すなわち，顧客に対して利子等の支払の債務を有する金融機関等である。もっとも，公社債利子など一定の金融商品に係る利子等については，利子等の支払の取扱いをする者，すなわち，利子等の支払の債務を有する金融機関等と顧客の間に介在し，利子等の支払の取扱いを行う金融機関等がある場合にあっては，当該利子等の支払の取扱いを行う金融機関等とされている（取扱通知(県) 2 章70）。

特別徴収義務者は，利子等の支払―特別徴収義務者が利子等の支払を取り扱う者である場合には，当該取扱いに係る利子等の交付―の際，その利子等について利子割を徴収し，その徴収の日の属する月の翌月10日までに，総務省令で定める様式によって，その徴収すべき利子割の課税標準額，税額その他必要な事項を記載した納入申告書を都道府県知事に提出し，その納入金を当該都道府県に納入する義務を負う。この場合，納入申告書には，総務省令で定める計算書を添付しなければならない（地税71の10②）。

なお，特別徴収税額の納入等の事務を実際に行う営業所等は，どこであっても差し支えないので，たとえば，①本店から各都道府県に各都道府県分を一括納入するとか，②都道府県内に所在する営業所等のうち，主たるものから当該都道府県分を一括納入するとか，あるいは，③都道府県内に所在する各営業所等から当該営業所等分を納入するなど，いずれの方法でもよい（取扱通知(県) 2 章69）。

(2) 更正・決定

都道府県知事は，利子割の特別徴収義務者から納入申告書の提出があった場合において，当該納入申告書に係る課税標準額または税額がその調査したところと異なるときは，これを更正し，または納入申告書を提出しなかった場合に

は，その調査によって，納入申告すべき課税標準額および税額を決定する。都道府県知事は，更正または決定したときは，遅滞なく，これを特別徴収義務者に通知しなければならない（地税71の11）。

この場合において，更正による納入金額の不足額または決定による納入金額（不足金額）の納期限は，その更正または決定の通知をした日から1月を経過した日である（地税71の12①）。不足金額を徴収するときは，その不足金額に本来の納期限—納期限の延長があったときは，その延長された納期限—の翌日から納入の日までの期間の日数に応じて，年14.6％—その更正または決定の通知をした日から1月を経過した日までの期間，または当該納期限の翌日から1月を経過する日までの期間については，年7.3％—の割合を乗じて計算した延滞金を加算して徴収しなければならない[17]（地税71の12②）。

もっとも，当分の間は，前年11月30日現在における商業手形の基準割引率に年4％を加算した割合（特例基準割合，0.1％未満切捨て）が年7.3％の割合に満たない場合には，それぞれつぎの割合とされる[18]（地税附則3の2①）。

[17] もちろん，都道府県知事は，当該更正前の納入申告に係る課税標準額または税額に誤りがあったことについて正当な事由がないと認める場合には，当該更正による不足金額に10％の割合を乗じて計算した過少申告加算金を，さらに，特別徴収義務者が課税標準額の計算の基礎となるべき事実の全部または一部を隠ぺいし，または仮装し，かつ，その隠ぺいし，または仮装した事実に基づいて納入申告書を提出したときは，過少申告加算金に代えて，その計算の基礎となるべき更正による不足金額に35％の割合を乗じて計算した重加算金を徴収しなければならない（地税71の14①・71の15①）。また，納入申告書の提出期限後にその提出，決定または更正があった場合には，都道府県知事は，納入申告，決定または更正により納入すべき税額に15％の割合を乗じて計算した不申告加算金を，さらに，特別徴収義務者が課税標準額の計算の基礎となるべき事実の全部または一部を隠ぺいし，または仮装し，かつ，その隠ぺいし，または仮装した事実に基づいて納入申告書の提出期限までにこれを提出せず，または納入申告書の提出期限後にその提出をしたときは，不申告加算金に代えて，その計算の基礎となるべき税額に40％の割合を乗じて計算した重加算金を徴収しなければならない（地税71の14②・71の15②）。

[18] ただし，特例基準割合が年7.3％を超える場合は，年7.3％の割合とされる（地税附則3の2①括弧書）。なお，平成26年1月1日からは，特例基準割合は，各年の前々年10月から前年9月までにおける国内銀行の新規の短期貸出約定平均金利の平均の割合に年1％を加算した割合に引き下げられる。

イ　年14.6％の割合の延滞金

　　延滞金の割合
　　　　＝年14.6％（平成26年1月1日以後，特例基準割合＋年7.3％）

ロ　年7.3％の割合の延滞金

　　延滞金の割合
　　　　＝特例基準割合（平成26年1月1日以後，特例基準割合＋年1％）

　さらに，都道府県知事は，特別徴収義務者が更正または決定を受けたことについて，やむを得ない理由があると認める場合には，延滞金を減免することができる（地税71の53③）。

4　利子割交付金

　利子割は，住民税にあたる税金の都道府県による一括徴収である。本来，住民税の一部として，利子所得に課税するものでありながら，市町村は課税せずに都道府県のみが課税することとしているのは，制度を極力簡素化して特別徴収義務者等の事務負担を増大させないようにする趣旨である[19]。そのため，本来，住民税所得割の課税権を有する市町村にも，利子割を一定の基準に従って配分する必要がある。こうした趣旨で，市町村に対する利子割交付金が設けられている。その交付の方法は，つぎのとおりである。

　まず，都道府県に納入された利子割額―前年度の3月から翌年2月までの間に収入した利子割額―から，法人の道府県民税の法人税割額から控除または還付もしくは充当した金額―前年度の1月から12月までの間に申告等がなされた道府県民税法人税割に係る利子割額の控除・還付額の合計額―を減額する。

　つぎに，都道府県間の精算により，他の都道府県から支払を受けた金額―前年度の3月から翌年2月までの間に収入した金額―を加算し，他の都道府県に支払をした金額―前年度の3月から翌年2月までの間に支払った金額―を減額した後の金額から，利子割額徴収事務取扱費として1％の金額を控除する（地

19）　仁藤司史「道府県税利子割の課税団体について」地方税52巻3号165頁（2001年）。

税71の26①,地税令9の14)。

　そして,所得割の最低税率が,市町村民税3％,道府県民税2％であることにかんがみ,利子割額徴収事務取扱費を控除した残額の5分の3を交付する。これは,全市町村で5分の3の割合で配分を受けるようにするものであって,市町村間においては,各市町村に係る個人の道府県民税額の当該都道府県計に対する割合の当該年度前3年度内の各年度に係るものの平均値により,あん分して交付される[20](地税71の26)。

《算　式》

$$利子割交付金額 = \{(精算後の利子割額 \times 99\%) \times \frac{3}{5}\} \times \frac{個人道府県民税額}{個人道府県民税額の合計額}$$

　市町村に対して利子割交付金を交付する時期は,8月,12月および翌年3月である。なお,各交付時期において,交付することができなかった金額があるとき,または交付すべき額を超えて交付した金額があるときは,それぞれこれらの金額をつぎの交付時期に交付すべき額に加算し,または減額する。また,市町村に対して交付すべき額を交付した後において,その交付額の算定に錯誤があったため,交付額を増加し,または減少する必要が生じた場合には,当該錯誤に係る金額を当該錯誤を発見した日以後に到来する交付時期において,当該交付すべき額に加算し,または減額することとなる(地税令9の15①〜③)。

　このように,利子割そのものが金融機関所在地主義で,そもそもラフな制度である。その市町村間における配分もまた,道府県民税によるあん分というラフな方法である。そのため,利子所得に頼る高齢者の割合が比較的大きい市町村は,利子割交付金において不利になりやすいといえる。しかしそれは,簡便を最優先する利子割課税制度のもたらす,やむを得ない結果であろう[21]。

---

20)　なお,市町村に係る個人の道府県民税額とは,地方自治法233条1項により調製された都道府県の決算に係る個人の道府県民税額のうち,当該市町村から都道府県に払い込まれた個人の道府県民税額に相当する部分の額である(地税則3の8)。
21)　碓井・前掲注12) 11頁。

第3節　道府県民税利子割と法人税割との調整

　法人が有する預貯金等について道府県民税利子割が特別徴収された場合，法人税割と利子割の二重課税を排除するため，当該道府県民税利子割額を道府県民税法人税割額から控除することとし，なお控除しきれなかった額については還付し，または未納の地方団体の徴収金に充当することによって，両者の調整が行われる（地税53㉖・㊵・㊶）。

1　利子割額の控除

　このように，利子課税制度の改組に伴い，利子等に対して新たに道府県民税利子割が課税されている。利子割課税では，利子等の支払を受ける者は，個人・法人の区別なく一律に特別徴収される。そのため，法人が利子収入等を有し，利子割を課税された場合であっても，その利子収入等については，所得に対する法人税および法人住民税が別途課税されるので，同一の利子収入等に対して，利子割と法人税割の双方が課税されることになる。
　すなわち，法人に対する課税は，利子所得を含めたあらゆる所得が課税対象とされており，法人税などのほか，法人住民税の法人税割が課税されている。利子所得に対しては，利子割が特別徴収されているのであるから，二重課税となり，この二重課税を調整する必要がある。国税においては，二重課税となる部分を税額控除する方法を採用している。これは，課税の正確性・簡便性を期すこととしたためであり，住民税における二重課税の調整にあたっても，これと同様の考え方に基づき，法人住民税の申告に際し，法人税割額から特別徴収された利子割額を控除することとしている[22]。
　都道府県は，法人税法に基づく，①仮決算による中間申告書，②確定申告書または連結確定申告書，③特定信託に係る確定申告書，④清算中の所得に係る

---

22)　詳しくは，吉川宏延『法人住民税のしくみと実務』（税務経理協会，3訂版，2013年）を参照のこと。ただし，平成28年1月1日以後に支払を受けるべき利子等に係る利子割については，利子等の支払を受ける法人が除外されるのに伴い，法人税割額から利子割額を控除する制度は廃止される。

予納申告書,⑤清算確定申告書を提出する義務がある法人が,当該申告書に係る法人税額の課税標準の算定期間において,その支払を受ける利子等について利子割を課税されたときは,法人税割と利子割の二重課税を排除するため,当該利子割額を当該法人が申告納付すべき当該算定期間に係る法人税割額から控除する（地税53㉛）。

この税額控除（利子割額の控除）は,法人の道府県民税の申告書に控除されるべき額およびその計算に関する明細の記載があり,かつ,当該控除されるべき利子割額の都道府県別の明細を記載した書類が添付されている場合にかぎり,適用される。この場合,法人税割額から控除されるべき利子割額は,当該申告書に記載された金額が限度とされる。なお,2以上の都道府県において事務所または事業所（事務所等）を有する法人については,その主たる事務所の所在する都道府県において,まとめて利子割額を控除することになる（地税53㉛・㉝）。

2　控除対象利子割額の計算方法

控除の対象となる利子割額は,課税された利子割額の全額ではなく,公社債の利子および投資信託の収益の分配（公社債利子等）については,その元本の所有期間に対応する部分の利子割額（控除対象利子割額）であり,それ以外の利子割については,その全額とされている（地税令9の8①）。控除対象利子割額は,つぎのいずれかの方法により計算される。

（1）個　別　法

個別法とは,公社債利子等に対する利子割額に,当該公社債利子等の計算の基礎となった期間の月数のうちに,その法人がその元本を所有していた期間の月数の占める割合を乗じて,控除対象利子割額を計算する方法である（地税令9の8②）。

《算　式》

$$\text{控除対象利子割額} = \text{公社債利子等に対する利子割額} \times \frac{\text{その法人がその元本を所有していた期間の月数}}{\text{公社債利子等の計算期間の月数}}$$

第5章　利子所得

《留意点》
　イ　公社債利子等に対する利子割額には，その法人が元本を所有していなかった期間についてのみ課税される利子割額を含まない。
　ロ　法人が，つぎに掲げる事由により，被合併法人等から公社債利子等の元本の移転を受けた場合には，当該被合併法人等の当該元本を所有していた期間は，当該法人の当該元本を所有していた期間とみなされる（地税令9の8④）。
　　(イ)　適格合併の場合，被合併法人
　　(ロ)　適格分割の場合，分割法人
　　(ハ)　適格現物出資の場合，現物出資法人
　　(ニ)　適格事後設立の場合，事後設立法人
　　(ホ)　特別の法律に基づく承継の場合，被承継法人
　ハ　算式における月数は，暦に従い計算し，1月に満たない端数を生じたときは，1月とする。ただし，投資信託の終了または投資信託の一部の解約による収益の分配により，委託者または投資信託の契約もしくは当該契約に係る約款に基づき委託者もしくは受託者が指定する有価証券関連業を行う法人もしくは金融商品取引法33条2項各号に掲げる有価証券もしくは取引につき当該各号に定める行為を行う，銀行，協同組織金融機関および信託会社などの金融機関の受ける収益の分配については，その所有した期間の全期間が15日以下であるときは，これを切り捨てる（地税令9の8⑥）。
　ニ　算式における分数の割合に小数点以下3位未満の端数があるときは，これを切り上げる（地税令9の8②括弧書）。

（2）　銘柄別簡便法
　銘柄別簡便法とは，控除対象利子割額を個別法により計算することに代えて，その利子割額に係る公社債利子等の元本を公社債または投資信託の受益証券の2種類に区分し，さらに，その元本を当該公社債利子等の計算の基礎となった期間が1年を超えるものと1年以内のものとに区分し，その区分に属するすべての元本について，その銘柄ごとに行う計算方法である（地税令9の8③）。

《1年以内のもの》

控除対象利子割額＝公社債利子等に対する利子割額

$$\times \frac{\text{その公社債利子等の計算期間の開始時に所有していた元本の数} B+(A-B)\times\frac{1}{2}}{\text{その公社債利子等の計算期間の開始時に所有していた元本の数} A}$$

《1年超のもの》

控除対象利子割額＝公社債利子等に対する利子割額

$$\times \frac{\text{その公社債利子等の計算期間の開始時に所有していた元本の数} B+(A-B)\times\frac{1}{12}}{\text{その公社債利子等の計算期間の開始時に所有していた元本の数} A}$$

《留意点》

イ　公社債利子等に対する利子割額には，その法人が元本を所有していなかった期間についてのみ課税される利子割額を含まない。

ロ　(1)のロに該当する場合には，算式中のBは，つぎに掲げる法人の区分に応じて，それぞれ定める数とする（地税令9の8④・⑤）。

(イ)　(1)のロに掲げる事由により，被合併法人等から公社債利子等の元本の移転を受けた法人（譲受法人）

$$B = \text{その法人が当該開始の時において所有していたその元本の数} + \text{被合併法人等が当該計算期間の開始時に所有していた元本の数}$$
$$\times \frac{\text{(1)のロに掲げる事由により譲受法人に移転した元本の数}}{\text{当該被合併法人等が(1)のロに掲げる事由の直前に所有していた元本の数}}$$

(ロ)　(1)のロの(ロ)から(ホ)に掲げる事由により，当該事由に係る分割承継法人，被現物出資法人，被事後設立法人および承継法人（分割承継法人等）に公社債利子等の元本の全部または一部の移転した法人（移転法人）

$$B = \text{その法人が当該開始の時において所有していたその元本の数} + \text{移転法人が当該計算期間の開始時に所有していた元本の数}$$
$$\times \frac{\text{(1)のロの(ロ)から(ホ)に掲げる事由により分割承継法人等に移転した元本の数}}{\text{当該被移転法人が(1)のロの(ロ)から(ホ)に掲げる事由の直前に所有していた元本の数}}$$

ハ　算式における元本の数は、公債および社債については額面金額による（地税令9の8③一括弧書）。
ニ　BがAを上回る場合は、分数の割合は1とする（地税令9の8③二括弧書）。
ホ　算式における分数の割合に小数点以下3位未満の端数があるときは、これを切り上げる（地税令9の8②括弧書）。

3　利子割額の還付・充当

　従来、利子割を課税された事業年度分の道府県民税法人税割額の計算上控除することができなかった金額（利子割額の控除不足額）については、当該事業年度分の法人の道府県民税の申告書に利子割額の控除不足額の記載があるときに、当該法人に対して当該利子割額の控除不足額を還付し、または当該法人の未納に係る地方団体の徴収金に充当することとされていた（旧地税53㊶）。

　平成18年度の税制改正により、納税者である法人の利便性の向上等を図るため、利子割額が法人税割額から控除することができなかった金額があるときは、一定の場合において、当該金額をその事業年度分の法人の道府県民税均等割に充当するための措置が講じられ、平成19年4月1日以後に開始する事業年度分の法人の道府県民税から適用されている[23]。

　すなわち、利子割額の控除不足額および当該利子割額の控除不足額を当該申告書に記載された均等割に充てたい旨（均等割充当の申出）の記載があるときは、当該利子割額の控除不足額を当該対象法人の申告書に記載された均等割に充当するものである。その充当をしても、なお充当することができなかった利子割額の控除不足額は、当該対象法人に対して還付し、または当該対象法人の未納に係る地方団体の徴収金に充当するものとなっている（地税53㊶）。

　利子割額の控除不足額の還付を受けようとする法人は、当該利子割額の控除不足額に係る申告書の提出と同時に、必要事項を記載した還付請求書に還付を受けようとする金額の計算に関する明細書を添付して、これを事務所等所在地

---

23)　総務省『地方税法等の一部を改正する法律案要綱』5頁（2006年）。

の都道府県知事—2以上の都道府県において事務所等を有する法人にあっては，主たる事務所所在地の都道府県知事—に提出しなければならない（地税令9の9の2①）。

なお，利子割額の控除不足額の還付をする場合には，都道府県知事は，当該利子割額の控除不足額に，当該還付請求書の翌日から，その還付のための支出を決定し，または充当をする日までの期間の日数に応じて，年7.3％の割合—各年の特例基準割合が年7.3％の割合に満たない場合は，当該特例基準割合—を乗じて計算した還付加算金を還付し，または充当すべき金額に加算しなければならない（地税17の4①，地税附則3の2③）。ただし，法人税の申告書を提出する義務がある法人に係る利子割額の控除不足額に係る事業年度分，または連結事業年度分の法人住民税に充当する場合は，このかぎりでない（地税令9の9の4①）。

4　都道府県間の精算

法人は，事務所等を有する都道府県に対して，法人住民税の納税義務を負う（地税24①三）。ここで，事務所等とは，それが自己の所有に属するものであるか否かにかかわらず，事業の必要から設けられた人的および物的設備であって，そこで継続して事業が行われる場所をいう（取扱通知(県)1章6(1)）。

法人の道府県民税は，事務所等の所在する都道府県ごとに申告納付を行う義務があるので，法人税割の課税標準となる法人税額を関係都道府県ごとに分割して，それぞれ納付すべき法人税割額を算定する。法人税額の分割は，関係地方団体ごとに，法人税額の課税標準の算定期間において有する法人の事務所等について，その法人の法人税額を当該算定期間の末日現在における従業者の数にあん分して行う（地税57②）。

法人税の申告書を提出する義務がある法人が，当該申告書に係る法人税額の課税標準の算定期間において，その支払を受ける利子等につき利子割を課税されたときは，法人税割と利子割の二重課税を排除するため，当該利子割額を当該法人が申告納付すべき当該算定期間に係る法人税割額から控除する。2以上

の都道府県において事務所等を有する法人については，利子割額の控除または還付もしくは充当は，法人の主たる事務所所在地の都道府県で一括して行われる（地税53㉖）。

このため，他の都道府県において当該控除または還付もしくは充当に係る利子割を徴収している場合には，控除または還付もしくは充当を行った都道府県が，当該他の都道府県が課税した利子割額を請求することにより，精算することとされている（地税65の2①）。この場合において，各都道府県が実際に支払う金額は，他の都道府県に対して請求をする金額と当該他の都道府県から請求を受ける金額とを相殺した後の金額である（地税65の2②）。なお，都道府県間の精算を行う時期は，7月，11月および翌年2月とされている（地税則3の6①）。

第4節　金融類似商品

源泉分離課税の対象となる金融類似商品の収益は，①定期積金の給付補てん金，②銀行法2条4項の契約に基づく給付補てん金，③抵当証券の利息，④貴金属などの売戻し条件付売買の利益，⑤外貨建預貯金の換算差益，⑥一時払養老保険や一時払損害保険などの差益，などである（所税174・209の2）。

1　懸賞金付預貯金等

懸賞金付預貯金等の懸賞金等とは，個人が，国内において，預貯金，合同運用信託，公社債，公社債投資信託の受益権および定期積金など（預貯金等）に係る契約に基づき，預入，信託，購入または払込みされた預貯金等を対象として，くじ引その他の方法により，支払もしくは交付を受け，または受けるべき金品その他の経済上の利益をいう（税特措41の9①，税特措令26の9①）。

懸賞の賞金品や福引の当選金品などは，競馬の馬主やプロゴルファーなどが受ける賞金のように，その者の業務に関して受けるものではなく，また，労務その他の役務の対価としての性質を有しない一時の所得であるので，一時所得として課税される（所基通34－1(1)）。この課税にあたっては，担税力の低いと

の考慮から，一時所得の２分の１のみを総合課税の対象とされている（所税22②二）。

懸賞金付預貯金等の懸賞金等も，懸賞の賞金品や福引の当選金品などと同じく，一時所得として総合課税の対象となるのかもしれない。しかし，経済実質的には，懸賞金付預貯金等の懸賞金等は，金利類似の性格をもつものと考えられる。そのため，他の金融類似商品とのバランスを考慮して，懸賞金付預貯金等の懸賞金等については，通常の預貯金の利子と同様の課税方法により，15％の税率による源泉徴収の対象とされる[24]（税特措41の9②）。

また，利子割の場合も，懸賞金付預貯金等の懸賞金等については，銀行その他の金融機関が利子割を徴収し，口座が設定された営業所等の所在する都道府県に納入する。そしてまた，割増金品付の定期郵便貯金については，郵便貯金銀行（株式会社ゆうちょ銀行）が利子割を徴収し，割増金品の支払の請求を受けた営業所等または郵便局の所在する都道府県に納入することになる（地税23①十四ホ，地税令7の4の2①十三）。

2 割引債

割引債とは，割引の方法により発行される，①国債および地方債，②内国法人が発行する社債，③外国法人が発行する債券で，つぎに掲げるもの以外の債券をいう[25]（税特措41の12⑦，税特措令26の15）。

イ 財政投融資特別会計の投資勘定の貸付けの財源に充てるため，または外貨債を失った者に対して交付するため，政府が発行する外貨債

---

24) ちなみに，懸賞金付預貯金等の懸賞金等については，障害者等の少額預金の利子所得等の非課税，勤労者財産形成住宅貯蓄の利子所得等の非課税，勤労者財産形成年金貯蓄の利子所得等の非課税などの適用はない（措通41の9―1）。

25) ただし，国外において発行する債券にあっては，①外国法人が国外において発行する債券の社債発行差金の全部または一部が，当該外国法人の事業を行う一定の場所を通じて国内において行う事業に帰せられる場合における債券，②外国法人が国外において発行する債券の社債発行差金の全部または一部が，これらの外国法人の事業に帰せられる場合における債券に限る（税特措令26の15①三）。

ロ　独立行政法人住宅金融支援機構，沖縄振興開発金融公庫または独立行政法人都市再生機構が発行する債券

　要するに，割引債の償還差益とは，割引債の償還金額—買入消却が行われた場合には，その買入金額—が，その発行価額を超える場合におけるその差益をいう。その性質は，利子に類似している。にもかかわらず，割引債の償還差益は，利子所得でなく，雑所得に含められる（所基通35—1(3)）。

　この償還差益については，租税特別措置法により，課税上の特例が設けられている。すなわち，個人が昭和63年4月1日以後に発行された割引債について支払を受けるべき償還差益については，その支払を受けるべき金額に対して，発行の際，18％の税率を適用し，特定割引債につき支払を受けるべき償還差益については，16％の税率による源泉分離課税が行われるのである（税特措41の12②）。

　もっとも，割引債の償還差益については，課税技術上の問題等から，当面，利子割課税の対象外とされている（取扱通知(県)1章62）。なぜなら，もし仮に，割引債に利子割を課税するとすれば，現行の発行形態においては，発行時に課税せざるをえない。ところが，発行後，転々と流通する場合，発行時の課税団体と本来の納税者である償還時の割引債の保有者との間に課税関係を根拠付けるのは，非常に難しいからである[26]。

3　定期積金

　定期積金とは，期限を定めて一定金額の給付を行うことを約して，定期にまたは一定期間内において数回にわたり受け入れた金銭をいう。定期積金契約に基づき金融機関が積金者に支払う給付契約金は，積金者の掛金の総額より多く，給付契約金と掛金総額との差額は金融機関が補てんする。この掛金と給付され

---

[26]　市町村税務研究会編『要説住民税』389頁（ぎょうせい，平成24年度版，2012年）。なお，平成28年1月1日以後に行う割引債の償還差益については，公社債の譲渡所得等として，所得税15％，住民税5％の税率による申告分離課税の対象となる（自由民主党＝公明党・前掲注6）14頁）。

る金銭は,別個の契約に基づくものである。したがって,払い込まれた金銭の総額と給付される金銭との差額（給付補てん金）は,消費寄託である預金とは異なるため,雑所得として取り扱われ,総合課税の対象とされていた（所基通35－1(4)）。

ところが,昭和62年度の税制改正により,金融類似商品に係る収益も,割引債の償還差益と同様,利子所得には含められないものの,源泉徴収の対象となった。それゆえ,居住者または国内に恒久的施設を有する非居住者（居住者等）が,昭和63年4月1日以後に国内において支払を受けるべき定期積金の給付補てん金については,その支払の際,15％の税率で所得税が源泉徴収される（税特措41の10①,所税209の2・209の3・212①・213①）。

また,利子割の場合も,定期積金の給付補てん金については,信用金庫等の金融機関が利子割を徴収し,口座が設定された営業所等の所在する都道府県に納入することになる（地税23①十四ヘ,地税令7の4の2①十四）。

4 抵当証券

抵当証券とは,抵当証券法1条1項に基づき,土地・建物などの抵当権付き貸付債権を証券化したものであり,有価証券取引法に規定する有価証券ではない[27]。そのため,抵当証券に係る課税関係は,つぎのとおり取り扱われていた（昭和59年6月26日直審4－30）。

（1）抵当証券に係る利子

投資家が支払を受ける抵当証券に係る利子は,所得税法上の利子等に該当しないことから,それを支払う際には所得税の源泉徴収を必要とせず,また,その支払を受けた者については,雑所得に該当する。

（2）抵当証券の償還損

投資家が抵当証券を額面金額を超えて取得したために生ずる償還時の償還差損は,雑所得の損失に該当する。

---

27) もちろん,平成19年9月に施行された金融商品取引法では,抵当証券は有価証券と定義されている（金商2①十六）。

（3） 抵当証券の売買損益

投資家が抵当証券を償還期限前に売却したことによる売却損益は，当該抵当証券が譲渡所得の基因となる資産に該当しないと認められるので，雑所得または雑損失に該当する。

ところが，昭和62年度の税制改正により，抵当証券の利息等についても，利子所得と同様，源泉分離課税の対象とすることとされた。すなわち，居住者等が，昭和63年4月1日以後に国内において支払を受けるべき抵当証券の利息については，その支払の際，15％の税率で所得税が源泉徴収される（税特措41の10①，所税209の2・209の3・212①・213①）。

また，利子割の場合も，抵当証券の利息については，抵当証券会社等の抵当金融商品取引業者が利子割を徴収し，利息の支払の事務を行う営業所等の所在する都道府県に納入することになる（地税23①十四へ，地税令7の4の2①十四）。

5 質疑応答事例

国税庁の「質疑応答事例」では，つぎのとおり，(1)定期預金の景品として交付する宝くじ，(2)金融機関の貸出債権に係るローン・パーティシペーションの取扱い，(3)変額個人年金保険の据置期間中に定期的に支払われる引出金に対する源泉徴収の要否という，3つの事例において，金融類似商品に関する見解が示されている[28]。

（1） 定期預金の景品として交付する宝くじ

《照 会》

> J銀行では，宝くじ付定期預金を契約した顧客に対して，景品として宝くじを交付することとしている。この宝くじは，預貯金の利子として源泉徴収をする必要があるのか。

---

28) 国税庁HP「質疑応答事例」（http://www.nta.go.jp/shiraberu/zeiho-kaishaku/shitsugi/01.htm，2013年7月31日最終閲覧）。

〈宝くじ付定期預金景品規定の概要〉
① 取扱期間：本年1月4日～翌年3月31日
② 預入期間：3年
③ 利　　率：預け入れ時の店頭表示利率
④ 宝くじの種類と交付枚数

コース名	預入金額	枚数／交付頻度
100万円コース	100万円以上200万円未満	年末ジャンボ宝くじ5枚／年1回
200万円コース	200万円以上300万円未満	年末ジャンボ宝くじ10枚／年1回
300万円コース	300万円以上400万円未満	年末ジャンボ宝くじ15枚／年1回
400万円コース	400万円以上500万円未満	年末ジャンボ宝くじ20枚／年1回
500万円コース	500万円以上600万円未満	年末ジャンボ宝くじ25枚／年1回

⑤ 宝くじの交付基準：預入後3年内の基準日（各年10月31日）現在において当初預金残高を有している者に交付する。

《回　答》

　宝くじ付定期預金景品規定において，宝くじ付定期預金を各年の基準日まで継続することに対して宝くじの交付を約していることからすれば，交付される宝くじには，預金の受入に対して行う反対給付としての性質が認められる。そしてまた，つぎのように，宝くじ付定期預金景品規定に基づき，預入金額および預入期間に応じて宝くじを交付するものであり，元本の使用の対価と認められるので，預貯金の利子に該当して源泉徴収を要する（所税23）。

　イ　預入金額が100万円以上200万円未満の場合には5枚というように，交付する宝くじの枚数に対して元本に幅があり，元本に完全に比例するものではない。とはいえ，交付する宝くじは，預入金額100万円を単位として交付する宝くじの枚数を定めており，預入金額に応じて支払うものと認められる。

　ロ　基準日を預入日の1年後とはしておらず，宝くじの交付は，預入期間に対して完全に比例するものではない。とはいえ，3年間預金を継続することを前提として，1年に1回預金者に宝くじを交付するものであり，預入期間に応じて支払うものと認められる。

なお，金銭以外の物または権利その他経済的利益をもって収入する場合の収入金額とすべき金額は，その利益を享受するときにおける価額（時価）とされており，交付する年末ジャンボ宝くじは，売りさばき所において1枚300円で発売されているので，その発売価額を基礎として収入金額を計算することになる（所税36）。

このほか，J銀行は，道府県民税利子割を徴収し，宝くじ付定期預金が契約された営業所等の所在する都道府県に納入しなければならない（地税23①十四ホ，地税令7の4の2①十三）。

(2) 金融機関の貸出債権に係るローン・パーティシペーションの取扱い

《照　会》

外国銀行の在日K支店は，内国法人L社に対して貸付けを実行している。この度，その貸出債権につき，国内に恒久的施設を有しない外国法人M社とローン・パーティシペーション契約を締結することとなり，参加対価の支払を受けた。以後，K支店は，その貸出債権に係る元利金の一定割合（参加割合）をM社に支払うこととなる。その元利金については，源泉徴収を要しないのか。なお，K支店とM社とのローン・パーティシペーション契約は，会計処理上，債権譲渡と取り扱われる要件のいずれをも満たしている。

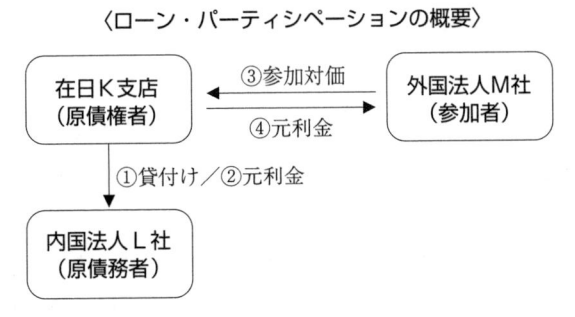

〈ローン・パーティシペーションの概要〉

在日K支店（原債権者） ←③参加対価／④元利金→ 外国法人M社（参加者）

在日K支店 ①貸付け／②元利金→ 内国法人L社（原債務者）

ここでいう，ローン・パーティシペーション契約とは，金融機関（原債権者）と借入者（原債務者）との権利義務を移転させずに，貸出債権の全部

または一部に係る利益——原債務者から元利金として支払われた金銭等を受け取る利益——とリスクの全部または一部とを原債権者から参加者に移転させ，参加者からローン・パーティシペーションの対象となった原貸出債権の金額のうち，参加割合に相当する金額（時価相当額）を参加対価として受け取るものである。

　ローン・パーティシペーションの会計処理については，一定の要件を満たす場合，原債権者である金融機関は，原貸出債権のうち，参加割合に相当する部分を参加者に売却したものとして会計処理される（平成7年6月1日会計制度委員会報告第3号）。この会計処理は，法人税法上も是認されている。また，一定の要件を満たさない場合のローン・パーティシペーション契約は，参加者から原債権者への貸付取引として会計処理される。

《回　答》

　ローン・パーティシペーション契約が一定の要件を満たさない場合には，参加者から原債権者への貸付取引になるので，その利子等が外国法人に支払われたときは源泉徴収が必要なことは明らかである。一定の要件も満たし，売却と会計処理された場合には，どのように扱うかが問題となる。この点については，つぎの理由により，貸付金の利子に該当し，原債権者が源泉徴収義務者として源泉徴収しなければならない（所税161六）。したがって，K支店は，M社に支払う参加割合に係る元利金のうち，利子部分については源泉徴収を要する。

　　イ　ローン・パーティシペーションに参加した金融機関の会計処理は，貸出債権の参加元本金額のうち，参加割合に相当する部分を原債務者に対する貸出債権として計上する旨を明らかにしており，参加対価は貸出債権であって，その債権より生じる所得は貸付金の利子以外の何ものでもない。
　　ロ　外国法人に対して国内において貸付金の利子の支払をする者は，源泉徴収しなければならない（所税212①）。参加者の会計処理は，原債務者に対する貸出債権として計上されているので，原債務者が源泉徴収義務者であるとの見解も考えられる。だが，債権自体は移転していないので，原債務

者は，ローン・パーティシペーション契約の当事者とはなっておらず，当該契約の有無や参加者が誰かを知りえない状態にあり，源泉徴収義務を履行することは不可能である。したがって，契約当事者である原債権者―当該契約に基づいて一定割合の利子の支払をなすべき者―が，源泉徴収義務者たりうべきである。

ハ　参加者は，原貸出債権について原債務者に対して直接権利行使することはできず，さらに，原債権者に支払不能の事態が生じた場合には，会計処理の如何にかかわらず，参加者は原債権者に対する一般債権者としての地位をもつにすぎないことからすれば，源泉徴収義務者は，原債権者以外にはいないと解される。

他方，道府県民税利子割は，非居住者または外国法人が支払を受ける利子等については，非課税とされている（地税25の2①）。したがって，外国法人M社が支払を受ける，ローン・パーティシペーション契約に係る利子等については，利子割は非課税となる。

(3)　変額個人年金保険の据置期間中に定期的に支払われる引出金に対する源泉徴収の要否

《照　会》

> 一時払変額個人年金保険には，契約者の請求により据置期間中に積立金の一部を定期的に引き出すことができるものがある。この引出金が確定年金契約に係るものである場合，保険期間等の初日から5年以内の引出金は，金融類似商品としての源泉徴収の対象となるのか。

《回　答》

個人年金保険では，契約者は年金支払開始日前にかぎり，保険契約の全部または一部を解約することができる。保険契約の一部解約が行われた場合には，契約者持分である積立金の額が減少することになる。引出金は，人の生存または死亡を給付事由として支払われる保険金や年金ではなく，年金支払開始日前に，契約者がその請求により受け取ることができるものである。引出金が支払

われた場合には，契約者持分である積立金の額が減少することになり，保険契約の一部解約と同様のものと考えられる（所税174八，所基通174—4）。

　したがって，確定年金契約に係る引出金のうち，保険期間等の初日（契約日）から5年以内の引出によるものの差益については，金融類似商品としての源泉徴収の対象となる（所税209の2，税特措41の10①）。同時に，この差益については，道府県民税利子割の特別徴収の対象となる（地税23①十四ヘ，地税令7の4の2①十五）。

第6章　配当所得

chapter 6

　本章では，2つめの金融所得課税（配当課税）についてみることにする。剰余金の配当，利益の配当，剰余金の分配，基金利息ならびに投資信託および特定受益証券発行信託の収益の分配は，いずれも法人の利益の処分の性質をもっており，同一の取扱いをするのが妥当であるため，同一種類の所得とされている。配当所得は，原則として確定申告の対象とされるものの，確定申告不要制度を選択することもできる。また，平成21年1月1日以後に支払を受けるべき上場株式等の配当所得については，総合課税によらず，申告分離課税を選択することができる。

第1節　配当所得に係る源泉徴収の基本的なしくみ

　配当所得は，総合課税の対象となる。これに加えて，源泉徴収と配当控除の適用がある。配当所得と利子所得は，同じ金融所得であるにもかかわらず，課税方法が異なれば，税制が資金運用先の選択について中立的でなく，適切ではないということになる。もっとも，上場株式等の配当課税は，確定申告が不要とされ，源泉徴収税率が15％とされているので，結局，利子課税と同様，15％の源泉分離課税が行われている。このかぎりにおいて，配当課税と利子課税は，一体化の方向を向いている。

1　配当所得の範囲

　配当所得とは，法人（公益法人等および人格のない社団等を除く）から受ける剰余金の配当（株式または出資に係るものに限るものとし，資本剰余金額の減少に伴うものおよび分割型分割によるものを除く），利益の配当（資産流動化法115条1項に規定する中間配当を含み，分割型分割によるものを除く），剰余金の分配（出資に係るものに限る），基金利息ならびに投資信託（公社債投資信託および公募公社債等運用投資信託を除く）および特定受益証券発行信託の収益の分配（適格現物分配に係るものを除く）に係る所得をいう（所税24①）。

　剰余金の配当，利益の配当および剰余金の分配には，剰余金または利益の処分により配当または分配をしたものだけでなく，法人が株主等に対してその株主等である地位に基づいて供与した経済的利益が含まれる（所基通24－1）。要するに，法人への出資のリターンとして，出資者が受け取るものが配当所得の中心にあり，それと同様の性質をもつと考えられる信託収益の分配が，あわせて配当所得として規定されている。

　配当所得の意義については，すずや金事件の最高裁判決がある。そこでは，「株主優待金なるものは，損益計算上利益の有無にかかわらず支払われるものであり株金額の出資に対する利益金として支払われるものとのみは断定し難く，前記取引社会における利益配当を同一性質のものであるとはにわかに認め難い」と判示された[1]。この判決からは，積極的に利益の配当の概念を形作る要素を取り出すことは難しい。しかし他方で，何が利益の配当にあたらないかという点については，1つの明確なルールが示されている。すなわち，「損益計算上利益の有無にかかわらず支払われるもの」は，利益の配当にあたらないということである。

　課税実務も，同様の見解にたって，運用されている。法人が株主等に対してその株主等である地位に基づいて供与した経済的利益であっても，法人の利益の有無にかかわらず供与することとされている，つぎに掲げるようなものは，

---

[1]　最判昭和37年10月7日民集14巻12号2420頁。

法人が剰余金または利益の処分として取り扱わないかぎり，配当等には含まれないものとするのである（所基通24—2）。

- イ　旅客運送業を営む法人が，自己の交通機関を利用させるために交付する株主優待乗車券等
- ロ　映画・演劇などの興行業を営む法人が，自己の興行場等において上映する映画の鑑賞等をさせるために交付する株主優待入場券等
- ハ　ホテル・旅館業などを営む法人が，自己の施設を利用させるために交付する株主優待施設利用券等
- ニ　法人が，自己の製品等の値引販売を行うことにより，供与する利益
- ホ　法人が，創業記念や増資記念などに際して交付する記念品

2　配当課税の動向

　配当所得は，原則として総合課税の対象となる一方，利子所得と同様に，源泉徴収の対象となる。すなわち，居住者に対して国内において配当等の支払をする者は，その支払の際，その配当等について所得税を徴収し，その徴収の日の属する月の翌月10日までに，これを国に納付しなければならない。徴収すべき所得税額は，その配当等の額に20％の税率を乗じて計算した金額である（所税181①・182二）。

　平成14年度の税制改正で，障害者等に対する少額貯蓄非課税制度への改組，特定口座内の上場株式等の譲渡に係る所得計算および申告不要の特例の創設，新株予約権制度の施行に伴う税制上の整備など，証券に係る税制が大幅に改正され，証券投資を促すための措置と恒久的な措置がとられた[2]。しかしそのために，金融・証券税制がやや複雑なものとなり，早急な改正が望まれていた。

　政府税調は，『平成15年度における税制改革についての答申―あるべき税制の構築に向けて―』（平成14年11月）において，「金融資産に対する課税は，……，広く公平に負担を分かち合い，簡素で分かりやすい税制を構築するこ

---

2)　財務省『平成14年度税制改正の大綱』4～7頁（2001年）。

とを基本とすべきである。また，……，制度の安定性にも配意すべきである。……。こうした観点から，金融・証券税制については，今後，利子・配当・株式譲渡益に対する課税について，金融商品間の中立性を確保するとともに，できる限り一体化する方向を目指すべきである。この場合，将来の改革の方向として，金融所得の一元化，二元的所得税についても，総合課税とあわせ検討すべきである」と提言した[3]。

ここでいう，二元的所得税の考え方は，資本は労働よりも流動的であることを前提として，勤労所得に対して累進税率を適用する一方，資本所得に対しては，勤労所得に適用する最低税率，さらには法人税率と等しい比例税率で分離課税するというものである。これにより，資本取引への課税の効率性・中立性や，生涯を通じた税負担の水平的公平性の確保などが図られる点で，望ましい税制とされている[4]。

しかしその反面，二元的所得税に対しては，①資本所得を勤労所得より軽課することは垂直的公平の観点から問題があること，②個人事業主や小規模法人の事業収益を勤労部分と資本部分に分割することに伴う技術的な問題があること，③勤労所得と資本所得とは本質的に異なるものではなく，また，取引形態を操作し，所得分類を変更する可能性もあること，などの問題が指摘される[5]。

二元的所得税では，配当所得は，資本所得に含まれることとなり，配当所得

---

3) 税制調査会『平成15年度における税制改革についての答申―あるべき税制の構築に向けて―』12～13頁（2002年）。
4) 税制調査会『あるべき税制の構築に向けた基本方針』5頁（2002年）。ちなみに，二元的所得税は，1990年代の北欧諸国で導入された税制である。北欧諸国で二元的所得税が採用された背景としては，①民間貯蓄が低水準であったこと，②インフレ率が高かったこと，③小規模開放経済のもとにおいて，高水準の社会保障を支えるべく，金融資産などの流動的な源泉からも歳入を確保する必要に直面していたこと，④負債利子が控除され課税ベースが大きく浸食されていたこと，などがあげられる。
5) 税制調査会・前掲注4) 5頁。もちろん，所得合算申告制度による所得税の一本化は図られている。ところが，所得には，さまざまな種類があり，それぞれの性格が異なるから，所得の種類ごとに税率や控除などの異なった別の所得税制度を制定するのも，それなりの合理性を有している。二元的所得税は，勤労所得と資本所得の2種類の所得に対する分類所得税といえる。

と他の資本所得との損益通算が可能かどうか，という問題がある。ところが，平成16年1月1日以後，公募株式投資信託の償還・中途解約による損失については，株式等に係る譲渡所得等の金額との損益通算が可能となる措置が，平成15年度の税制改正でとられた。これにより，損益通算の範囲を拡大すれば，配当所得と他の所得との損益通算も可能となろう。

平成15年度の税制改正では，金融所得の一体課税と簡素化を促進するため，一定の上場株式等の配当等に対する源泉徴収税率を15%（本則20%）に軽減する特例の創設，上場株式等の配当所得に係る申告不要の特例の適用上限額の撤廃，株式等に係る配当所得の35%源泉分離選択課税の特例の廃止など，配当課税の見直しが行われた[6]。

3　配当所得の課税方法

配当所得は，配当等の支払の際につぎに掲げる株式等の区分に応じて所得税が源泉徴収される（所税181）。源泉徴収された所得税は，原則として，その年分の納付すべき所得税額を計算する際に控除される（所税92①）。

(1) 上場株式等の配当等

平成21年1月1日以後に支払を受けるべき上場株式等の配当等に対する配当所得については，総合課税によらず，申告分離課税を選択することができる。いわゆる「申告分離課税の選択」は，申告する上場株式等の配当所得の全額についてしなければならない。平成25年12月31日までは，7%（他に道府県民税配当割3%），翌26年1月1日からは15%（他に配当割5%）の税率が適用される（所税附則33，地税附則3⑤）。

すなわち，居住者または国内に恒久的施設を有する非居住者（居住者等）が，平成21年1月1日以後に支払を受けるべき配当等で，つぎに掲げる上場株式等の配当等を有する場合において，当該上場株式等の配当等に係る配当所得につき，「申告分離課税の選択」という特例の適用を受けようとする旨の記載が

---

6) 財務省『平成15年度税制改正の大綱』6〜7頁（2002年）。

ある確定申告書を提出したときは，当該上場株式等の配当等に係る配当所得については，他の所得と区分し，その年中の当該上場株式等に係る配当所得金額に対して，課税配当所得金額に15％の税率を適用して所得税が課される[7]（税特措8の4①）。

　イ　株式等の配当等で，内国法人から支払がされる当該配当等の支払に係る基準日において，その内国法人の発行済株式または出資の総数または総額の3％以上に相当する数または金額の株式または出資を有する者が，当該内国法人から支払を受けるもの以外のもの

　ロ　公社債投資信託以外の証券投資信託で，その設定に係る受益権の募集が公募により行われたもの（特定株式投資信託を除く）の収益の分配に係る配当等

　ハ　特定投資法人の投資口の配当等

なお，上場株式等の配当等については，金額の多寡にかかわらず，確定申告することを要しない（税特措8の5①二～四）。もちろん，確定申告をして，源泉徴収税額の還付を受けることもできる。

（2）　上場株式等以外の配当等

上場株式等以外の配当等に対する配当所得については，20％（配当割なし）の税率により源泉徴収される。内国法人から1回に支払を受けるべき金額が，10万円に配当計算期間―当該配当等の直前に，当該内国法人から支払がされた配当等の支払に係る基準日の翌日から，当該内国法人から支払がされる当該配当等の支払に係る基準日までの期間―の月数を乗じて，これを12で除して計算した金額以下である少額配当については，確定申告を要しない[8]（税特措8の5①一）。

逆にいえば，1回に支払を受けるべき金額が，適用金額を上回る配当等につ

7）　もちろん，申告分離課税を選択した場合には，その上場株式等の配当等については，配当控除は適用されない。

8）　ただし，給与所得者で，給与所得以外の配当所得などの所得が20万円以下の場合は，原則として確定申告を要しない（いわゆる「20万円基準」，所税121①一）。

図表14　上場株式等以外の配当等の確定申告の有無

適　用　金　額	確定申告
1回の配当額≦10万円×配当計算期間の月数÷12	必要
1回の配当額＞10万円×配当計算期間の月数÷12	不要

（出所）　租税特別措置法8条の5第1項1号に基づき，筆者が作成。

いては，確定申告しなければならない。もっとも，確定申告を要しない配当等であっても，確定申告をして，源泉徴収税額の還付を受けることはできる。

（3）　私募公社債等運用投資信託等の収益の分配

　私募公社債等運用投資信託等の収益の分配に係る配当等については，金融資産の選択に対する税制の中立性を確保する必要から，利子所得の場合と同じ15％の税率で，一律分離課税を行っている。したがって，私募公社債等運用投資信託等の収益の分配に係る配当等については，源泉徴収だけで納税が完了し，確定申告することはできない。

　すなわち，居住者等が，平成16年1月1日以後に国内において支払を受けるべき剰余金の配当で，①公募公社債等運用投資信託以外の公社債等運用投資信託の受益権，②特定目的信託の社債的受益権の収益の分配に係るものについては，他の所得と区分して，その支払を受けるべき金額に15％の税率を適用して所得税が課される（税特措8の2①）。

　また，居住者が，平成16年1月1日以後に支払を受けるべき国外において発行された私募公社債等運用投資信託等の配当等につき，国内における支払の取扱者を通じてその交付を受ける場合には，その支払を受けるべき国外私募公社債等運用投資信託等の配当等については，他の所得と区分して，その支払を受けるべき金額に15％の税率を適用して所得税が課される（税特措8の3②一）。

4　配当所得の収入すべき時期

　無記名株式等の剰余金の配当または無記名の貸付信託，投資信託もしくは特定受益証券発行信託の受益証券に係る収益の分配については，その年分の配当

所得金額の計算上収入金額とすべき金額は，その年において支払を受けた金額とされる（所税36③）。このほか，配当所得の収入すべき時期は，配当等とみなされるものを除き，配当所得の内容によって，それぞれつぎに掲げる日による（所基通36—4）。

（1） 剰余金の配当等

剰余金の配当，利益の配当，剰余金の分配または基金利息（剰余金の配当等）については，当該剰余金の配当等について定めたその効力を生ずる日が，配当所得の収入すべき時期となる。ただし，その効力を生ずる日を定めていない場合には，当該剰余金の配当等を行う法人の社員総会その他正当な権限を有する機関の決議があった日である。

また，資産流動化法115条1項（中間配当）による金銭の分配に係る取締役の決定において，特に，その決定の効力発生日（同項に規定する一定の日から3月内に到来する日に限る）を定めた場合には，当該効力発生日が配当所得の収入すべき時期となる。

（2） 投資信託の収益の分配

投資信託（公社債投資信託および公募公社債等運用投資信託を除く）の収益の分配のうち，信託期間中のものについては収益計算期間の満了の日が，信託の終了または解約（一部解約を含む）によるものについてはその終了または解約の日が，それぞれ配当所得の収入すべき時期となる。

（3） 認定配当

認定配当とされるもので，その支払をすべき日があらかじめ定められているものについてはその定められた日が，その日が定められていないものについては現実にその交付を受けた日が，それぞれ配当所得の収入すべき時期となる[9]。

いずれの場合においても，配当所得に対する源泉徴収の時期は，原則として配当等の支払の際に行うこととされている。しかし，配当等については，支払の確定した日から1年を経過した日までにその支払がされない場合には，その

---

9) なお，その日が明らかでない場合には，その交付が行われたと認められる事業年度の終了の日による（所基通36—4(4)括弧書）。

1年を経過した日において、その支払があったものとみなすという特例が設けられている[10]（所税181②）。これは、未払のまま放置することにより、所得税の課税時期を遅延させたり、同族会社の留保金課税を軽減することなどができるので、これを防止するための措置である[11]。

たとえ、株主が配当の受領を辞退しても、原則として課税される。ただし、その債務免除が、その支払者の債務超過の状態が相当期間継続し、その支払をすることができないと認められる場合に行われたものであるときは、その辞退した金額に対応する部分の配当所得はなかったものとして取り扱われる（所基通181～223共―2）。

すでに未払配当について確定申告している株主は、その辞退した金額に対応する部分の配当所得がなかったものとされるのであるから、その辞退の決議がなされた日の翌日から2月以内に更正の請求をすることができる（所税152）。つまり、全額辞退しても、源泉徴収分は、いったん配当所得として課税されるわけである。

5 配当控除

配当控除とは、配当に係る二重課税を排除するために認められた規定で、法人の段階―法人の所得として課税された利益が株主に分配された段階―で課税されることにより、配当二重課税が生ずると考えられるので、その調整のために認められるものである。

---

[10] なお、支払の確定した日から1年を経過した日とは、その支払の確定した日の属する年の翌年の応当日の翌日をいう（所基通181―5）。

[11] 同族会社においては、多額の利益を配当せずに会社内部に留保し、株主レベルでの高い累進税率による所得課税を回避しようとする行為が、しばしばみられる。そこで、通常と考えられる以上の留保金に特別な税率で課税し、配当された場合との課税の公平を図ろうとする制度が、留保金課税である。すなわち、同族会社が各事業年度に獲得した利益で留保された金額から、一定の控除額（留保控除額）を控除した金額に対して、3段階の超過累進税率―課税留保金額3,000万円以下の部分は10%、3,000万円超1億円以下の部分は15%、1億円超の部分は20%―による課税が、法人税とは別に行われている（法税67①）。

（1） 配当控除額の計算方法

　配当控除額は，居住者が，剰余金の配当，利益の配当，剰余金の分配または証券投資信託の収益の分配に係る配当所得を有する場合において，その居住者のその年分の所得税額から，つぎの方法によって算定した金額を控除するものである[12]（所税92①）。

　イ　その年分の課税総所得金額が1,000万円以下の場合

　　　配当控除額＝①＋②

　　①　剰余金の配当等に係る配当所得＝配当所得金額×10％

　　②　証券投資信託の収益の分配に係る配当所得＝配当所得金額×5％

　ロ　その年分の課税総所得金額が1,000万円を超え，かつ，当該課税総所得金額から証券投資信託の収益の分配に係る配当所得金額を控除した金額が1,000万円以下である場合

　　　配当控除額＝①＋②

　　①　剰余金の配当等に係る配当所得＝配当所得金額×10％

　　②　証券投資信託の収益の分配に係る配当所得

　　　　　＝（課税総所得金額－1,000万円）×2.5％＋その他の金額×5％

　ハ　上記イおよびロ以外の場合

　　　配当控除額＝①＋②

　　①　剰余金の配当等に係る配当所得＝｛課税総所得金額－（1,000万円＋②の配当所得金額）｝×5％＋その他の金額×10％

　　②　証券投資信託の収益の分配に係る配当所得＝配当所得金額×2.5％

---

[12]　たとえば，①外国投資信託の収益の分配に係る配当等，②国外私募公社債等運用投資信託等の配当等，③外国株価指数連動型特定株式投資信託の収益の分配に係る配当等，④特定外貨建等証券投資信託の収益の分配に係る配当等，⑤適格機関投資家私募による投資信託から支払を受けるべき配当等，⑥特定目的信託から支払を受けるべき配当等，⑦特定目的会社（ＳＰＣ）から支払を受けるべき配当等，⑧投資法人から受ける配当等，などの配当等に係る配当所得は，配当控除の対象とはならない（税特措9①）。

（2）　二重課税の調整の方法

　もちろん，現行所得税法の考え方以外にも，さまざま考え方がある。配当に係る二重課税の調整の方法については，つぎの6方式に大別することができる。

　イ　個人の受け取った配当の一部を所得税額から控除する，いわゆる「配当所得税額控除方式」

　ロ　法人の支払った配当の全部または一部を支払利子と同じように損金に算入し，法人税の対象から除外する，いわゆる「支払配当損金算入方式」

　ハ　法人所得のうち，留保にあてられた部分よりも配当にあてられた部分に軽い税率を適用する，いわゆる「二重税率方式」

　ニ　株主の受け取った配当に，配当に対応する法人税額の全部または一部を加算し，算出された税額からその加算した金額を控除する，いわゆる「法人税株主帰属（インピュテーション）方式」

　ホ　個人の受け取った配当の全部または一部を課税所得から控除する，いわゆる「配当所得控除方式」

　ヘ　法人利潤が実際に分配されたか否かを問わず，すべての所得を持分に応じて株主に分配し，株主のみに課税する，いわゆる「組合課税方式」

　このうち，理論的に最も完璧なのは，ヘの組合課税方式である。しかし実際には，他の方式が採用されてきた。たとえば，欧州諸国では，ニのインピュテーション方式を採用してきた。また，日本では，昭和25年のシャウプ税制において，株主の所得税額から受取配当の25％を控除するという，ホの配当所得控除方式が導入された。昭和36年に，借入金による資本調達に比べて株式発行による資金調達が法人税法上，不利に扱われているという考えから，この方式に加えて，ハの二重税率方式が導入され，その後は2つの方式が併用されていた。だが，この併用型の調整方法も，平成2年に改正され，現在は，ホの配当所得控除方式のみが残っている[13]。

---

13)　ちなみに，米国は，多くの議論にもかかわらず，古典的な二重課税方式を維持してきた。しかし近年，配当に対して，長期譲渡所得と同じく，5％と10％の比例税率で分離して課税する方式に移行している。

ところで，金融所得に対する課税の困難に直面する状況のもと，二元的所得税が注目されている。本来，二元的所得税は，二重課税の調整が容易に行いやすいという点も，メリットとして宣伝される。資本所得の税率と所得税の最低税率，法人税が同じレベルであることから，原則として個人レベルでの法人源泉所得（配当所得）を課税しないことによる二重課税の調整は可能である。しかし実際には，政治的な理由もあり，北欧諸国では，それらは非課税になっておらず，インピュテーション方式での調整が行われている国と，まったく調整を行わない国とがある。

　もっとも，日本型二元的所得税論は，優遇はされているものの，複雑になっている金融所得課税の簡素化を図り，より優遇し，投資の促進を目指すことに力点がある[14]。配当所得の二重課税の問題については，さまざまな考え方があり，簡単に割り切れるものではない。米国では，経営と所有の分離されている大企業については，二重課税の調整は行われておらず，個人事業者と経済実態が同じであると認められるような小規模な企業については，株主個人の所得として課税する方式（S法人課税）が選択できる。こうした米国流のプラクティカルな解決方法は，日本においても参考となろう[15]。

---

[14]　なお，北欧諸国が二元的所得税を導入する際には，資本所得に対する税制上の歪みを是正するという見地から，資本所得に対する各種の優遇措置が廃止され，課税ベースの拡大と勤労所得の再構築とがセットで行われている。この点は，より中立的な税制として，日本も参考にすべきである（森信茂樹「日本型二元的所得税論に対する批判と検討」国際税制研究11号82頁（2003年））。もちろん，現在進められている勤労所得を主とし，資本所得を脇役に据えた二元的所得税への制度移行への模索は，将来の税制を展望するうえで有用である。

[15]　森信茂樹「二元的所得税とわが国への政策的インプリケーション」フィナンシャル・レビュー65号53〜54頁（2002年）。さらに，米国には，パートナーシップ，LLC，SPCといった新しい事業体が存在し，パススルー課税の制度が完備されており，多様なリスクマネーの受け皿となっている。日本でも，SPC等について，パススルー課税が導入されている。

第6章 配当所得

第2節　道府県民税配当割の基本的なしくみ

　道府県民税配当割においても，所得税において申告不要となる一定の上場株式等の配当等について，所得税と同様，特別徴収のみで課税関係を完了させる制度（申告不要制度）を採用している。その徴収は，配当等の支払をする者を特別徴収義務者として，その配当等の支払の際に徴収されるものであるが，その基本的なしくみは，つぎのとおりである。

1　配当割の創設

　ではまず，配当割の導入の経緯を辿ってみると，平成15年度の税制改正で，一定の上場株式等の配当について，源泉分離課税が採用されたのに対応して，住民税においても，平成16年1月1日以後に支払を受ける一定の上場株式等の配当等に係る課税について，道府県民税配当割が創設された。これに伴い，少額配当—1銘柄について1回に支払を受けるべき金額が，「10万円×配当計算期間の月数（最高12月）÷12」により計算した金額以下であるもの—に係る所得割の非課税措置は廃止され，そしてまた，公募株式投資信託の収益の分配を利子割の課税対象から除外し，配当割の課税対象とされた[16]。

　この配当割の基本的なしくみは，図表15に表示したとおり，利子割と同様に，課税団体を都道府県とし，特別徴収義務者である配当の支払者が配当の支払時に配当割を徴収するものである。しかし，いくつかの点で，利子割とは根本的に異なるしくみとなっている。利子割は，利子の特殊性から，利子等の支払者または取扱者の営業所等の所在地の都道府県が支払時に特別徴収の方法により，他の所得と分離して課税するもの（一律分離課税方式）である。そしてまた，利子割は，住所地課税の原則の例外として，金融機関所在地課税が採用されている。

　一方，配当割は，①利子と比較して配当の発生件数が少ないこと，②株主名簿が存在し，法令に基づき適正に管理されているものと想定され，比較的正確

---

16)　総務省HP「平成15年度地方税制改正要旨」(http://www.soumu.go.jp/news/021219b.html，2013年7月31日最終閲覧)。

図表15 利子割と配当割の異同

事　項	利　子　割	配　当　割
課　税　方　式	金融機関所在地課税	住所地課税
課　税　団　体	特別徴収義務者の営業所等所在地の都道府県	納税義務者の住所所在地の都道府県
課　税　対　象	利子等	特定配当等
納　税　義　務　者	利子等の支払を受ける個人・法人	特定配当等の支払を受ける個人
特別徴収義務者	金融機関等	上場会社等
納　付　方　式	支払翌月納付	支払翌月納付
納　付　額	利子等の額×5%	特定配当等の額×5%

（出所）　地方税法71条の5～71条の10・71条の27～71条の31などに基づき，筆者が作成。

に配当受取者の住所地を特定できること，③地方税において配当の特別徴収のしくみを導入するにあたっては，所得税の場合と同じく，特別徴収した税額と，たとえば，配当控除を受けるためといった理由によって申告した場合の税額を精算する必要があること，などの観点から，個人住民税の原則である住所地課税が採用されている[17]。

　このように，配当割は，特別徴収義務者が納税義務者の住所地の各都道府県に申告納入する制度となっている。この点が他の税目と大きく異なり，納税義務者である個人投資家は全国に居住していると考えられるので，特別徴収義務者の負担は大きくなる。それゆえ，事務の共通の取扱いや，特別徴収義務者への対応など，47都道府県の連携が不可欠となる。そのため，特別徴収義務者の利便性を考慮し，全国共通の納入申告書および特別徴収義務者番号として，

[17]　市町村税務研究会編『要説住民税』435頁（ぎょうせい，平成24年度版，2012年）。ちなみに，利子所得については，源泉徴収によって所得税の課税関係が完了し，確定申告による精算を認めない源泉分離課税のしくみを採用しており，道府県民税利子割においても同様である。これに対して，配当所得については，一定の上場株式等の配当等は源泉徴収によって所得税の課税関係が完了する一方，たとえば，配当控除を受けるために源泉徴収された配当所得を確定申告して精算するという，しくみとなっている。

総務省令の様式により商業登記簿謄本に付された会社法人等番号を用いるなど，全国共通の事務処理が導入されている。

2 配当割の課税要件

配当割の納税義務は，つぎの課税要件—納税義務者，課税対象，課税標準，税率—が充足されることによって成立する。

（1） 納税義務者

配当割の納税義務者は，特定配当等の支払を受ける個人で，当該特定配当等の支払を受けるべき日現在において都道府県内に住所を有するものである（地税24①六）。すなわち，配当割は，配当受取者の住所地に基づき課税されており，現行の個人住民税制度の住所地課税に即したものとなっている。

ここでいう，特定配当等の支払を受けるべき日とは，実務上，たとえば，上場株式の配当であれば，株主名簿を閉鎖し，配当を支払うべき株主を確定させた時点であり，その時点で株主名簿に記載された住所地に基づいて，課税団体を決定するものとして取り扱われている。もちろん，この取扱いによることができない相当の理由がある場合には，別の対応もありうる[18]。

（2） 課税対象

配当割は，所得税法24条1項に規定する配当等で，租税特別措置法9条の3各号に掲げる特定配当等を課税対象とする[19]（地税23①十五）。これは，所得税において源泉徴収税率の特例の適用を受ける配当所得と同じである。

イ　租税特別措置法37条の11の3第2項1号に掲げる上場株式等の配当等

---

[18]　市町村税務研究会・前掲注17）436頁。たとえば，株主名簿を閉鎖した日以降，住所変更の届出があり，実際に配当の計算や支払をする時点までに住所変更をしたものについて，実務上，変更後の住所に基づいて事務処理を行うような場合には，当該変更後の住所地の都道府県に対して配当割を納入するといった対応である。

[19]　なお，平成28年1月1日以後に納税義務者が支払を受けるべき特定公社債等の利子等については，利子割の課税対象から除外され，配当割の課税対象とされる。また，特定公社債等の利子等について納税義務者が申告した場合には，所得割の課税対象とし，当該所得割額から当該特定公社債等の利子等に係る配当割相当額を控除することとなる（自由民主党＝公明党『平成25年度税制改正大綱』19頁（2013年））。

195

（ロおよびハに掲げるものを除く）で，大口以外のもの

　ここでいう，大口以外の上場株式等の配当等とは，上場株式等の配当等で，その配当等に係る内国法人の事業年度終了の日において，その内国法人の発行済株式の総数または出資金額の３％以上に相当する数または金額の株式または出資を有する個人（大口株主等）以外の者が支払を受けるものである（税特措９の３①一）。

ロ　公社債投資信託以外の公募証券投資信託（特定株式投資信託を除く）の収益の分配に係る配当等

ハ　特定投資法人の投資口の配当等

一方，配当割の課税対象とならない租税特別措置法９条の３各号に掲げる特定配当等以外の配当等に係る配当所得については，総所得金額に含めて，総合課税することとされている（地税32①・313①）。たとえば，大口の上場株式等の配当等および非上場株式等の配当等に係る配当所得は，総合課税されることになる。

（３）課税標準

配当割の課税標準は，支払を受けるべき特定配当等の額である（地税71の27①）。ここで，特定配当等の額とは，所得税法その他の所得税に関する法令の規定の例によって算定した金額をいう（地税71の27②）。ただし，国外特定配当等―国外投資信託等の配当等および国外株式の配当等―の場合に，当該国外特定配当等につき所得税において源泉徴収された外国所得税額があるときは，当該国外特定配当等の額から当該外国所得税額を控除した後の金額が課税標準となる（地税71の29）。

なお，地方税法上，配当割については，非課税の規定はない。とはいえ，課税標準である特定配当等は，所得税法その他の所得税に関する法令の規定の例によって算定することとなっている関係上，所得税において非課税とされるものは，結果として，配当割も課税されないことになる[20]。

---

20) たとえば，少額貯蓄非課税制度および少額公債非課税制度の対象となる国内公募株式投資信託の収益の分配について，平成16年１月１日前の購入分や，すべての所

(4) 税　　率

配当割の税率は，5％である（地税71の28）。

《算　式》

　　特定配当等の額×5％＝配当割額（1円未満切捨て）

3　配当割の徴収方法

配当割の徴収については，特別徴収の方法による（地税71の30）。具体的には，つぎの方法で徴収される。

(1) 特別徴収の手続

都道府県は，特定配当等の支払を受けるべき日現在において都道府県内に住所を有する個人に対して，特定配当等の支払をする者─当該特定配当等が国外特定配当等である場合にあっては，その支払を取り扱う者─を当該都道府県の条例によって特別徴収義務者として指定（特別徴収義務者の指定）し，これに徴収させなければならない（地税71の31①）。ここでいう，特別徴収義務者とは，特定配当等の支払をする者である法人であって，個々の支店，支社または営業所等ではない。

特別徴収義務者は，特定配当等の支払─特別徴収義務者が国外特定配当等の支払を取り扱う者である場合には，当該取扱いに係る国外特定配当等の交付─の際，その特定配当等について配当割を徴収し，その徴収の日の属する月の翌月10日までに，総務省令で定める様式によって，その徴収すべき配当割の課税標準額，税額その他必要な事項を記載した納入申告書を，当該特定配当等の支払を受ける個人が，当該特定配当等の支払を受けるべき日現在における当該個人の住所所在地の都道府県知事に提出し，その納入金を当該都道府県に納入しなければならない（地税71の31②）。

(2) 更正・決定

都道府県知事は，配当割の特別徴収義務者から納入申告書の提出があった場

　　得について非課税扱いを受ける外国の大使，公使および外交官である大公使館員ならびにこれらの配偶者等があげられる（所基通9─11）。

合において，当該納入申告書に係る課税標準額または税額がその調査したところと異なるときは，これを更正し，または納入申告書を提出しなかった場合には，その調査によって，納入申告すべき課税標準額および税額を決定する。都道府県知事は，更正または決定したときは，遅滞なく，これを特別徴収義務者に通知しなければならない（地税71の32）。

この場合において，更正による納入金額の不足額または決定による納入金額（不足金額）の納期限は，その更正または決定の通知をした日から1月を経過した日である（地税71の33①）。不足金額を徴収するときは，その不足金額に本来の納期限—納期限の延長があったときは，その延長された納期限—の翌日から納入の日までの期間の日数に応じて，年14.6％—その更正または決定の通知をした日から1月を経過した日までの期間，または当該納期限の翌日から1月を経過する日までの期間については，年7.3％—の割合を乗じて計算した延滞金を加算して徴収しなければならない[21]（地税71の33②）。

なお，各年の特例基準割合が年7.3％の割合に満たない場合には，①年14.6％の割合の延滞金は，年14.6％—平成26年1月1日からは，特例基準割合に年7.3％を加算した割合—，②年7.3％の割合の延滞金は，特例基準割合

---

[21] もちろん，都道府県知事は，当該更正前の納入申告に係る課税標準額または税額に誤りがあったことについて正当な事由がないと認める場合には，当該更正による不足金額に10％の割合を乗じて計算した過少申告加算金を，さらに，特別徴収義務者が課税標準額の計算の基礎となるべき事実の全部または一部を隠ぺいし，または仮装し，かつ，その隠ぺいし，または仮装した事実に基づいて納入申告書を提出したときは，過少申告加算金に代えて，その計算の基礎となるべき更正による不足金額に35％の割合を乗じて計算した重加算金を徴収しなければならない（地税71の35①・71の36①）。また，納入申告書の提出期限後にその提出，決定または更正があった場合には，都道府県知事は，納入申告，決定または更正により納入すべき税額に15％の割合を乗じて計算した不申告加算金を，さらに，特別徴収義務者が課税標準額の計算の基礎となるべき事実の全部または一部を隠ぺいし，または仮装し，かつ，その隠ぺいし，または仮装した事実に基づいて納入申告書の提出期限までにこれを提出せず，または納入申告書の提出期限後にその提出をしたときは，不申告加算金に代えて，その計算の基礎となるべき税額に40％の割合を乗じて計算した重加算金を徴収しなければならない（地税71の35③・71の36②）。

―平成26年1月1日からは，特例基準割合に年1％を加算した割合―とされる（地税附則3の2①）。さらに，都道府県知事は，特別徴収義務者が更正または決定を受けたことについて，やむを得ない理由があると認める場合には，延滞金を減免することができる（地税71の33③）。

4　配当割の徴収と税額控除

　このように，特定配当等に係る所得については，所得税の場合と同じく，申告不要制度がとられており，所得割の課税標準から除外し，当該配当所得に係る個人住民税の申告を要しない。ただし，当該配当所得について申告することを選択して，その申告した場合には，当該配当所得を所得割の課税標準（総所得金額）に含めて所得割額を算定し，当該所得割額から当該特定配当等に係る配当割額を控除することとなる[22]（地税32⑫・⑬・37の4・313⑫・⑬・314の9）。

　これは，国税において法人税と所得税の二重課税を排除する趣旨から，配当控除の制度が設けられたのと同じものである。所得割の納税義務者の前年の総所得金額のうちに，配当所得があるときは，法人段階における支払配当に対する課税（住民税法人税割）と個人段階における受取配当に対する課税（住民税所得割）との二重課税を調整するという趣旨から，国税と同様の見地にたって，住民税所得割において所得割額から配当所得の一定額を差し引くこととされている[23]（地税附則5）。

---

[22]　たとえば，配当控除や特別徴収された税額の還付を受けるため，当該配当所得について個人住民税を申告することを選択した場合には，3月15日までに，個人住民税の申告書を住所所在地の市町村長に提出しなければならない（地税317の2①）。ただし，所得税の確定申告書を提出した者は，あらためて個人住民税の申告書を提出する必要はない（地税317の3）。この場合には，所得税の確定申告書の第2表に設けられている「住民税に関する事項」の「配当に関する住民税の特例」欄に当該配当所得を付記するとともに，「配当割額控除額」欄に当該特定配当等について特別徴収された道府県民税配当割額を付記する必要がある。

[23]　配当控除の対象となる配当所得は，内国法人から受ける剰余金の配当，利益の配当，剰余金の分配または証券投資信託の収益の分配に係る配当所得である。ただし，オープン型証券投資信託のうち，信託財産の元本の払戻し相当部分および租税特別措置法9条1項各号に規定する配当等に係る配当所得は，配当控除の対象とならな

この場合，当該配当割額に5分の2を乗じて得た金額を道府県民税の所得割額から控除し，当該配当割額に5分の3を乗じて得た金額を市町村民税の所得割額から控除する（地税37の4・314の9①）。なお，控除しきれなかった金額（控除不足額）があるときは，賦課決定後，納税通知書を発する前に，控除不足額を同一年度分の個人住民税に充当する。この充当をしたときは，市町村長は，納税通知書の交付とあわせて，その旨を当該充当に係る納税義務者に通知しなければならない（地税314の9②・③，地税令48の9の3①・②）。

　控除不足額のうち，同一年度分の個人住民税の充当をすることができなかった部分の金額がある場合には，当該納税義務者の未納に係る地方団体の徴収金に充当し，それでもなお充当することができなかった金額があるときは，当該金額を当該納税義務者に還付する。市町村長は，この充当または還付をしたときは，遅滞なく，その旨を当該充当または還付に係る納税義務者に通知しなければならない（地税令48の9の3③・⑤・48の9の4）。

　一方，配当割の課税対象とならない租税特別措置法9条の3各号に掲げる特定配当等以外の配当等に係る配当所得を有する者は，通常の所得の場合と同じく，3月15日までに，個人住民税の申告書を住所所在地の市町村長に提出しなければならない（地税317の2）。もっとも，所得税の確定申告書を提出した場合には，あらためて個人住民税の申告書を提出する必要はない（地税317の3）。この場合には，所得税の確定申告書の第2表に設けられている「住民税に関する事項」の「配当に関する住民税の特例」欄に当該配当所得を付記すればよい。

　また，所得税において確定申告しないことを選択した非上場株式の少額配当等に係る配当所得については，その申告等に基づき総合課税することとなるので，所得税において，当該少額配当等に係る配当所得について確定申告しないことを選択した者で，その年分の所得税について確定申告書を提出するものは，当該確定申告書の第2表に設けられている「住民税に関する事項」の「配当に関する住民税の特例」欄に当該配当所得を付記する必要がある。

い（地税附則5①・③）。また，配当割を課税された特定配当等で申告しないことを選択したものに係る配当所得も，この配当控除の対象とならない。

5　配当割交付金

　そもそも，配当割は，個人住民税の一部として配当所得に課税するものであるから，本来は都道府県のみでなく，市町村も課税すべきものであると考えられる。都道府県のみが課税することとしているのは，制度を極力簡素化して特別徴収義務者等の事務を増大させないようにする趣旨であり，市町村に対しては，配当割の一部を配当割交付金として交付することとされている[24]。

　配当割の税率は，分離課税とされている上場株式等の譲渡所得等に係る所得割の基本税率—市町村民税3％，道府県民税2％—の水準，金融商品間の中立性の確保の観点，今後の金融所得課税をできるかぎり一体化する方向などを勘案して，所得税とのバランスも踏まえ，5％とされている（地税71の28）。市町村に対する配当割交付金の交付にあたっては，市町村民税3％，道府県民税2％で課税したのと同じ結果となるよう，この比率によってあん分される。

　もっとも，都道府県においては，配当割の徴収や配当割交付金の交付などの事務に経費がかかることを考慮して，これらの事務費相当分を控除した後，市町村への交付金が算定される。すなわち，都道府県は，納入された配当割額に99％を乗じて得た金額の5分の3に相当する金額に，当該市町村に係る個人の道府県民税額を当該都道府県内の各市町村に係る個人の道府県民税額の合計額で除して得た数値で，当該年度前3年度内の各年度に係るものを合算したものの3分の1の数値を乗じて得た額を交付することになる（地税71の47，地税令9の18・9の19①）。

《算　式》

$$配当割交付金額 = (配当割額 \times 99\% \times \frac{3}{5}) \times \frac{個人道府県民税額}{個人道府県民税額の合計額}$$

　なお，配当割交付金の各交付時期—8月，12月および翌年3月—ごとに交付することができなかった金額があるとき，または各交付時期において交付すべき金額を超えて交付した金額があるときは，それぞれこれらの金額を，つぎ

24）　市町村税務研究会・前掲注17）439頁。

の交付時期に交付すべき金額に加算し，または減額する。また，市町村に対して交付すべき金額を交付した後において，その交付した金額の算定に錯誤があったため，交付した金額を増加し，または減少する必要が生じた場合には，当該錯誤に係る金額を当該錯誤を発見した日以後に到来する交付時期において，当該交付すべき金額に加算し，または減額することとなる（地税令9の19①～③）。

第3節　みなし配当

　ところで，配当所得には，本来の配当のほか，配当とみなされるものがある。法人が稼得した部分（利益積立金額）にかぎり，配当課税の対象となるというのが，みなし配当課税の基本理念にある。その根本は，純資産の部が株主の拠出した部分と法人が稼得した部分とから形成されているとする認識が基礎にある。みなし配当課税は，配当課税を補完するものだとすれば，法人に利益積立金額が存在し，かつ，株主が分配を受けた場合には，所得税も法人税も，必ず配当課税を行うべきことになる。とはいえ，みなし配当課税の対象は，実際には会社法に依拠して定められており，つぎのように，一定の事由が限定列挙されている。

1　配当等とみなす金額

　みなし配当とは，法人（公益法人等および人格のない社団等を除く）の株主等が当該法人のつぎに掲げる事由により金銭その他の資産の交付を受けた場合において，その金銭の額および金銭以外の資産の価額の合計額が，当該法人の資本金等の額または連結個別資本金等の額のうち，その交付の基因となった当該法人の株式または出資に対応する部分の金額を超えるときは，その超える部分の金額に係る金銭その他の資産を，剰余金の配当，利益の配当または剰余金の分配とみなすものである（所税25①）。

　　イ　法人の合併（法人課税信託に係る信託の併合を含むものとし，適格合併を除く）
　　ロ　法人の分割型分割（適格分割型分割を除く）
　　ハ　法人の資本の払戻し―株式に係る剰余金の配当（資本剰余金の額の減少に

伴うものに限る）のうち，分割型分割によるもの以外のもの—または法人の解散による残余財産の分配

ニ　法人の自己の株式または出資の取得（金融商品取引所の開設する市場における購入による取得，その他の政令で定める取得および株式交換等に係る譲渡所得等の特例に該当する場合における取得を除く）

ホ　法人の出資の消却（取得した出資について行うものを除く），当該法人の出資の払戻し，当該法人からの社員その他の出資者の退社もしくは脱退による持分の払戻し，または当該法人の株式もしくは出資を当該法人が取得することなく消滅させる場合

ヘ　法人の組織変更（組織変更に際して，当該組織変更をした当該法人の株式または出資以外の資産を交付したものに限る）

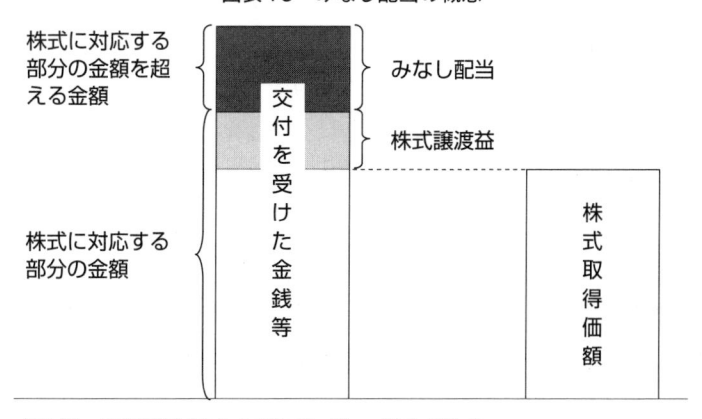

図表16　みなし配当の概念

（出所）　所得税法25条1項に基づき，筆者が作成。

　配当等の支払をする者については，所得税法181条1項により源泉徴収義務があることが定められている。ところが，みなし配当についての源泉徴収義務の規定はない。

　しかしながら，所得税法24条1項は，配当所得の範囲を規定しており，そのなかに「剰余金の配当，利益の配当，剰余金の分配」を掲げている。そしてまた，所得税法25条1項をみると，一定の部分の金額について「この法律の

規定の適用については，……，前条第1項に規定する剰余金の配当，利益の配当又は剰余金の分配とみなす」と規定されている。このため，みなし配当も，所得税法24条1項の配当等と同一に扱われる。したがって，みなし配当についても，所得税法181条1項が適用され，源泉徴収を要することになる。

2 配当所得の収入すべき時期

みなし配当の場合，源泉徴収の時期は，金銭その他の資産の交付があったときである。配当等を支払う際，所得税を源泉徴収し，支払日の翌月10日までに所定の納付書で支払うことになる（所税181①）。ここで，支払とは，現実の金銭を交付する行為のほか，その支払の責務が消滅する一切の行為をいう。具体的には，配当等とみなされる金額については，それぞれつぎに掲げる日による（所基通36—4(3)）。

イ 合　　併

合併によるものについては，その契約において定めたその効力を生ずる日による。ただし，新設合併の場合は，新設合併設立会社の設立登記の日である。なお，これらの日前に金銭等が交付される場合には，その交付の日が配当所得の収入すべき時期となる。

ロ 分割型分割

分割型分割によるものについては，その契約において定めたその効力を生ずる日による。ただし，新設分割の場合は，新設分割設立会社の設立登記の日である。なお，これらの日前に金銭等が交付される場合には，その交付の日が配当所得の収入すべき時期となる。

ハ 資本の払戻し

資本の払戻しによるものについては，資本の払戻しに係る剰余金の配当がその効力を生ずる日による。

ニ 解散による残余財産の分配

解散による残余財産の分配によるものについては，その分配開始の日による。ただし，その分配が数回に分割して行われる場合には，それぞれの

分配開始の日である。
　ホ　自己の株式・出資の取得
　　自己の株式または出資の取得によるものについては，その法人の取得の日による。
　ヘ　退社・脱退
　　出資の消却，出資の払戻し，社員その他の出資者の退社もしくは脱退による持分の払戻し，または株式もしくは出資を法人が取得することなく，消滅させることによるものについては，これらの事実があった日による。
　ト　組織変更
　　組織変更によるものについては，組織変更計画において定めたその効力を生ずる日による。ただし，効力を生ずる日前に金銭等が交付される場合には，その交付の日である。
　なお，納付がない場合には，税務署長は，納税の告知をしなければならない（税通36①二）。納税の告知の法的性質は，税額の確定した国税債権につき納期限を指定して納税義務者に履行を請求する行為（徴収処分）であって，支払者の源泉徴収に係る所得税納税義務はすでにその所得の支払時に確定しているものである以上，その履行の請求たる納税の告知は国税の徴収権が時効で消滅するまではこれをなしうる（税通72①）。たとえば，自己株式の取得の日が平成22年9月20日だったとすると，源泉徴収税額の納付期限は翌10月10日であり，その徴収権は5年経過後の平成27年10月10日に消滅することになる。

3　自己株式譲渡の課税関係

　会社がいったん発行した自社の株式を取得して保有しているとき，この株式を自己株式という[25]。自己株式の取得は，資本調達のために発行した株式の

---

25)　ちなみに，自己株式の本質については，資産説—取得した自己株式は失効の手続がとられていない以上，再売可能な資産であるとみて，他社の有価証券と同様に換金性のある資産であるとする見解—と，資本控除説—発行済株式を市場から買い戻すのであるから，会社財産の流出を導き，実質的には減資と同一であるとする見解—とがある。会社計算規則も自己株式に関する会計基準も，これを貸借対照表の株

払戻しと同様の効果を生じ，資本充実に反して債権者の権利を害するなどの理由で，日本では長らく原則として禁止されてきた。しかし，平成13年10月1日以降は，株主総会の決議を経て，分配可能額の限度内で行うのであれば，目的や数量を問わず自己株式を取得し保有できるようになった（会社156・461）。

個人株主がその保有する株式を発行会社に対して売買により譲渡する取引は，一般的に株式の相対売買にあたるので，その譲渡益は株式等譲渡所得等として所得税の課税対象となる。平成13年度の税制改正により，個人株主が自己株式の譲渡により収受した譲渡対価のうち，譲渡した株式に対応する資本金等の額を超える部分の金額は，利益の配当とみなされ，配当所得の課税対象に改められた（所税25①四）。また，残額―譲渡した株式の譲渡対価のうち，資本金等の額に相当する部分の金額以下の部分―は，株式等に係る譲渡所得金額等の譲渡収入金額になる（税特措37の10③四）。

ただし，その譲渡対価の額が譲渡した自己株式の時価の2分の1未満であるときは，時価で譲渡したものとみなして譲渡所得の課税（みなし譲渡課税）が行われる[26]（所税59①）。具体的には，譲渡した自己株式の時価相当額から実際の譲渡対価の額に基づき計算したみなし配当額を控除し，その残額を自己株式の譲渡収入金額として譲渡所得金額を算定することになる。

自己株式の低額譲渡があった場合には，譲渡した株式の実際の譲渡対価のうち，資本金等の額に対応する部分を超える部分については，利益の配当とみなされ，配当所得の課税対象になる。したがって，自己株式の低額譲渡に該当し，かつ，その譲渡対価の額が資本金等の額に対応する額を超える場合には，その

主資本からの控除項目としており，資本控除説に立脚している。
[26] なお，低額譲渡によるみなし譲渡課税の適用の基準となる，時価の判定基準は，①売買実例があるものは，最近において売買の行われたもののうち適正と認められる価額，②売買実例のないもので，その株式の発行会社と事業の種類・規模・収益の状況等が類似する他社の株式の価額があるものは，当該価額に比準して推定した価額，③これらに該当しないものは，権利行使日等またはそれに最も近い日における，その株式の発行会社の1株または1口当たりの純資産価額等を参酌して通常取引されると認められる価額によることとされている（所基通23～35共―9(4)）。

譲渡価額（時価）相当額は，①みなし譲渡収入金額（＝時価−実際の譲渡対価の額），②みなし配当額（＝実際の譲渡対価−資本金等の額に対応する額），③実際の譲渡収入金額（＝資本金等の額に相当する金額）からなる。

一方，非上場会社のオーナー等の死亡に伴い，その会社が自己株式をその相続人から買い取る場合，その譲渡対価の額が，その株式の発行会社の資本金等の額のうち買い取った株式に対応する部分の金額を超えるときは，その超える部分の金額は，利益の配当または剰余金の分配の額とみなされ，みなし配当額として扱われる（所税25①四）。そのため，自己株式の取得によるみなし配当課税の対象となる場合には，その株式等の譲渡対価の金額のうち，みなし配当額にあたる部分以外の部分の金額が譲渡所得の収入金額にあたることになる。

しかしこの場合，一般的には，営利を目的として継続的に行われる譲渡にはあたらないので，その所得は譲渡所得に該当するものと考えられる（所基通23〜35共―11）。平成16年度の税制改正では，平成16年4月1日以後の相続または遺贈により，取得する非上場株式については，相続財産に係る非上場株式をその発行会社に譲渡した場合のみなし配当課税の特例制度が創設された[27]。

したがって，相続または遺贈により財産を取得して相続税を課された個人が，相続の開始があった日の翌日から相続税の申告書の提出期限の翌日以後3年を経過する日までの間に，相続税の課税の対象となった非上場株式をその発行会社に譲渡した場合には，みなし配当課税を行わず，みなし譲渡課税のみが適用される（税特措9の7①）。具体的には，発行会社から交付を受ける金銭の全額が非上場株式の譲渡所得に係る収入金額となり，その収入金額から譲渡した非上場株式の取得費および譲渡に要した費用を控除した譲渡所得金額に15％の税率を適用して所得税が課される[28]（税特措37の10①）。

---

27) 国税庁『源泉所得税の改正のあらまし』5頁（2004年）。
28) このほか，非上場株式の譲渡による譲渡所得金額の計算上，その非上場株式を相続または遺贈により取得したときに課された相続税額のうち，その株式の相続税評価額に対応する部分の金額を取得費に加算して収入金額から控除することができる（税特措39①，税特措令25の16①・②）。

4　質疑応答事例

　国税庁の「質疑応答事例」では，つぎのとおり，(1)租税特別措置法67条の15の適用における投資法人が行う投資口の払戻しに伴うみなし配当の取扱いについて，(2)全部取得条項付種類株式の取得の対価として子会社株式が交付された場合，(3)組織変更に伴い株式以外の資産の交付を受けた場合という，3つの事例において，みなし配当に関する見解が示されている[29]。

（1）　租税特別措置法67条の15の適用における投資法人が行う投資口の払戻しに伴うみなし配当の取扱いについて

《照　会》

> 　投資主からの一部払戻請求に基づき投資口の一部払戻しをする旨の規約の定めがあるオープン・エンド型の投資法人が投資口の払戻請求に応じた場合には，法人税法24条1項5号に規定する「出資の払戻し」に該当し，その払い戻した金銭の額が，資本金等の額のうち払戻しの対象となった投資法人の投資口に対応する部分の金額を超えるときは，その超える部分の金額が剰余金の配当とみなされる。
> 　みなし配当は，租税特別措置法67条の15第1項に規定する「配当等の額」に含まれる。しかしこれは，あくまで税務上配当とみなしているものにすぎないので，期末配当のように各事業年度ごとに作成される金銭の分配に係る計算書に記載されるものではなく，投資口の払戻しを行った事業年度の損益計算書に反映されるものであるから，当該各事業年度との対応関係が明らかではない。そこで，みなし配当については，その払戻しの効力が生ずる日（払戻金額の支払の日）を含む事業年度に係るものとし，当該事業年度を適用事業年度と取り扱ってよいのか。

---

[29]　国税庁ＨＰ「質疑応答事例」（http://www.nta.go.jp/shiraberu/zeiho-kaishaku/shitsugi/01.htm，2013年7月31日最終閲覧）。

第6章 配当所得

《回 答》

　投資口の払戻しに伴うみなし配当については，つぎに掲げる事項からすれば，その払戻しの効力が生ずる日（払戻金額の支払の日）を含む事業年度に係るものとし，当該事業年度を適用事業年度と解して投資法人に係る課税の特例制度を適用することが相当である。

- イ　投資口の払戻しに伴うみなし配当は，その金銭の分配に係る計算書に記載されず，投資口の払戻しを行った事業年度の損益計算書に反映されていることから，当該各事業年度と対応させる根拠がないこと
- ロ　投資口の払戻しに伴うみなし配当は，時価評価により含み損益の精算をすることに加え，特定の事業年度の利益のみならず過去からの繰越利益をも精算するものであり，この点からも直近に終了した事業年度と対応させる根拠がないこと
- ハ　投資口の払戻し等に伴い生じるみなし配当は，平成18年度の税制改正前から特定の事業年度と対応させる税務処理は行われておらず，その効力発生日（払戻金額の支払の日）において税務処理が行われることとされており，投資法人の課税の特例制度においても，その効力発生日の属する事業年度に係るみなし配当と取り扱うこととなること
- ニ　平成18年度の税制改正後においても，みなし配当に係る考え方に変更はないことから，投資法人の課税の特例制度の適用における投資法人が行う投資口の払戻しに伴うみなし配当についても，平成18年度改正前と同様の取扱いとなること

（2） 全部取得条項付種類株式の取得の対価として子会社株式が交付された場合

《照　会》

> N社は，全部取得条項付種類株式10株（取得価額120万円）を保有する株主から，この種類株式の全部を取得し，その対価として種類株式1株につきN社が保有する子会社株式1株を交付した。この場合の課税関係はどうなるのか。なお，N社の資本金等の額などは，つぎのとおりである。
> 　イ　N社の資本構成
> 　　　発行済普通株式100万株に係る資本金等の額　500億円
> 　　　発行済全部取得条項付種類株式10万株に係る資本金等の額　100億円
> 　ロ　子会社株式の時価　15万円／株

《回　答》

　子会社株式の交付を受けているので，みなし配当等の課税の対象となる。具体的には，交付を受けた子会社株式の価額の合計額150万円のうち，交付の基因となった取得条項付株式に対応する資本金等の額100万円を超える部分50万円は，みなし配当課税の対象となり，残余の100万円は株式等の譲渡所得等の収入金額とみなされ，20万円の譲渡損失が生ずることとなる。

　法人が全部取得条項付種類株式の全部を取得する場合で，その対価としてその法人の株式および新株予約権のみの交付を受ける場合には，その種類株式の譲渡はなかったものとみなされ，交付を受けた株式の取得価額は，その基因となった種類株式の取得価額を引き継ぐ（所税57の4③三，所税令167の7⑥四）。この場合，みなし配当等の課税関係は生じない（所税25①四括弧書，税特措37の10③四括弧書）。

　これに対して，その法人の株式および新株予約権以外の資産の交付を受けた場合には，交付を受けた資産の合計額のうち，その交付の基因となった株式に対応する資本金等の額を超える部分の金額は，みなし配当課税の対象となり，また，みなし配当以外の部分の金額は，株式等の譲渡所得等に係る収入金額と

みなされる（所税25①四，税特措37の10③四）。

なお，自己株式の取得等に係るみなし配当の金額の計算にあたって，その法人が2種類以上の株式を発行していた場合には，その取得等をした自己株式と同一の種類の株式に係る種類資本金額をもとに交付を受けた株式に対応する資本金等の額を計算することになる（所税令61②四）。

(3) 組織変更に伴い株式以外の資産の交付を受けた場合

《照　会》

> O社は，株式会社に組織変更し，出資1口につき組織変更後の株式会社の株式10株と現金1万円を交付した。この場合，出資10口（取得価額100万円）を保有する合名会社O社の社員との課税関係はどうなるのか。なお，合名会社O社の出資1口当たりの資本金等の額は10万円で，交付される株式会社の株式の時価は1株当たり2万円と見込まれている。

《回　答》

法人の組織変更により，その組織変更法人の株式（出資を含む）のみが交付される場合には，旧株の取得価額が新株に引き継がれ，特段の課税関係は生じない（所税令115）。一方，株式以外の資産の交付を受けた場合には，その株式の取得価額は，その取得時における時価とされる（所税令109①五）。また，交付を受けた資産の合計額のうち，その交付の基因となった株式に対応する資本金等の額を超える部分の金額は，みなし配当課税の対象となり，さらに，みなし配当以外の部分の金額は，株式等の譲渡所得等に係る収入金額とみなされる（所税25①六，税特措37の10③六）。

したがって，交付を受けた株式および株式以外の資産の合計額210万円のうち，交付の基因となった出資に対応する資本金等の額100万円を超える部分110万円は，みなし配当課税の対象となり，残余の100万円は株式等の譲渡所得等の収入金額とみなされる。

第7章　上場株式等譲渡所得等

chapter 7

　本章では，3つめの金融所得課税（株式等譲渡益課税）についてみることにする。株式等譲渡益課税は，原則として申告分離課税方式による。分離課税される株式等に係る譲渡所得等──事業所得，譲渡所得または雑所得──は，一般の事業所得，譲渡所得または雑所得と同様の計算方法に基づいて算出される[1]。金融所得課税の一体化に向けた最初の措置として，平成21年分より，上場株式等譲渡損失と配当所得との間の損益通算のしくみが導入されている。また，平成20年度の税制改正では，投資家の利便性に配慮する観点から，源泉徴収口座内において損益通算を行う方法が創設されている[2]。

第1節　上場株式等譲渡所得等に係る源泉徴収の基本的なしくみ

　株式等譲渡益課税は，申告分離課税のもとで，上場株式に係る所得計算については，特定口座が認められ，特定口座ごとに所得計算をする特例が設けられており，特定口座で証券会社が源泉徴収することにより，申告不要とすることができる（税特措37の11の3〜37の11の5）。なお，株式等に係る譲渡所得等の

---

1) 事業所得とは，農業，漁業，製造業，卸売業，小売業，サービス業その他の事業から生ずる所得をいい，一方，譲渡所得は資産の譲渡による所得である。そして，雑所得とは，利子所得，配当所得，不動産所得，事業所得，給与所得，退職所得，山林所得，譲渡所得および一時所得のいずれにも該当しない所得をいう（所税27①・33①・35①）。
2) 財務省『平成20年度税制改正の大綱』4頁（2007年）。

金額の計算上生じた損失については，他の株式等に係る譲渡所得等の金額から控除し，その控除後の金額が株式等に係る譲渡所得等の金額となる。

1 株式等譲渡益課税の沿革

そもそも，株式等譲渡益課税は，昭和22年の改正によって，所得税の対象となった。さらに，昭和25年のシャウプ勧告では，有価証券に対する課税を徹底すべきであるとされ，法人の清算所得課税は廃止された。ところが，昭和28年には，株主課税が徹底できない状況のもとで，清算所得課税を復活し，積立金部分―株主に配当される部分―に20％の税率で課税を行い，譲渡所得部分については課税しないことになった。もっとも，これに代えて，有価証券取引税が創設されたのである[3]。

株式等譲渡益課税は，戦後のシャウプ税制で実施された。にもかかわらず，昭和28年に廃止されたのは，譲渡益の把握が困難で申告も適正に確保されなかったことと，証券市場の育成ということにあった[4]。その後，若干の修正はあったものの，株式等譲渡益課税は原則非課税とされていた。高度成長後の昭和50年代頃からは，証券市場の発展や個人の金融資産の著しい増加を背景として，資産課税の観点から，株式等譲渡益課税は議論され，昭和62・63年の抜本的税制改革において原則課税化へと大きく転換された[5]。

すなわち，昭和62年度の税制改正では，株式等譲渡益課税の対象が拡大され，

---

[3] 武田昌輔「株式譲渡所得には総合課税は適さない―源泉分離課税も一つの選択肢―」税務弘報48巻10号6～7頁（2000年）。もちろん，法人の場合には，株式等の譲渡にも課税され，なおかつ，有価証券取引税も課されることになるので，いわば二重的な課税であるとされていた。

[4] 和田八束『日本の税制』311頁（有斐閣，1988年）。

[5] 森信茂樹「株式譲渡所得課税のあり方を考える」税研16巻2号108頁（2000年）。もちろん，戦後の資本不足が続くなかで，産業界への安定的な資金供給や資本蓄積の必要性から，株式等譲渡益は政策的に非課税とされた面もある。

[6] 大蔵省『昭和62年度税制改正の要綱』3頁（1987年）。なお，イからニまでの改正は，昭和63年1月1日以後の譲渡から，ホおよびヘの改正は，昭和62年4月1日以後の譲渡から適用されている。

つぎの措置を講ずることとされたのである[6]。

　イ　継続的取引の基準となる売買回数を30回（改正前50回）以上，売買株数を12万株（改正前20万株）以上とすること
　ロ　同一銘柄の株式等の相当数の譲渡の基準を12万株（改正前20万株）以上とすること
　ハ　特別報告銘柄の株式の相当数の売買の基準を12万株（改正前20万株）以上とすること
　ニ　事業等の譲渡に類似する有価証券の譲渡に含まれる公開の方法等による譲渡の範囲を発行済株式総数の10％（改正前15％）以上の株式の譲渡とすること
　ホ　先物取引による譲渡を加えること
　ヘ　利子の計算期間が1年を超える公社債等の譲渡を加えること

　この抜本的税制改革の結果，平成元年4月1日以降の株式等譲渡益については，原則として，他の所得と分離して20％の税率により確定申告を通じて課税するという，申告分離課税制度がとられた。一方で，取引把握体制が十分ではないことや証券市場への影響を考慮して，上場株式等については，つぎの方法により，譲渡価格（譲渡対価の額）に5％のみなし差益率を乗じてみなし利益を計算し，それに20％の税率を乗じ，源泉徴収を通じて課税する源泉分離課税を納税者が選択できる方式が採用された。この2本立ての課税方式は，今日でも同じである。

《算　式》
　　申告分離課税の税額＝（譲渡価格－必要経費）×20％
　　　　　　　　　　　＝株式等譲渡益×20％
　　源泉分離課税の税額＝（譲渡価格×5％）×20％
　　　　　　　　　　　＝譲渡価格×1％

　このように，譲渡対価の額の1％を税額として源泉徴収すれば，株式等譲渡所得に対する課税は，すべて完了する。源泉分離課税は，実際の所得の割合が譲渡価格の5％よりも大きい場合には，軽い負担で済んでしまうという不公平

がある。しかも，源泉分離課税の選択やその取りやめが簡単で，申告分離課税と源泉分離課税とを納税者に有利なように使い分けることもできるという，不合理なものであった。これらの点を修正しようとして作られたのが，現行の制度である。

すなわち，平成11年度の税制改正により，証券市場の透明性・公平性の確保とその構造改革の推進の観点から，有価証券取引税および取引所税は，平成11年3月31日をもって廃止するとともに，上場株式等に係る譲渡所得等の源泉分離選択課税制度については，平成13年3月31日まで適用する経過措置を講じたうえで，この制度も廃止することとされた[7]。しかしその後，申告分離課税への一本化に対しては，納税者の事務負担の増加や個人株主の市場離れを懸念する声が強くなった。そこで，納税者の事務負担を軽減し，個人投資家の市場参加を促進するため，平成14年度の税制改正によって，特定口座制度が導入されたのである[8]。

現行の金融所得課税においては，株式等の譲渡による所得については，すべて申告分離課税の対象とされる一方で，公社債等の譲渡による所得は，原則として非課税とされており，商品性により異なる課税関係を生じさせる結果となっている。平成25年度の税制改正では，金融所得課税の一体化を進める観点から，公社債等を特定公社債等とそれ以外の一般公社債等に区別したうえで，特定公社債等の利子等については申告分離課税の対象とするほか，特定公社債等の譲渡所得等については非課税の対象から除外される。この結果，公社債等の運用所得に対する課税方法は，株式等の運用所得に対するものと整合することになる[9]。

---

7) 大蔵省『平成11年度税制改正の大綱』7頁（1998年）。
8) 財務省『平成14年度税制改正の大綱』5頁（2001年）。
9) なお，公社債等の課税方式の変更は，平成28年1月1日以後に適用される。また，一般公社債等の譲渡所得等については，特定公社債等の場合と同様，非課税の対象から除外され，申告分離課税の対象となる。だが，一般公社債等の利子等については，源泉分離課税が維持される（自由民主党＝公明党『平成25年度税制改正大綱』10～14頁（2013年））。

2 特定口座に関する課税の特例

平成15年1月1日以降，個人が上場株式等を譲渡した場合の源泉分離課税制度が廃止され，申告分離課税制度に一本化された。それに伴って，面倒な申告作業を不要または簡易にする特定口座に関する特例が創設されている。つまり，特定口座制度には，つぎの特例が適用されるのである。

(1) 特定口座制度

居住者または国内に恒久的施設を有する非居住者（居住者等）が，株式等の譲渡を行った場合には，原則として確定申告することになる。しかし一方で，個人投資家の確定申告の事務負担の軽減に配慮する観点から，金融商品取引業者等に一定の要件を満たす特定口座を開設した場合には，図表17に表示したように，特定口座内で所得計算および申告不要等の特例が設けられている[10]。

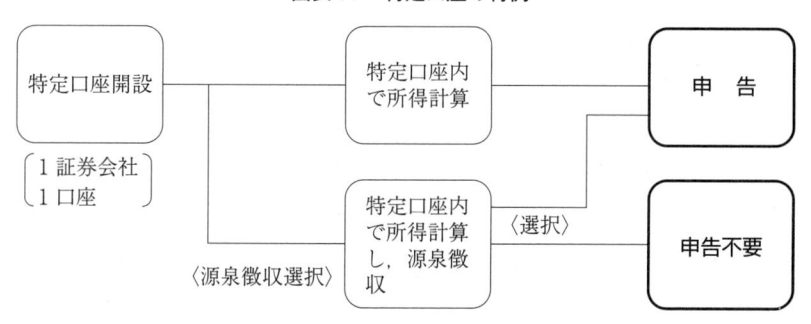

図表17 特定口座の特例

特定口座開設		特定口座内で所得計算		申告
[1証券会社 1口座]				
	〈源泉徴収選択〉	特定口座内で所得計算し，源泉徴収	〈選択〉	申告不要

（出所）租税特別措置法37条の11の3・同法施行令25条の10の2に基づき，筆者が作成。

ここで，特定口座とは，居住者等が，金融商品取引業者等の営業所に特定口座開設届出書を提出して，当該金融商品取引業者等との間で締結した上場株式等保管委託契約または上場株式等信用取引等契約に基づき設定された上場株式等の振替口座簿への記載・記録，保管の委託または上場株式等の信用取引等に係る口座をいい，これらの契約に基づく取引以外の取引に関する事項を扱わな

---

10) 特定口座を開設することができる金融商品取引業者等とは，金融商品取引業者，登録金融機関および投資信託委託会社である（税特措37の11の3③一）。

いものに限られる（税特措37の11の3③一）。
（２）特定口座内保管上場株式等の範囲

特定口座に係る特例を受けることのできる上場株式等の範囲は，つぎに掲げるものに限られる（税特措37の11の3②，税特措令25の10の2⑤）。

- イ　金融商品取引所に上場されている株式等
- ロ　店頭売買登録銘柄株式
- ハ　店頭転換社債型新株予約権付社債
- ニ　店頭管理銘柄株式
- ホ　認可金融商品取引業協会に備える登録原簿に登録された日本銀行出資証券
- ヘ　外国金融商品市場において売買されている株式等
- ト　公募株式等証券投資信託の受益権
- チ　特定投資法人の投資信託および投資口

（３）所得計算の特例

居住者等が，金融商品取引業者等に一定の要件を満たす特定口座を開設した場合には，つぎの上場株式等の譲渡等に係る所得計算の特例が適用される。

- イ　特定口座内保管上場株式等の譲渡をした場合の所得計算

　　居住者等が，上場株式等保管委託契約に基づき特定口座に係る振替口座簿に記載・記録がされ，または特定口座に保管の委託がされている上場株式等（特定口座内保管上場株式等）の譲渡をした場合には，それぞれの特定口座ごとに，当該特定口座内保管上場株式等の譲渡による事業所得金額，譲渡所得金額または雑所得金額と，当該特定口座内保管上場株式等の譲渡以外の株式等の譲渡による事業所得金額，譲渡所得金額または雑所得金額とを区分して，これらの金額を計算する（税特措37の11の3①，税特措令25の10の2①）。

- ロ　信用取引等に係る上場株式等の譲渡をした場合の所得計算

　　信用取引または発行日取引（信用取引等）を行う居住者等が，上場株式等信用取引等契約に基づき上場株式等の信用取引等を特定口座において処

理した場合には，当該特定口座において処理した信用取引等による上場株式等の譲渡または当該信用取引等の決済のために行う上場株式等の譲渡（信用取引等に係る上場株式等の譲渡）による事業所得金額または雑所得金額と，当該信用取引等に係る上場株式等の譲渡以外の株式等の譲渡による事業所得金額または雑所得金額とを区分して，これらの金額を計算する（税特措37の11の3②，税特措令25の10の2③)。

(4) 申告不要等の特例

居住者等の上場株式等の譲渡による所得については，申告分離課税を原則とする。一方で，居住者等が，金融商品取引業者等にロの特定口座源泉徴収選択届出書を提出した場合には，その特定口座内保管上場株式等の譲渡に係る所得金額等をその提出に係る年分の確定申告から除くことができるという，申告不要制度が設けられている[11]。この場合，金融商品取引業者等は，所轄税務署長と当該居住者等に対してイの特定口座年間取引報告を行うことになる。

イ 特定口座年間取引報告

　金融商品取引業者等は，その年において当該金融商品取引業者等に開設されていた特定口座がある場合には，当該特定口座を開設した居住者等の氏名および住所，その年中に当該特定口座において処理された上場株式等の譲渡の対価，当該上場株式等の取得費，当該譲渡費用，当該譲渡に係る所得金額または差益その他の事項を記載した特定口座年間取引報告書2通を作成し，翌年1月31日までに，1通を当該特定口座を開設する営業所の所在地の所轄税務署長に提出し，他の1通を当該居住者等に交付する（税特措37の11の3⑦，税特措令25の10の10①・②)。この場合，株式等の譲渡の対価に係る支払調書の提出は不要となる。

---

[11] 対象となる口座等の数が膨大な利子所得はともかく，株式に係る配当所得や譲渡所得に申告不要制度が導入されたのは，確定申告・納税という行動様式をもたない多くの給与所得者が，これらの所得の発生原因となる株式の保有や取引をスムーズに行えるようにとの立法政策的配慮があったと考えられる。

ロ　特定口座源泉徴収選択届出

　居住者等は，特定口座源泉徴収選択届出書を提出することにより，特定口座内保管上場株式等に係る譲渡所得等について源泉徴収を選択できる。この場合，特定口座源泉徴収選択届出書を提出した年分の所得税については，特定口座における所得金額または損失金額を株式等に係る譲渡所得等の金額から除外して計算し，その年分の確定申告を行う。これにより，投資者は，特定口座内保管上場株式等に係る譲渡益について源泉徴収した後，確定申告によりその徴収税額を精算するか，確定申告の対象とせず源泉徴収だけで済ませるかを選択できる（税特措37の11の5，税特措令25の10の12）。

申告不要制度を選択した場合，源泉徴収選択口座における所得金額または損失金額は，扶養親族等の要件とされる合計所得金額には含まれない。しかも，源泉徴収選択口座における所得金額または損失金額は，株式等に係る譲渡所得等の金額には含まれないので，これを除いて確定申告の要否を判定することになる。また，給与所得者の確定申告不要要件，いわゆる「20万円基準」の適用において，源泉徴収選択口座における所得金額または損失金額は，給与所得および退職所得以外の所得金額には含まれない（所税120・121）。

3　特定口座内保管上場株式等に係る源泉所得税

　このように，特定口座内保管上場株式等の譲渡損益，および，その特定口座において処理された差金決済に係る信用取引等の差損益については，特定口座で証券会社が源泉徴収することにより，申告不要とすることができる。具体的には，つぎの方法で徴収される。

（1）　源泉徴収の選択手続

居住者等が源泉徴収を選択した特定口座（源泉徴収選択口座）に係る特定口座内保管上場株式等の譲渡，または当該源泉徴収選択口座において処理された上場株式等の信用取引等に係る差金決済により，源泉徴収選択口座内調整所得金額が生じたときは，金融商品取引業者等は，当該譲渡の対価または当該差金決

済に係る差益の支払をする際，当該源泉徴収選択口座内調整所得金額に15％の税率を乗じて計算した金額の所得税を徴収し，その徴収の日の属する年の翌年1月10日までに，これを国に納付しなければならない（税特措37の11の4①）。

　特定口座における源泉徴収を選択する居住者等は，その特定口座ごとに，①その年最初に当該特定口座に係る特定口座内保管上場株式等の譲渡に係る決済が行われた日（決済日），または，②当該特定口座において処理された上場株式等の信用取引等につき，その年最初に差金決済を行うときのうち，いずれか早いときまでに，当該金融商品取引業者等の営業所に特定口座源泉徴収選択届出書を提出する必要がある[12]。特定口座における源泉徴収の選択は，年ごとに行うことができる。しかし，特定口座内保管上場株式等の譲渡または信用取引等の決済ごとに選択することはできない（税特措令25の10の11①，措通37の11の4－1）。

（2）源泉徴収税額の計算

　源泉徴収税額は，源泉徴収選択口座内調整所得金額に15％の税率を乗じて計算した金額である。ここで，源泉徴収選択口座内調整所得金額とは，イの源泉徴収口座内通算所得金額がロの源泉徴収口座内直前通算所得金額を超えるときにおける当該超える部分の金額をいう（税特措37の11の4②，税特措令25の10の11③～⑤）。

《算　式》

　　源泉徴収税額＝源泉徴収選択口座内調整所得金額×15％

　　　　　　　　＝（源泉徴収口座内通算所得金額

　　　　　　　　　　－源泉徴収口座内直前通算所得金額）×15％

　イ　源泉徴収口座内通算所得金額

　　源泉徴収口座内通算所得金額とは，特定口座内保管上場株式等の譲渡に係る収入の総額から特定口座内保管上場株式等の取得費等の総額を控除した金額と，上場株式等の信用取引等に係る差益の総額から上場株式等の信

---

[12]　決済日とは，金融商品取引所における普通取引にあっては，売買契約成立の日から起算して通常4営業日である（措通37の11の4－1（注）2）。

用取引等に係る差損の総額を控除した金額との合計額である。なお，当該合計額がゼロを下回る場合には，ゼロとされる。

《算　式》

　　源泉徴収口座内通算所得金額＝(譲渡収入総額
　　　　　　　　　　　　　　　　－取得費等総額)＋(差益総額－差損総額)

ロ　源泉徴収口座内直前通算所得金額

　源泉徴収口座内直前通算所得金額とは，対象譲渡等の前において，特定口座内保管上場株式等の譲渡に係る収入の総額から特定口座内保管上場株式等に係る取得費等の総額を控除した金額と，上場株式等の信用取引等に係る差益の総額から上場株式等の信用取引等に係る差損の総額を控除した金額との合計額である。なお，当該合計額がゼロを下回る場合には，ゼロとされる。

《算　式》

　　源泉徴収口座内直前通算所得金額＝(直前譲渡収入総額
　　　　　　　　　　　　　－直前取得費等総額)＋(直前差益総額－直前差損総額)

　また，金融商品取引業者等は，ロの源泉徴収口座内直前通算所得金額がイの源泉徴収口座内通算所得金額に満たないこととなった場合には，その都度，居住者等に対して，その満たない部分の金額に15％の税率を乗じて計算した源泉徴収税額の還付を行う（税特措37の11の4③）。

(3)　源泉徴収税額の納付期限

　金融商品取引業者等は，源泉徴収選択口座に係る年初からの通算所得金額の増減額の15％の所得税の源泉徴収または還付を行い，各年の年末において還付されず残った源泉徴収税額がある場合には，年間一括納付方式により翌年1月10日までに，これを国に納付する（税特措37の11の4①）。この源泉所得税の納税地は，当該金融商品取引業者等の営業所の所在地とし，その納付の際，納付書に財務省令で定める計算書を添付しなければならない（税特措令25の10の11⑥・⑦）。

　このほか，特定口座内保管上場株式等の譲渡による源泉所得税については，

つぎの納付期日の規定がある（税特措令25の10の11②）。

　イ　金融商品取引業者等の事業の譲渡により，源泉徴収選択口座に関する事務が，その譲渡を受けた金融商品取引業者等の営業所に移管された場合

　　その譲渡日の属する月の翌月10日

　ロ　金融商品取引業者等の分割により，源泉徴収選択口座に関する事務が，その分割による資産・負債の移転を受けた金融商品取引業者等の営業所に移管された場合

　　その分割日の属する月の翌月10日

　ハ　金融商品取引業者等が解散または事業の廃止をした場合

　　その解散日または廃止日の属する月の翌月10日

　ニ　特定口座廃止届出書の提出があった場合

　　その提出日の属する月の翌月10日

　ホ　特定口座開設者死亡届出書の提出があった場合

　　その提出日の属する月の翌月10日

4　総合課税の対象となる株式等譲渡益

　こうした特定口座内保管上場株式等に係る源泉徴収等の特例制度を選択した場合を除き，株式等の譲渡による個人の所得は，原則として，申告分離課税方式により他の所得と分離して課税される。申告分離課税制度においては，株式等の譲渡損失は，株式等の譲渡による所得以外の所得との損益通算および繰越控除は認められない[13]。ところが，つぎの有価証券の譲渡による所得は，事業所得や給与所得などの所得とあわせて税金の計算をする総合課税の対象となる（税特措37の10・37の15・37の16・41の12，税特措令25の8・25の15・26の17）。

　イ　株式形態によるゴルフ会員権の譲渡による所得[14]

---

13)　このほか，①株式等の譲渡の対価の受領者の告知，②支払調書および支払通知書が，申告分離課税制度の柱になっている（所税224③・225）。

14)　ちなみに，預託金型ゴルフ会員権の譲渡による所得は，一般的には，土地建物等以外の資産の譲渡所得として総合課税の対象となる（所税33①）。

ロ 国外で発行される割引債（ゼロクーポン債）の譲渡による所得

ハ 割引の方法により発行される公社債に類する利付公社債の国内の譲渡による所得

ニ 国内で発行される割引公社債で，独立行政法人住宅金融支援機構，旧住宅金融公庫，沖縄振興開発金融公庫，独立行政法人都市再生機構，旧都市基盤整備公団，旧住宅・都市整備公団，ならびに，外国政府，外国の地方団体および国際機関により発行されるものの譲渡による所得

ホ 国内で発行される特定短期公社債の譲渡による所得

ヘ 利子が支払われない公社債（割引公社債を除く）の譲渡による所得

ト 新株引受権付社債についての社債の譲渡による所得で一定のもの

また，申告不要制度は，源泉選択口座の譲渡損益金額を株式等に係る譲渡所得等の金額に含めて確定申告するか，それを除外して確定申告するかを，源泉選択口座の譲渡損益金額を有する者の選択にゆだねている（税特措37の11の5①）。とすると，確定申告しないことを選択した源泉徴収選択口座において譲渡した特定口座内保管上場株式等の譲渡による所得も，総合課税の対象となる。

すなわち，特定口座源泉徴収選択届出書を提出した源泉徴収選択口座を有する者は，その年中に，その源泉徴収選択口座において譲渡した特定口座内保管上場株式等の譲渡損益，および，その口座において処理された差金決済に係る信用取引等の差損益のすべてを除外したところにより，確定申告することができる[15]。

確定申告書を提出した場合には，その後において，その者が更正の請求をし，または修正申告書を提出する場合においても，当該所得または損失の金額を当該株式等に係る譲渡所得等の金額の計算上除外することはできない（措通37の11の5—4）。逆にいえば，源泉選択口座の譲渡損益金額を有する者が，いったん株式等に係る譲渡所得等の金額から除外して確定申告書を提出した以上，更

---

15) ちなみに，株式等の譲渡のうち，短期所有土地等の譲渡に類似する株式等の譲渡による所得は，土地等に係る分離短期譲渡所得として分離課税される（税特措32②・37の10①）。

正の請求または修正申告において源泉選択口座の譲渡損益金額を株式等に係る譲渡所得等の金額に含めることはできないわけである。

第2節　道府県民税株式等譲渡所得割の基本的なしくみ

このように，所得税においては，特定口座内保管上場株式等の譲渡による所得等は源泉徴収のみで課税関係を完了させることができる（税特措37の11の4）。一方で，個人住民税では，申告義務が免除されることはあるものの，翌年度において当該所得を必ず分離課税されるということになっていた。これに対して，証券業界等からの簡素化の要請もあり，道府県民税株式等譲渡所得割が創設されたのである。

1　株式等譲渡所得割の創設

平成15年度の税制改正により，上場株式等の配当，公募株式投資信託の収益分配金および上場株式等の譲渡益について，20％（所得税15％，個人住民税5％）の源泉徴収のみで納税が完了する申告不要制度が導入された[16]。もっとも，「貯蓄から投資へ」の対応を一層明確化するため，導入後5年間—景気回復に万全を期すため，平成25年12月31日まで延長された期間—は，10％（所得税7％，個人住民税3％）の優遇税率が適用される[17]。

個人住民税においては，平成16年1月1日以後における源泉徴収口座—所得税において源泉徴収を選択した特定口座—内の株式等の譲渡による所得に係る課税について，道府県民税株式等譲渡所得割が創設された。この改正に伴い，長期所有上場株式等の譲渡所得等に係る暫定税率の特例や，長期所有上場特定

---

[16]　もちろん，納税義務者が申告した場合には，住所所在地の地方団体が住民税所得割により課税し，所得割額から株式等譲渡所得割額を控除することになる。

[17]　財務省『平成15年度税制改正の大綱』7〜8頁(2002年)。なお，平成26年1月1日からは，非課税口座内の少額上場株式等に係る配当所得および譲渡所得等の非課税措置，いわゆる「日本版ＩＳＡ」が導入される。また，口座開設期間を平成26年1月1日から35年12月31日（改正前28年12月31日）までに延長するなどの拡充措置が講じられている。

図表18　金融所得課税の異同

事　項	利　子　割	配　当　割	株式等譲渡所得割
課税方式	金融機関所在地課税	住所地課税	住所地課税
課税団体	特別徴収義務者（金融機関等）の営業所等所在地の都道府県	納税義務者（個人）の住所所在地の都道府県	納税義務者（個人）の住所所在地の都道府県
特別徴収義務者	金融機関等	上場会社等	証券会社等
納付方式	支払翌月納付	支払翌月納付	年間一括納付

（出所）　地方税法71条の10・71条の31・71条の51に基づき，筆者が作成。

株式等の譲渡所得等に係る100万円特別控除の特例は廃止された[18]。

　利子割，配当割および株式等譲渡所得割の基本的なしくみは，いずれも課税団体を都道府県とし，特別徴収の方法による（地税71の9・71の30・71の50）。しかし，利子割，配当割および株式等譲渡所得割は，図表18に表示したとおり，いくつかの点で根本的に異なる。配当割および株式等譲渡所得割は，個人住民税の原則である住所地課税を採用している（地税71の31①・71の51①）。これに対して，利子割は，住所地課税の例外として，金融機関所在地課税が採用される（地税71の10①）。

　また，利子割および配当割の場合，特別徴収義務者は，利子等または特定配当等の支払の際，その利子等または特定配当等について利子割または配当割を徴収し，その徴収の日の属する月の翌月10日までに都道府県に納入する（地税71の10②・71の31②）。これに対して，株式等譲渡所得割の場合，特別徴収義務者は，譲渡の対価等の支払の際，株式等譲渡所得割を徴収し，その徴収の日の属する年の翌年1月10日までに都道府県に納入することになる（地税71の51②）。

　このように，株式等譲渡所得割は，利子割および配当割と異なり，年間一括納付方式が採用されている。これは，個人投資家の利便性に配慮したものである。従来，所得税について，毎月納付することとしていたところ，その後の対

---

18)　総務省ＨＰ「平成15年度地方税制改正要旨」(http://www.soumu.go.jp/news/021219b.html，2013年7月31日最終閲覧)。

象譲渡等により損失が発生したときに還付を受けるために申告しなければならず，申告不要のメリットが損なわれるという指摘があったことから，年間一括納付方式に改められたのである。

2　株式等譲渡所得割の課税要件

株式等譲渡所得割の納税義務は，つぎの課税要件—納税義務者，課税対象，課税標準，税率—が充足されることによって成立する。

（1）納税義務者

株式等譲渡所得割の納税義務者は，特定口座源泉徴収選択届出書が提出された特定口座（選択口座）に係る特定口座内保管上場株式等の譲渡の対価，または当該選択口座において処理された上場株式等の信用取引等に係る差金決済に係る差益の支払を受ける個人で，当該譲渡の対価または当該差金決済に係る差益の支払を受けるべき日の属する年の1月1日現在において都道府県内に住所を有するものである（地税24①七）。逆にいえば，株式等譲渡所得割の課税団体は，当該譲渡の対価等の支払を受けるべき日の属する年の1月1日現在における当該支払を受ける個人の住所所在地の都道府県である。

（2）課税対象

株式等譲渡所得割は，特定株式等譲渡所得金額—租税特別措置法37条の11の4第2項に規定する源泉徴収選択口座内調整所得金額—を課税対象とする（地税23①十六）。ここで，源泉徴収選択口座内調整所得金額とは，源泉所得税の場合と同じく，源泉徴収口座内通算所得金額が源泉徴収口座内直前通算所得金額を超えるときにおける当該超える部分の金額をいう（税特措37の11の4②）。

つまり，株式等譲渡所得割の課税対象は，所得税における申告不要等の特例の対象と同じである。具体的には，特定口座内の上場株式等の譲渡等により，当該特定口座に係る年初からの通算所得金額が増加した場合における，その増加した金額である。

（3）課税標準

株式等譲渡所得割の課税標準は，特定株式等譲渡所得金額である（地税71の

48①)。ここで，特定株式等譲渡所得金額とは，所得税法その他の所得税に関する法令の規定の例によって算定した金額をいう（地税71の48②)。

《算　式》
　　源泉徴収選択口座内調整所得金額＝特定株式等譲渡所得金額
　　　　　　　　　　　　　　　　　　　　　　　　（1円未満切捨て）

　なお，地方税法上，株式等譲渡所得割については，非課税の規定はない。とはいえ，課税標準である特定株式等譲渡所得金額は，所得税法その他の所得税に関する法令の規定の例によって算定することとなっている関係上，所得税において非課税とされるものは，株式等譲渡所得割も課税されないことになる[19]。

（4）税　　率

　株式等譲渡所得割の税率は，5％である（地税71の49)。

《算　式》
　　特定株式等譲渡所得金額×5％＝株式等譲渡所得割額（1円未満切捨て）

3　株式等譲渡所得割の徴収方法

　株式等譲渡所得割の徴収については，特別徴収の方法による（地税71の50)。具体的には，つぎの方法で徴収される。

（1）特別徴収の手続

　都道府県は，選択口座が開設されている金融商品取引業者等で，当該選択口座に係る特定口座内保管上場株式等の譲渡の対価または当該選択口座において処理された上場株式等の1月1日現在において都道府県に住所を有する個人に対して，当該譲渡の対価または当該差金決済に係る差益の支払をするものを当該都道府県の条例によって特別徴収義務者として指定（特別徴収義務者の指定)し，これに徴収させなければならない（地税71の51①)。ここでいう，特別徴収義務者は，当該対象譲渡等の対価等の支払をするものである法人であって，

---

[19] たとえば，すべての所得について非課税扱いを受ける外国の大使，公使および外交官である大公使館員ならびにこれらの配偶者等があげられる（所基通9―11)。

個々の支店，支社および営業所などではない。

　特別徴収義務者は，選択口座において，その年中に行われた対象譲渡等により特定株式等譲渡所得金額が生じたときは，当該譲渡の対価等の支払の際，株式等譲渡所得割を徴収し，原則として，その徴収の日の属する年の翌年1月10日までに，総務省令で定める様式によって，その徴収すべき株式等譲渡所得割の課税標準額，税額その他必要な事項を記載した納入申告書を，当該譲渡の対価等の支払を受ける個人が，当該譲渡の対価等の支払を受けるべき日の属する年の1月1日現在における当該個人の住所所在地の都道府県知事に提出し，その納入金を当該都道府県に納入する（地税71の51②）。

　この例外とされる場合およびその納期限は，所得税の取扱いと同じで，つぎに掲げる場合の区分に応じて，それぞれに定める日である（地税令9の20①）。

　イ　選択口座が開設されている金融商品取引業者等の営業の譲渡により，当該選択口座に関する事務が，その譲渡を受けた金融商品取引業者等の営業所に移管された場合

　　　その譲渡日の属する月の翌月10日

　ロ　選択口座が開設されている金融商品取引業者等の分割により，当該選択口座に関する事務が，その分割による資産および負債の移転を受けた金融商品取引業者等の営業所に移管された場合

　　　その分割日の属する月の翌月10日

　ハ　選択口座が開設されている金融商品取引業者等が，解散または事業の廃止をした場合

　　　その解散日または廃止日の属する月の翌月10日

　ニ　選択口座につき，特定口座廃止届出書の提出があった場合

　　　その提出日の属する月の翌月10日

　ホ　選択口座につき，特定口座開設者死亡届出書の提出があった場合

　　　その提出日の属する月の翌月10日

（2）　特別徴収税額の還付

　特別徴収義務者は，選択口座においてその年中に行われた対象譲渡等により，

当該対象譲渡等に係る源泉徴収口座内通算所得金額が源泉徴収口座内直前通算所得金額に満たないこととなった場合には，その都度，当該選択口座に係る個人に対して，その満たない部分の金額に5％の税率を乗じて計算した株式等譲渡所得割額を還付する（地税71の51③）。

その還付すべき金額は，特別徴収義務者が当該譲渡の対価等から徴収し，その徴収の日の属する年の翌年1月10日において納入すべき金額から控除するものとされている（地税令9の20②）。年末において還付されずに残っている特別徴収税額は，原則として翌年1月10日までに，都道府県に納入することになる。

この場合において，金融商品取引業者等がつぎに掲げる事由が生じたことにより控除することができない金額があるときは，特定口座内保管上場株式等の譲渡の対価または上場株式等の信用取引等に係る差金決済に係る差益に対する株式等譲渡所得割が納入された都道府県知事は，その控除することができない金額を当該金融商品取引業者等に還付する措置が講じられている（地税令9の20③）。

イ　選択口座が開設されている金融商品取引業者等の営業の譲渡により，当該選択口座に関する事務が，その譲渡を受けた金融商品取引業者等の営業所に移管された場合

ロ　選択口座が開設されている金融商品取引業者等の分割により，当該選択口座に関する事務が，その分割による資産および負債の移転を受けた金融商品取引業者等の営業所に移管された場合

ハ　選択口座が開設されている金融商品取引業者等が，解散または事業の廃止をした場合

(3)　税額控除

特定株式等譲渡所得については，配当割の場合と同じく，所得割の課税標準から除外し，当該所得に係る個人住民税の申告を要しない。ただし，特定株式等譲渡所得について申告した場合には，当該特定株式等譲渡所得を所得割の課税標準（総所得金額）に含めて所得割額を算定し，当該所得割額から当該株式

等譲渡所得割額を控除することになる（地税32⑭・⑮・313⑭・⑮）。

　この場合，当該株式等譲渡所得割額に5分の2を乗じて得た金額を道府県民税の所得割額から控除し，当該株式等譲渡所得割額に5分の3を乗じて得た金額を市町村民税の所得割額から控除する（地税37の4・314の9）。なお，控除しきれなかった金額（控除不足額）があるときは，控除不足額は，賦課決定後納税通知書を発する前に，同一年度分の個人住民税に充当する。この充当をしたときは，市町村長は，納税通知書の交付とあわせて，その旨を当該充当に係る納税義務者に通知しなければならない（地税314の9，地税令48の9の3①・②）。

　控除不足額のうち，同一年度分の個人住民税の充当をすることができなかった部分がある場合には，当該納税義務者の未納に係る地方団体の徴収金に充当し，それでもなお充当することができなかった金額があるときは，当該金額を当該納税義務者に還付する。市町村長は，この充当または還付をしたときは，遅滞なく，その旨を当該充当または還付に係る納税義務者に通知しなければならない（地税令48の9の3③・⑤・48の9の4）。

（4）　更正・決定

　都道府県知事は，株式等譲渡所得割の特別徴収義務者から納入申告書の提出があった場合において，当該納入申告書に係る課税標準額または税額がその調査したところと異なるときは，これを更正し，または納入申告書を提出しなかった場合には，その調査によって，納入申告すべき課税標準額および税額を決定する。都道府県知事は，更正または決定したときは，遅滞なく，これを特別徴収義務者に通知しなければならない（地税71の52）。

　この場合において，更正による納入金額の不足額または決定による納入金額（不足金額）の納期限は，その更正または決定の通知をした日から1月を経過した日である（地税71の53①）。不足金額を徴収するときは，その不足金額に本来の納期限—納期限の延長があったときは，その延長された納期限—の翌日から納入の日までの期間の日数に応じて，年14.6％—その更正または決定の通知をした日から1月を経過した日までの期間，または当該納期限の翌日から1月を経過する日までの期間については，年7.3％—の割合を乗じて計算した

延滞金を加算して徴収しなければならない[20]（地税71の53②）。

なお，各年の特例基準割合が年7.3％の割合に満たない場合には，①年14.6％の割合の延滞金は，年14.6％—平成26年1月1日からは，特例基準割合に年7.3％を加算した割合—，②年7.3％の割合の延滞金は，特例基準割合—平成26年1月1日からは，特例基準割合に年1％を加算した割合—とされる（地税附則3の2①）。さらに，都道府県知事は，特別徴収義務者が更正または決定を受けたことについて，やむを得ない理由があると認める場合には，延滞金を減免することができる（地税71の53③）。

4　株式等譲渡所得割交付金

もともと，株式等譲渡所得割は，個人住民税の一部として株式等譲渡益に課税するものであるから，本来は都道府県のみでなく，市町村も課税すべきものであると考えられる。都道府県のみが課税することとしているのは，制度を極力簡素化して特別徴収義務者等の事務負担を増大させないようにする趣旨であり，市町村に対しては，株式等譲渡所得割の一部を株式等譲渡所得割交付金として交付することとされている[21]。

---

20) もちろん，都道府県知事は，当該更正前の納入申告に係る課税標準額または税額に誤りがあったことについて正当な事由がないと認める場合には，当該更正による不足金額に10％の割合を乗じて計算した過少申告加算金を，さらに，特別徴収義務者が課税標準額の計算の基礎となるべき事実の全部または一部を隠ぺいし，または仮装し，かつ，その隠ぺいし，または仮装した事実に基づいて納入申告書を提出したときは，過少申告加算金に代えて，その計算の基礎となるべき更正による不足金額に35％の割合を乗じて計算した重加算金を徴収しなければならない（地税71の55①・71の56①）。また，納入申告書の提出期限後にその提出，決定または更正があった場合には，都道府県知事は，納入申告，決定または更正により納入すべき税額に15％の割合を乗じて計算した不申告加算金を，さらに，特別徴収義務者が課税標準額の計算の基礎となるべき事実の全部または一部を隠ぺいし，または仮装し，かつ，その隠ぺいし，または仮装した事実に基づいて納入申告書の提出期限までにこれを提出せず，または納入申告書の提出期限後にその提出をしたときは，不申告加算金に代えて，その計算の基礎となるべき税額に40％の割合を乗じて計算した重加算金を徴収しなければならない（地税71の55③・71の56②）。
21) 市町村税務研究会編『要説住民税』459頁（ぎょうせい，平成24年度版，2012年）。

株式等譲渡所得割の税率は，分離課税とされている上場株式等の譲渡所得等に係る所得割の基本税率—市町村民税3％，道府県民税2％—の水準，金融商品間の中立性の確保の観点，今後の金融所得課税をできるかぎり一体化する方向などを勘案して，所得税とのバランスも踏まえ，5％とされている（地税71の49）。市町村に対する株式等譲渡所得割交付金の交付にあたっては，市町村民税3％，道府県民税2％で課税したのと同じ結果となるよう，この比率によってあん分される。

　もっとも，都道府県においては，株式等譲渡所得割の徴収や株式等譲渡所得割交付金の交付などの事務に経費がかかることを考慮して，これらの事務費相当分を控除した後，市町村への交付金が算定される。すなわち，都道府県は，納入された株式等譲渡所得割額に99％を乗じて得た金額の5分の3に相当する金額に，当該市町村に係る個人の道府県民税額を当該都道府県内の各市町村に係る個人の道府県民税額の合計額で除して得た数値で，当該年度前3年度内の各年度に係るものを合算したものの3分の1の数値を乗じて得た額を交付することになる（地税71の67，地税令9の22・9の23①）。

《算　式》

株式等譲渡所得割交付金額＝（株式等譲渡所得割額×99％×$\frac{3}{5}$）

$\times \dfrac{個人道府県民税額}{個人道府県民税額の合計額}$

　なお，株式等譲渡所得割交付金について，各年度の3月に交付することができなかった金額があるとき，または各年度に交付すべき金額を超えて交付した金額があるときは，それぞれこれらの金額を，翌年度に交付すべき金額に加算し，または減額する。また，市町村に対して交付すべき金額を交付した後において，その交付した金額の算定に錯誤があったため，交付した金額を増加し，または減少する必要が生じた場合には，当該錯誤に係る金額を当該錯誤を発見した年度またはその翌年度において，当該交付すべき金額に加算し，または減額することとなる（地税令9の23②・③）。

第3節　上場株式等譲渡損失の取扱い

ところで，上場株式等に係る譲渡損失金額は，上場株式等に係る配当所得金額を限度として，当該年分の上場株式等に係る配当所得金額の計算上控除すること（損益通算）ができる（税特措37の12の2①）。なお控除しきれなかった上場株式等に係る譲渡損失金額については，その年の翌年以後3年以内の各年分の株式等に係る譲渡所得等の金額の計算上，繰越控除をすることができる（税特措37の12の2⑥）。

1　総合課税から分離課税へ

戦後の金融所得課税—利子課税，配当課税および株式等譲渡益課税—は，図表19に表示したように，多少の差はあるものの，総合課税から分離課税へという，大きな流れは一致している。株式等譲渡益については，昭和62・63年の抜本的税制改革により，原則非課税を改めるに際し，理論的には総合課税が望ましいものとしながら，制度の変更に伴う税負担の急激な変動の問題等を勘案して申告分離課税とされている。

当時を振り返って，金子宏教授は，「私は当時，税制調査会の委員をしておりましたが，当時はどちらかというと，分離課税に積極的な理論的な論拠があるというよりは，すぐに総合課税に戻しても執行が困難であるから，当分の間はやはり分離課税できちんと徴収するほかはないという考慮がかなり強く働いていたと，私は記憶しております。ただ，その辺はほかの理解の仕方をしていた人もいたかもしれないとも思いますが，私の記憶では，執行上の理由が主な根拠だったと思います」と説明している[22]。

このような戦後の金融所得課税の変遷について，石弘光教授は，「この種の資産所得に対し，戦後一貫して，原則として総合課税を適用するとしながら，様々な理由から総合課税をはずし，実際には非課税あるいは低率の分離課税としてきた。戦後の税制改革の過程において，明らかに本音と建前を使い分けて

---

22)　金子宏『所得税・法人税の理論と課題』72〜73頁（日本租税研究協会，2008年）。

図表19　金融所得課税の変遷

年度	利子課税	配当課税	株式等譲渡益課税
昭22	総合課税（源泉分離選択可）	総合課税	総合課税
昭23		配当控除制度	
昭25	源泉分離選択課税の廃止		
昭26	源泉分離選択課税の復活		
昭28	源泉分離課税		原則非課税
昭30	非課税		
昭32	源泉分離課税		
昭40		源泉分離選択課税 申告不要制度	
昭46	総合課税（源泉分離選択可）		
昭63	源泉分離課税		
平元			申告分離課税 源泉分離選択課税
平14			特定口座制度
平15		源泉分離選択課税の廃止	申告分離課税に一本化 上場株式等の譲渡損失の繰越控除制度
平20		申告分離課税	上場株式等譲渡損失と配当所得との損益通算制度

（出所）　財務省「金融・証券税制に関する資料」（平成24年10月）に基づき，筆者が作成。

今日にいたっている。このような説明しにくい対応の仕方には，近い将来に終止符を打つべきである」と評している[23]。

　もっとも，政府税調金融小委員会は，『金融所得課税の一体化についての基本的考え方』（平成16年6月）において，「金融所得課税については，課税ベース拡大のための取組みの中で，税制の中立性，簡素性，適正執行の確保などの

---

[23]　石弘光『現代税制改革史―終戦からバブル崩壊まで―』751〜752頁（東洋経済新報社，2008年）。

観点から，比例税率による分離課税が導入されてきた。今般の金融所得課税の一体化は，現下の『貯蓄から投資へ』の政策的要請を受け，一般投資家が投資しやすい簡素で中立的な税制を構築する観点から，現行の分離課税制度を再構築する」と述べ，本音と建前の使い分けをやめ，分離課税にすることを明確に宣言している[24]。

　この報告書では，①金融商品や所得の種類ごとにばらばらになっている課税方式を均衡化する。言い換えると，金融所得をひっくるめて，他の所得と分離して比例税率で課税することと，②株式等譲渡損失との損益通算を認める範囲を，できるだけ拡げていくこととの，2点を構想している。損益通算は，リスクのない商品と，赤字になるリスクを抱えた商品との間で，税制が中立であるためには，絶対に必要なものである[25]。なお，損益通算を認めるためには，

---

[24]　税制調査会金融小委員会『金融所得課税の一体化についての基本的考え方』2頁（2004年）。そこでは，「金融所得課税の一体化は，二元的所得税論の立場から主張されることもある。……，北欧諸国の二元的所得税においては，資本所得に対する税率と勤労所得の最低税率，法人税率は同水準に設定されているが，勤労所得の最低税率が30％前後と我が国に比べ著しく高い水準にあるなど，税率構造が我が国と著しく異なる。また，二元的所得税を導入するとすれば，あらゆる種類の所得を資本所得と勤労所得とに二分することが必要となる」と述べている。これに対して，水野忠恒教授は，「二元的所得税における重要な要素である，資本所得の税率と勤労所得の税率との相違は，北欧4国のそれぞれの国の政策から決定されているのであり，最適課税論から税率が導かれているわけではない。そうであるならば，このような税制は，包括所得概念と消費支出税の折衷であり，それ以上のものではない」と指摘している（水野忠恒「金融資産収益の課税―金融課税の一体化―」日税研論集55号16頁（2004年））。

[25]　ちなみに，平成25年度の税制改正では，上場株式等の譲渡損失および配当所得の損益通算の特例の対象に，特定公社債等の利子所得等および譲渡所得等を加え，これらの所得間ならびに上場株式等の配当所得および譲渡所得等との損益通算が可能とされた。平成28年1月1日以後に特定公社債等の譲渡により生じた損失金額のうち，その年に損益通算をしても控除しきれない金額については，翌年以後3年間にわたり，特定公社債等の利子所得等および譲渡所得等ならびに上場株式等の配当所得および譲渡所得等からの繰越控除をすることができる（自由民主党＝公明党・前掲注9）11頁）。一方，一般公社債等に係る譲渡損失は，他の一般公社債等や非上場株式等に係る譲渡所得等との損益通算は可能であるが，上場株式等の譲渡損失および配当所得の損益通算および繰越控除の特例の適用はない。

金融所得の課税方式が均衡化していることが前提条件となる。

2 上場株式等譲渡損失の損益通算

　所得税においては，区分された各種所得金額の計算において，それぞれ暦年による期間計算を行っている。しかし，一時的，偶発的な所得である譲渡所得や一時所得を別にすれば，経常的所得，特に，事業所得や給与所得については，継続的に発生するものであり，課税年度に区切るフィクションである。所得区分および課税年度をそのままにしておけば，所得区分相互間におけるアンバランスが生ずる。そこで，課税される所得の調整を行うために，損益通算が認められるのである[26]。

　現行の損益通算制度は，総所得金額，退職所得金額または山林所得金額を計算する場合において，不動産所得金額，事業所得金額，山林所得金額または譲渡所得金額の計算上生じた損失金額があるときは，政令で定める順序により，これを他の各種所得金額から控除するという制度である（所税69①）。つまり，損益通算とは，4種類の所得の計算上生じた損失を他の所得から控除する手続である。したがって，同じ所得分類のなかで所得から損失を控除することは，損益計算でない[27]。

　申告分離課税の対象となる株式等の譲渡に係る事業所得，譲渡所得および雑所得の金額の計算上，そのいずれかに損失が生じた場合には，その損失金額は他の株式等に係る事業所得金額，譲渡所得金額および雑所得金額から控除することとされている（税特措37の10①）。この場合において，これらの金額の計算上生じた損失金額があるときは，当該損失金額は，つぎに掲げる損失金額の区分に応じ，それぞれ定めるところにより控除することになる（税特措令25の8①）。

---

[26]　水野忠恒『所得税の制度と理論—「租税法と私法」論の再検討—』161〜162頁（有斐閣，2006年）。

[27]　たとえば，資産Xの譲渡により発生した譲渡所得から資産Yの譲渡により発生した譲渡損失を差し引くことは，この2つの譲渡が同じ年内に行われているかぎり，当然になされうることであり，損益通算の問題ではない（所税33③）。

イ　株式等の譲渡に係る事業所得金額の計算上生じた損失金額
　　　当該損失金額は，当該株式等の譲渡に係る譲渡所得金額および雑所得金額から控除する。
　ロ　株式等の譲渡に係る譲渡所得金額の計算上生じた損失金額
　　　当該損失金額は，当該株式等の譲渡に係る事業所得金額および雑所得金額から控除する。
　ハ　株式等の譲渡に係る雑所得金額の計算上生じた損失金額
　　　当該損失金額は，当該株式等の譲渡に係る事業所得金額および譲渡所得金額から控除する。
　これらの損失金額の通算をしてもまだ損失が残る場合には，その損失金額は生じなかったものとみなされるので，株式等の譲渡による所得以外の他の所得からは控除できない。また逆に，株式等の譲渡による所得以外の他の所得金額の計算上生じた損失は，株式等の譲渡による所得から控除することもできない。
　もっとも，確定申告書を提出する居住者等の平成21年分以後の各年分の上場株式等に係る譲渡損失金額がある場合には，当該上場株式等に係る譲渡損失金額は，当該確定申告書に係る年分の上場株式等に係る配当所得金額を限度として，当該年分の上場株式等に係る配当所得金額の計算上控除することができる（税特措37の12の2①）。
　この特例の適用を受けるためには，①損益通算の規定の適用を受けようとする年分の確定申告書に，この規定の適用を受けようとする旨を記載することと，②所得税の確定申告書付表（上場株式等に係る譲渡損失の損益通算用）および株式等に係る譲渡所得等の金額の計算明細書の添付がある確定申告書を提出することという，手続が必要である（税特措37の12の2③）。
　このような上場株式等に係る譲渡損失と損益通算ができる，上場株式等に係る配当所得の申告分離選択課税は，平成20年度の税制改正で創設されたものである。さらに，この税制改正によって，平成22年1月1日以後に，居住者等が金融商品取引業者等の営業所を通じて上場株式等の配当等の支払を受ける場合において，当該居住者等が当該金融商品取引業者等の営業所に源泉徴収口

座を開設しているときは，当該配当等を当該源泉徴収口座に受け入れることができるようになった[28]（税特措37の11の3③）。

　これに伴い，平成22年1月1日以後に，源泉徴収口座に受け入れた上場株式等の配当等に対する源泉徴収税額を計算する場合において，当該源泉徴収口座内における上場株式等に係る譲渡所得等の金額の計算上生じた損失金額があるときは，当該配当等の額から当該譲渡損失金額を控除した金額に対して源泉徴収税率を乗じて徴収すべき所得税額を計算する特例（源泉徴収口座内における損益通算）が創設されている[29]（税特措37の11の6①・⑥）。

3　上場株式等譲渡損失の繰越控除

　いわば，損益通算制度は，1課税年度内における所得の種類間の相殺である。これに対して，損失の繰越控除あるいは繰戻しは，異なる年度における所得と損失の相殺を認めるものであり，新規事業等の新規課税年度等において，事業所得をはじめとして，あらゆる所得を見込めない場合には，損益通算は意味をもたない。むしろ，損失の繰越しを認めて，将来の所得から控除を認めることに利点がある。平成15年度より，株式の譲渡損失および先物取引の損失について，つぎの繰越控除制度が設けられている。

（1）繰越控除の特例

　確定申告書を提出する居住者等が，その譲渡があった年分の株式等に係る譲渡所得等の金額の計算上控除しても，なお控除しきれなかった上場株式等譲渡損失を有する場合には，その控除しきれなかった譲渡損失金額については，その年の翌年以後3年以内の各年分の株式等に係る譲渡所得等の金額の計算上，繰越控除をすることができる（税特措37の12の2①・⑥）。

　上場株式等に係る譲渡損失の繰越控除の特例については，まず株式等に係る

---

28)　財務省・前掲注2）3〜4頁。
29)　この場合，上場株式等に係る譲渡損失金額につき，申告により，他の株式等に係る譲渡所得等の金額または上場株式等に係る配当所得金額から控除するときは，源泉徴収口座内における損益通算の適用を受けた上場株式等の配当等については，申告不要の特例は適用されない。

譲渡所得等の金額から控除し，なお控除しきれない損失金額があるときは，上場株式等に係る配当所得金額から控除する。もっとも，平成21年以降の年分に生じた上場株式等に係る譲渡損失金額で平成24年に繰り越されているものは，平成24年分の株式等に係る譲渡所得等の金額および上場株式等に係る配当所得金額から控除することができる（税特措附則47）。

他方，非上場株式等に係る譲渡損失は，その発生年分の株式等に係る譲渡所得等の金額の計算上控除される。だが，その控除しきれなかった部分の金額は，所得税の計算上なかったものとみなされ，総合所得との損益通算，翌年以降への繰越控除は認められない。これが，所得税制上の原則である。

もっとも，特定中小会社—いわゆる「エンジェル税制」の対象となる株式を発行する会社—の発行した株式で払込みにより取得したものを適用期間—当該特定中小会社の設立の日から当該特定中小会社が発行した株式に係る上場等の日の前日までの期間—内に譲渡したことにより生じた一定の損失金額がある場合には，その損失金額については，その損失の生じた年の翌年以後3年間にわたって株式等の譲渡による所得金額から繰越控除することができる[30]（税特措37の13の2①・④）。

（2）繰越控除の申告要件

上場株式等に係る譲渡損失の繰越控除の特例については，つぎの申告要件が付されており，この特例の適用を受けようとする者は，これらの要件の全部を満たす必要がある（税特措37の12の2⑧）。

イ　上場株式等に係る譲渡損失金額が生じた年分の所得税につき，所得税の
　　確定申告書付表（上場株式等に係る譲渡損失の繰越用）および株式等に係る譲

---

[30] エンジェル税制（ベンチャー企業投資促進税制）とは，特定中小会社（ベンチャー企業）の育成と発展のために，ベンチャー企業へ投資を行った個人投資家に対して税制上の優遇措置を行う制度をいう。個人投資家が，特定中小会社に投資を行った場合，投資時点と売却時点のいずれの時点でも，税制上の優遇措置が受けられる。なお，特定中小会社株式の譲渡益の2分1課税は，平成20年度の税制改正で廃止され，代わりに起業期のベンチャー企業に資金を広く呼び込むため，エンジェル税制を大幅に拡充し，設立3年目までの一定の特定中小会社に出資した場合に，1,000万円を限度として寄付金控除の適用を認める制度が創設されている。

渡所得等の金額の計算明細書の添付がある確定申告書を提出すること
　ロ　その後において，連続して所得税の確定申告書付表（上場株式等に係る譲渡損失の繰越用）の添付がある確定申告書を提出すること
　ハ　この繰越控除を受けようとする年分の所得税につき，所得税の確定申告書付表（上場株式等に係る譲渡損失の繰越用）および株式等に係る譲渡所得等の金額がある場合には，その計算明細書の添付がある確定申告書を提出すること

　なお，上記イからハにおける確定申告書とは，通常の確定申告書のほか，確定損失申告書，準確定申告書および期限後申告書をいい，修正申告書は含まない（税特措2①十，所税2①三十七）。

(3)　繰越控除年分の選択の可否

　上場株式等に係る譲渡損失の繰越控除のしかたについては，「控除する上場株式等に係る譲渡損失の金額が前年以前3年以内の2以上の年に生じたものである場合には，これらの年のうち最も古い年に生じた上場株式等に係る譲渡損失の金額から順次控除する」（税特措令25の11の2⑧一）と定められている。

　この規定をみるかぎり，上場株式等に係る譲渡損失の繰越控除は，その繰越期間内において，2以上の年分について株式等に係る譲渡所得等の金額が発生したときは，そのうち早い年分から順次繰越控除することになる。しかし，この規定からは，繰越控除の飛越し適用が認められないものかどうかについては，必ずしも明らかでない。

　もっとも，上場株式等に係る譲渡損失の繰越控除の適用については，上記(2)のイからハまでの要件の全部を満たす場合にかぎり，適用するものとされており，その申告書の提出および添付書類の提出漏れについて，いわゆる「宥恕規定」はない（税特措37の12の2⑧）。こうした厳密な手続規定の存在や，上場株式等に係る譲渡損失の繰越控除の特例としての位置付けからすれば，この繰越控除の特例の適用上，納税者の選択によるつまみ適用は許されないものと考えられる。

4　質疑応答事例

　国税庁の「質疑応答事例」では，つぎのとおり，(1)株式としての価値を失ったことによる損失と上場株式等に係る譲渡損失の繰越控除の関係，(2)商品先物取引に係る充用有価証券を商品取引員が換価処分した場合の課税関係という，2つの事例において，上場株式等譲渡損失に関する見解が示されている[31]。

（1）　株式としての価値を失ったことによる損失と上場株式等に係る譲渡損失の繰越控除の関係

《照　会》

> 　特定管理株式について，その発行会社が解散し清算が結了したことから，株式としての価値を失ったことによる損失が株式等の譲渡による損失金額とみなされることになった。この損失金額のうち当年分の他の株式等の譲渡益から控除しきれない金額は，翌年以降に繰り越して控除することができるのか。

《回　答》

　特定管理株式は，上場株式等に該当しないこととなった内国法人の株式であることから，上場株式等を対象とする上場株式等に係る譲渡損失の繰越控除の適用対象にはならない。したがって，株式としての価値を失ったことによる損失金額が当年分の他の株式等の譲渡益から控除しきれない場合に，これを翌年以降に繰り越して控除することはできない（税特措37の10の2・37の12の2，税特措令25の8の2②）。

（2）　商品先物取引に係る充用有価証券を商品取引員が換価処分した場合の課税関係

《照　会》

> 　商品取引員が顧客から商品先物取引を受託する場合は，担保として委託

---

31)　国税庁ＨＰ「質疑応答事例」（http://www.nta.go.jp/shiraberu/zeiho-kaishaku/shitsugi/01.htm，2013年7月31日最終閲覧）。

証拠金の預託を受け，顧客の商品先物取引に係る損失について顧客が債務を弁済しないときには，この委託証拠金をもってその債務の弁済に充当することになる。この場合の委託証拠金は，有価証券によって充用できることとされており，債務の弁済に充当するため，商品取引員は充用有価証券を換価処分することができる。

　この充用有価証券の換価処分の精算後の損益は顧客に帰属するものであるが，顧客はこの充用有価証券の譲渡に係る申告において，金融商品取引業者等への売委託による譲渡として，租税特別措置法37条の12の2（上場株式等に係る譲渡損失の損益通算および繰越控除）および同法附則43条2項（上場株式等を譲渡した場合の株式等に係る譲渡所得等の課税の特例に関する経過措置）の適用を受けることができるのか。

《回　答》

　顧客が商品取引員に有価証券を委託証拠金として預託する行為は根質権の設定と解されており，充用有価証券の換価処分は，質権に基づく処分権の行使として，顧客の充用有価証券を，商品取引員の名で証券会社に売委託をして売却し，精算した後，その損益を顧客に帰属させるものである。また，そのため，売委託を受けた証券会社にとっての当該換価処分における売主は商品取引員であり，証券会社の商品取引員名義の口座で売却するものである。

　このようなことからすれば，商品取引員の名義で行われる充用有価証券の換価処分は，顧客の金融商品取引業者等への売委託による譲渡と解することはできないため，納税者である居住者等が金融商品取引業者等への売委託により上場株式等を譲渡することが要件とされている，租税特別措置法37条の12の2および同法附則43条2項の適用を受けることはできない。

参考文献

　本書の執筆にあたっては，主に，つぎの文献を参考にした。なお，これらの多くは，源泉徴収および特別徴収のしくみと制度のみならず，所得税および個人住民税の理解を深めるうえでも，役立つものと思われる。

［全　体］

石田直裕ほか『地方税Ⅰ』（ぎょうせい，1999年）

伊東博之『Q＆A源泉徴収実務と課税判断』（税務経理協会，2011年）

岩﨑政明『ハイポセティカル・スタディ租税法』（弘文堂，第3版，2010年）

碓井光明『地方税の法理論と実際』（弘文堂，1986年）

碓井光明『要説地方税のしくみと法』（学陽書房，2001年）

金子宏『租税法』（弘文堂，第18版，2013年）

金子宏編『所得税の理論と課題』（税務経理協会，改訂版，1999年）

金子宏ほか『税法入門』（有斐閣新書，第6版，2007年）

佐藤英明『スタンダード所得税法』（弘文堂，補正2版，2011年）

市町村税務研究会編『要説住民税』（ぎょうせい，平成24年度版，2012年）

田中治「住民税の法的課題」日税研論集46号99頁（2001年）

三木義一『日本の税金』（岩波新書，新版，2012年）

水野忠恒『所得税の制度と理論―「租税法と私法」論の再検討―』（有斐閣，2006年）

水野忠恒『租税法』（有斐閣，第5版，2011年）

松本善夫編『図解源泉所得税』（大蔵財務協会，平成24年版，2012年）

和田八束『日本の税制』（有斐閣，1988年）

[第1章　序説]

金子宏『租税法理論の形成と解明（下巻）』（有斐閣，2010年）

金子宏編『租税法の基本問題』（有斐閣，2007年）

斎藤貴男『源泉徴収と年末調整』（中公新書，1996年）

佐藤英明「使用者から与えられる報奨金等が給与所得とされる範囲」税務事例研究61号21頁（2001年）

佐藤英明「日本における源泉徴収制度」税研26巻2号22頁（2010年）

菅野和夫『労働法』（弘文堂，第8版，2008年）

地方税法総則研究会編『逐条問答地方税法総則入門』（ぎょうせい，新訂，1994年）

土肥一史『知的財産法入門』（中央経済社，第12版，2010年）

中里実ほか編『租税法概説』（有斐閣，2011年）

濱口桂一郎『新しい労働社会―雇用システムの再構築へ―』（岩波新書，2009年）

半田正夫『著作権法概説』（法学書院，第13版，2007年）

三木義一『給与明細は謎だらけ―サラリーマンのための所得税入門―』（光文社新書，2009年）

山川隆一『雇用関係法』（新世社，第4版，2008年）

[第2章　給与所得]

岩﨑政明「ストック・オプションとしての新株予約権の行使と所得課税」税務事例研究68号25頁（2002年）

江頭憲治郎『株式会社法』（有斐閣，第4版，2011年）

岡田純夫「市町村税」自治研究臨時増刊号95頁（1950年）

荻田保「新地方税制に関する若干の問題―第二次シャウプ勧告に関連して―」自治研究27巻1号9頁（1950年）

神田秀樹『会社法』（弘文堂，第15版，2013年）

清永敬次『税法』（ミネルヴァ書房，第7版，2007年）

佐藤英明「住民税の現年課税化と特別徴収制度」地方税61巻2号2頁（2010年）

シャウプ使節団編〔大蔵省主税局訳〕『シャウプ使節団第二次日本税制報告書』（日本租税研究協会，1950年）

田中治「給与所得概念における従属的労務性」税務事例研究83号25頁（2005年）

渡辺徹也「申告納税・源泉徴収・年末調整と給与所得」日税研論集57号121頁（2006年）

[第3章　退職所得]

櫻井泰典「退職所得課税制度の沿革と課題」地方税56巻7号123頁（2005年）

佐藤英明「退職所得・企業年金の所得税—JIRAに関する研究ノート—」日税研論集57号63頁（2006年）

自治省税務局編『住民税逐条解説』（地方財務協会，1996年）

菅野和夫『新・雇用社会の法』（有斐閣，補訂版，2004年）

橋本徹編『地方税の理論と課題』（税務経理協会，改訂版，2001年）

丸山高満『日本地方税制史』（ぎょうせい，1985年）

[第4章　公的年金等所得]

佐藤英明「企業年金改革と税制—研究ノート—」総合税制研究10号54頁（2002年）

西沢和彦『年金制度は誰のものか』（日本経済新聞社出版会，2008年）

西原道雄『社会保障法』（有斐閣双書，第5版，2002年）

西村健一郎『社会保障法』（有斐閣，2003年）

浜田浩児「在職老齢年金の所得再分配効果に対する年金減額緩和の影響」年金と経済28巻4号180頁（2010年）

宮本太郎『生活保障—排除しない社会へ—』（岩波新書，2009年）

宮本十至子「年金と課税方式について―公的年金等の課税を中心に―」税大ジャーナル15号17頁（2010年）

森信茂樹＝河本敏夫「『日本版ＩＲＡ』（個人型年金積立金非課税制度）導入の提言」ファンドマネジメント65号20頁（2011年）

山田篤裕「雇用と年金の接続―在職老齢年金の就業抑制効果と老齢厚生年金受給資格者の基礎年金繰上げ受給要因に関する分析―」三田学会雑誌104巻4号587頁（2012年）

吉原健二『わが国の公的年金制度―その生い立ちと歩み―』（中央法規出版，2004年）

[第5章　利子所得]

内田貴『民法Ⅱ（債権各論）』（東京大学出版会，第3版，2011年）

占部裕典「金融所得課税と納税環境」税研26巻1号32頁（2010年）

岡崎和雄「利子・配当等に係る源泉徴収事務」税経通信61巻14号100頁（2006年）

佐藤英明「利子所得における『預金利子』の意義と範囲に関する覚書」神戸法学雑誌41巻1号61頁（1991年）

仁藤司史「道府県税利子割の課税団体について」地方税52巻3号164頁（2001年）

吉川宏延『法人住民税のしくみと実務』（税務経理協会，3訂版，2013年）

[第6章　配当所得]

岡村忠生『法人税法講義』（成文堂，第3版，2007年）

桜井久勝『財務会計講義』（中央経済社，第14版，2013年）

垂井英夫『自己株式取引と課税』（財経詳報社，2004年）

野田秀三「配当所得課税をめぐる動向と我が国の課税のあり方」税理46巻6号9頁（2003年）

林正寿『租税論―税制構築と改革のための視点―』（有斐閣，2008年）

森信茂樹「二元的所得税とわが国への政策的インプリケーション」フィナンシャル・レビュー65号38頁（2002年）

森信茂樹「日本型二元的所得税論に対する批判と検討」国際税制研究11号79頁（2003年）

[第7章　上場株式等譲渡所得等]

石弘光『現代税制改革史―終戦からバブル崩壊まで―』（東洋経済新報社，2008年）

大木みどり「道府県民税配当割・株式等譲渡所得割の施行に伴う都道府県の取り組み」税59巻1号170頁（2004年）

金子宏『所得税・法人税の理論と課題』（日本租税研究協会，2008年）

武田昌輔「株式譲渡所得には総合課税は適さない―源泉分離課税も一つの選択肢―」税務弘報48巻10号6頁（2000年）

水野忠恒「金融資産収益の課税―金融課税の一体化―」日税研論集55号3頁（2004年）

森信茂樹「株式譲渡所得課税のあり方を考える」税研16巻2号106頁（2000年）

渡辺裕泰「金融所得課税のあり方と一体化課税の経緯と現状」税研26巻1号14頁（2010年）

索　引

(い)

ＥＥＴ型の課税方式　113
一時所得　5
一律分離課税(方式)　156, 187, 193
一括徴収　59
一定税率　89
一般退職　81
一般の給与　43
委任契約　97
インセンティブ報酬　62

(う)

請負(契約)　6, 7
打切支給の退職手当等　72

(え)

営業所等　158
Ｓ法人課税　192
エンジェル税制(ベンチャー企業投資促進税制)　240
延滞金　94, 95, 162, 198, 232

(お)

大口以外の上場株式等の配当等　196
大口株主等　196

(か)

海外渡航費　36
外国法人　152, 153
解雇予告手当　99
解散による残余財産の分配　204
会社法人等番号　195

確定申告(書)　25, 194, 199, 200, 241
確定申告による調整が予定される源泉徴収　14
過少申告加算金　94, 162, 198, 232
課税対象　88, 159, 195, 227
課税団体　87, 158
課税標準　89, 160, 196, 227
課税要件　87, 158, 195, 227
合併　204
過納額の精算　23
カフェテリアプラン　66
株式等譲渡所得割　226
株式等譲渡所得割交付金　232
仮徴収　132, 133
仮特別徴収税額　133
還付加算金　170
還付請求(書)　25, 169
簡便法　155

(き)

基礎的控除額　122
基礎年金　112
給与　39
給与規程の改訂に伴う追加支給分　43
給与支払報告書(総括表)　53, 59, 60
給与所得　3, 7, 33
給与所得控除　44
給与所得者が支給を受ける旅費が非課税とされる要件　36
給与所得に係る源泉徴収　13
給付補てん金　174
居住者(等)　15, 174, 185, 217
勤続(期間, 年数)　79, 81

均等割充当の申出　169
金融機関所在地課税(方式)　157, 193, 226
金融機関等　160
金融所得課税　234
金融類似商品の収益　171
勤労者財産形成住宅貯蓄　151
勤労者財産形成年金貯蓄　151

　　　　　(く)

組合課税方式　191
繰越控除(制度)　234, 236, 239

　　　　　(け)

経済的利益　44
決済日　221
懸賞金付預貯金等の懸賞金等　171
源泉所得税　26
源泉所得税の誤納額還付請求書　25
源泉所得税の誤納額充当届出書　25
源泉徴収義務者　16
源泉徴収口座　225
源泉徴収口座内直前通算所得金額　222
源泉徴収口座内通算所得金額　221
源泉徴収口座内における損益通算　239
源泉徴収税額　221
源泉徴収税額の還付　222
源泉徴収制度　1, 24
源泉徴収選択口座　220
源泉徴収選択口座内調整所得金額　221, 227
源泉徴収票　28, 29, 119
源泉分離課税(方式)　150, 215
源泉分離選択制度　146
原則法　155
限度税率　126
現年課税　49, 57

現年分離課税(主義，方式)　17, 86, 103
現年分離課税の対象とならない退職所得金
　額　91
現物給与　39, 61
権利行使価額　64

　　　　　(こ)

恒久的施設　125
公債　148
公社債　148
公社債投資信託　149
公社債利子(等)　166
控除対象利子割額　166
控除調整額　123
控除不足額　200, 231
更正・決定　93, 161, 197, 231
更正の請求　25, 189, 224
公的年金(制度，等)　110, 115, 125
公的年金等控除制度　117
公的年金等所得(金額)　5, 114, 115, 139
公的年金等の支給額の月額　122
公的年金等の支払者　119
公的年金等の受給者の扶養親族等申告書
　119, 120, 121
合同運用信託　149
合同運用信託・公社債投資信託・公募公社
　債等運用投資信託の収益の分配　149
公募公社債等運用投資信託　149
国外特定配当等　196
国内源泉所得　101, 125
国民皆年金体制　111
個人住民税　2
個人住民税の現年課税化　57
個人住民税の申告書　199, 200
個人住民税の納税義務　26
個別法　166

索　引

雇用契約　7

（さ）

作業請負　6
雑所得　5, 115, 139, 213
残業者の夜食代　38
山林所得　4

（し）

時価の判定基準　206
時価評価　40
支給日　118
事業所得　3, 7, 213
自己株式（の取得）　205
自己の株式・出資の取得　205
資産説　205
市町村に係る個人の道府県民税額　164
執行役員就任時の退職一時金　98
指定金融機関等　60
私的退職一時金　72
支払　93, 204
支払回数割仮特別徴収税額　134
支払回数割特別徴収税額　134
支払の確定した日から1年を経過した日　189
支払配当損金算入方式　191
支払明細書　119
支払をする際　93
支払うべき給与の額　53
私募公社債等運用投資信託等の収益の分配　187
資本控除説　205
資本の払戻し　204
事務所等　60, 84, 166, 170
社債　148
社団法人地方税電子化協議会　137

重加算金　94, 162, 198, 232
住所　87
住所地課税　157, 194, 195, 226
修正申告書　224
宿日直料　38
10％の税額控除　86
障害者等の少額公債の利子（所得等）　151
障害者等の少額預金の利子所得等　151
障害退職　81
少額配当（等）　186, 193, 200
上場株式等以外の配当等　186
上場株式等に係る譲渡損失の繰越控除の特例　239, 240
上場株式等の配当等　185
譲渡所得　4, 213
消費寄託　149
消費貸借　149
商品・製品等　41
剰余金の配当等　188
食事　41
職務著作　10
職務発明　9
所得控除　47
所得税　2
所得税の源泉徴収の納税告知　26
所得税の納税義務　26
所得分類　2
新株予約権　63, 64
申告納税制度　24
申告納入　1
申告不要制度　193, 199, 219, 224, 225
申告分離課税（制度）　215, 216, 217, 223
申告分離課税の選択　185
人的控除額　122
深夜勤務者　39
信用取引等　218

信用取引等に係る上場株式等の譲渡　219

（す）

ストック・オプション　62

（せ）

税額控除　47,165,230
税制適格ストック・オプション　62,64
税制非適格ストック・オプション　62,65
税率　89,160,197,228
選択口座　227
前年課税（主義）　57,85,103
前年所得課税方式　17

（そ）

相当の対価　9
組織変更　205
租税条約　126
租税条約に関する源泉徴収税額の還付請求書　126
租税条約に関する届出書　126
その他の雑所得　139
その他の退職手当等　72
損益通算（制度）　91,234,236,237,239
損失の繰越控除・繰戻し　239

（た）

退社・脱退　205
退職所得（金額）　4,71,76,96
退職所得控除額　76,79,81
退職所得者　79
退職所得申告書　71,83,84,92
退職所得に係る源泉徴収　13
退職所得についての選択課税　102
退職手当等　71,88,96

退職手当等とみなされるその他の一時金　73
退職手当等の支払を受けるべき日　88
退職手当等の支払を受ける者　92
退職の日　74,76
滞納処分　61
短期雇用者のせん別一時金　97
単身赴任者　36

（ち）

徴収処分　205
徴収納付　12

（つ）

通勤者　34
通勤手当　34

（て）

ＴＥＥ型の課税方式　113
定期積金　173
抵当証券　174
抵当証券に係る利子　174
抵当証券の償還損　174
抵当証券の売買損益　175
適格退職年金契約　116

（と）

投資信託の収益の分配　188
督促状　61
特定株式等譲渡所得金額　227,228
特定口座（制度）　216,217
特定口座源泉徴収選択届出（書）　220,221,224
特定口座内保管上場株式等　218
特定口座年間取引報告（書）　219

索　引

特定口座を開設することができる金融商品
　取引業者等　217
特定支出　46
特定支出控除（額）　46
特定新株予約権等　64
特定退職金共済団体　116
特定中小会社　240
特定年金保険者　138
特定配当等（の額）　195, 196
特定配当等の支払を受けるべき日　195
特別徴収（制度）　1, 17, 48, 50, 51, 92, 93,
　128, 133, 160, 197, 228
特別徴収義務者　17, 53, 60, 92, 132, 161,
　197, 228
特別徴収義務者の指定　52, 93, 160, 197,
　228
特別徴収義務者の納入義務不履行　61
特別徴収義務者番号　194
特別徴収継続の申出　56
特別徴収税額　54, 86
特別徴収税額の還付　229
特別徴収税額の通知（書）　26, 52, 53, 54,
　136
特別徴収税額の納期の特例承認申請書　60
特別徴収対象年金給付　131
特別徴収対象年金所得者　130
特例基準割合　94, 162

（な）

内国法人　152

（に）

二元的所得税　184, 192
二重税率方式　191
20万円基準　109, 141, 186, 220
日本型二元的所得税論　192

日本版ＩＳＡ　225
認定賞与とされる給与等　43
認定配当　188

（ね）

年間一括納付方式　222, 226
年金保険者　134
年金保険者による市町村に対する通知
　136
年度途中で特別徴収の対象でなくなった者
　に係る通知　137
年末調整　18, 19, 20, 21

（の）

納税義務者　88, 158, 195, 227
納税通知書　200, 231
納税の告知　205
納入書　60
納入申告書　93, 161, 197, 229

（は）

配当計算期間　186
配当控除（額）　189, 190, 199
配当控除の対象となる配当所得　199
配当所得　2, 182
配当所得控除方式　191
配当所得税額控除方式　191
配当割　193, 195, 226
配当割交付金　201

（ひ）

非課税　159
非居住者　21, 100, 125
非居住者の退職金　100
非上場株式等に係る譲渡損失　240

（ふ）

不申告加算金　94, 162, 198, 232
不足額の精算　23
普通徴収　16, 55, 95, 133, 135
不動産所得　3
分割型分割　204
分離課税　85
ベンチャー企業投資促進税制　240

（ほ）

法人税株主帰属（インピュテーション）方式　191
法律等の規定に基づく一時金　72
保険外交員の退職一時金　96
保険契約等に関する権利　41
本徴収（の通知）　133, 137
本来の納税義務者の確定申告不要の源泉徴収　13

（ま）

マル特制度　151, 156
マル優制度　151, 156

（み）

みなし譲渡課税　206, 207
みなし配当（課税）　202, 207
未払給与　42

（め）

銘柄別簡便法　167

（や）

役員に対する賞与　43

（ゆ）

有価証券　41

（よ）

用役　42
預貯金　148
預貯金の利子　148, 150

（り）

利益積立金額　202
利子所得　2, 145
利子等の額　160
利子割　157, 163, 193, 226
利子割額の控除（不足額）　166, 169
利子割交付金　163
利息相当額　42
留保金課税　189
旅費　35

（ろ）

労働契約　7
労務請負　6
ローン・パーティシペーション契約　177

（わ）

割引債　172
割引債の償還差益　173

著者紹介

吉川　宏延（よしかわ　ひろのぶ）
- 1964年　兵庫県生まれ
- 1990年　神戸大学経営学部卒業
- 2007年　神戸大学大学院法学研究科博士課程修了
- 現　在　税理士，博士（法学）（神戸大学）
  - 日本税法学会・租税法学会・税務会計研究学会会員
  - 第29回日税研究賞奨励賞・2008年日本地方自治研究学会賞受賞
- 著　書　『地方企業課税の理論と実際』関西学院大学出版会
  - 『法人住民税のしくみと実務』税務経理協会

著者との契約により検印省略

平成25年9月30日　初　版　発　行

源泉所得税と個人住民税の徴収納付―しくみと制度―

著　者	吉　川　宏　延
発行者	大　坪　嘉　春
印刷所	税経印刷株式会社
製本所	株式会社　三森製本所

発　行　所　〒161-0033　東京都新宿区下落合2丁目5番13号　株式会社 税務経理協会
振　替　00190-2-187408
ＦＡＸ　(03)3565-3391
電話　(03)3953-3301（編集部）
　　　(03)3953-3325（営業部）
URL　http://www.zeikei.co.jp/
乱丁・落丁の場合は，お取替えいたします。

Ⓒ　吉川宏延　2013　　　　　　　　　　　　　　Printed in Japan

本書を無断で複写複製（コピー）することは，著作権法上の例外を除き，禁じられています。
本書をコピーされる場合は，事前に日本複製権センター（ＪＲＲＣ）の許諾を受けてください。
JRRC〈http://www.jrrc.or.jp　eメール：info@jrrc.or.jp　電話：03-3401-2382〉

ISBN978-4-419-06041-1　C3032